前瞻教育

叢書主編　黃政傑

專業發展導向教師評鑑

理論與實務

張德銳　李俊達　主編

張德銳　蔡惠青　鄧美珠　劉榮嫦
康心怡　李俊達　胡慧宜　楊玲珠　著

五南圖書出版公司　印行

叢書主編序

　　國內教育在政治解嚴之後，隨著社會邁向自由、民主、多元和開放而大幅鬆綁，又因應全球化、市場化、國際化和本土化的衝擊而轉型發展，顯現一片榮景。不過榮景之下還是存在許多問題，不但教育工作者時有批判檢討，家長和社會各界亦不斷鞭策，期盼促成教育的持續發展與進步。

　　剖析幾十年來國內的教育發展，最為顯著的是教育機會的擴充，讓學子有更多機會升學進修，尤其是高等教育的普及化更為突顯。只是，教育機會的擴充一定要配以優良的教育品質，否則機會均等只是一紙敷衍的承諾。教育機會擴充也要在有教無類的理想外，配合因材施教的理念，引導學生追求符合個人興趣、性向和能力的教育，讓每個人都能自我實現。是以，追求卓越的教育，應著眼於全體學校，且學術教育和技職教育需等值看待，否則學校階級化勢必愈來愈明顯，升學主義永難消除。各級學校刻正設法因應少子社會的衝擊，此際學校的轉型發展必須落實品質保證，讓每個學生都能把握教育機會，習得健康、品格和實力。

　　面對教育發展伴隨的問題，並非一直批評即可解決，宜透過教育研究和著作發表，作為改革方案規劃、決策和實踐的基礎。只是近年來學術界注重實證研究和期刊論文的發表，專書遭到貶值，導致研究和著作的窄化。學者只重一篇篇的論文發表，缺乏對整體教育現象和問題的關照，更難提出系統且具前瞻性的宏觀見解及改革建言，至為可惜。

　　有鑑及此，前瞻教育系列期待學者在從事研究、發表單篇論文之際，同時重視前瞻性、系統性的學術著作，能以篇幅較大的專書來探討教育理論與實務、政策與改革等課題，以符應教育現場解題與應用

ii

之需求，啓發學術研究及教育改革方向。過往教育專書常見大部頭著作，本系列書籍希望有所改變，朝向能創新思考、指引未來的專題探究，且能深入淺出、引人入勝。

　　本系列書籍的出版，首應感謝各書作者秉持社會關懷和學術使命，接受邀約，完成足以啓迪社會的傳世之作。其次要感謝五南圖書出版公司全力支持本系列書籍，也要感謝所有編輯及出版同仁全力以赴。再次要感謝靜宜大學教育研究所吳俊憲教授協助本系列書籍出版之相關協調工作，讓本系列書籍得以順利面世。最後，願將本系列書籍獻給所有關心教育改革和發展的家長、教師、行政人員及各界人士。

靜宜大學教育研究所講座教授
黃政傑

主編序

　　本人有幸服務教職已三十多年，這些年來我一直堅信「教師專業化」才是教育改革成功的關鍵；教師專業化也是目前我國教育發展最需要推動的工作。一旦有了專業的師資，那麼學校即使在設備投資上不夠充裕，素質優良的老師也會想盡辦法去克服，達到成就每一位孩子的教育目標。

　　另，本人從事教師評鑑的研究和推廣工作也二十多年了，教師評鑑是世界教育改革的趨勢之一，也是國內勢必要推動的工作，但我們很不樂見教師評鑑變成淘汰或威脅老師的機制，我們所希望看到的是教師評鑑成為協助、支持、輔導老師教學成長的利器或支持系統，這就是本書的宗旨——專業發展導向的教師評鑑。

　　就在這樣一個理念下，本人和一群志同道合的朋友願意協助教育部推動「教師專業發展評鑑」（以下簡稱「教專」）。但是教專推動十年來，國內還是沒有一本專著能對專業發展導向教師評鑑的理論與實務作系統性的論述。有鑑於此，我在兩年多前召集對教專有長期參與經驗的工作夥伴，開始了這本專書的撰寫旅程。本來以為這並不是一件太難的工作，但過程遠比想像的艱辛，除了各章作者們非常認真的撰寫與修改之外，我們還開了約十五次論文研討會議，並逐章由我及李俊達博士提供修改意見；然後再由中國文學造詣深厚的臺北市西湖國中退休校長劉榮嫦女士，協助潤飾每一篇文章；最後請本書主編黃政傑教授將全書審閱過，並提供全書及逐章的修改建議，經轉交各章作者再次修正後定稿。雖然我們非常的嚴謹和用心，但錯誤和不盡理想之處所在多有，還請各位先進不吝指正是幸。

　　本書之得以問世，除深深感謝本書主編黃政傑恩師邀請本書之撰寫，也對恩師所提供諸多寶貴修正意見銘感五內。其次，劉榮嫦校長

在文稿的潤飾上也付出了很多心血。李俊達博士更從聯絡召開會議、確定文章格式、匯整文章結構、多次修改校正、重新匯整書目以及聯絡出版事宜等，出力甚多、備極辛勞。對於各章作者無怨無悔的投入專業發展導向教師評鑑的實務工作，並將理論結合實務作深入的整理和撰寫，本人感恩戴德。在這個「談評色變」的臺灣教育界，作者們深知推動教師評鑑甚為不易，但還是願意為這個領域持續不懈的付出與奉獻，本人深受感動。最後，謹向和我們一起打拼的諸多專家學者和實務工作者，致上最高的敬意與謝忱。在教師專業這條路上，凡走過必留下足跡，汗水不會白流、努力不會白費，我們深信，專業是教師唯一生存發展之道。

天主教輔仁大學師資培育中心教授

張德銳 謹識

中華民國 105 年 10 月 24 日

目　次

表 次

圖 次

張德銳

第一章

專業發展導向教師評鑑的
意義、目標與運作過程

為什麼要教師評鑑？相信這是許多教師們常要問的問題。誠如Strunge與Tucker（2003）所說的，沒有高品質的教師，任何教育改革或學校革新都是難以成功的；而高品質的教師評鑑系統，可以協助教師提升教學品質。

此外，本文作者深信「專業」是教育的康莊大道，亦是教師的生存發展之道。是故不論是在教師評鑑、教學視導或是教學領導領域的教學、研究與推廣服務上，皆力倡以教師評鑑為手段，協助、支持教師走向專業發展的大道。「藉由教師評鑑，提升教師專業」是本書撰寫的主要目的，亦是貫穿全書主軸的中心思想。

惟教師評鑑固有其意義與目的，然中小學教師們卻常有「談評色變」之憾，可見有必要先說明教師評鑑以及專業發展導向教師評鑑的意義，其次再論及專業發展導向教師評鑑的假定和目標，然後再說明專業發展導向教師評鑑的運作過程，最後再對本書的整體撰寫架構做一個簡要的說明。

第一節　專業發展導向教師評鑑的意義

專業發展導向教師評鑑係教師評鑑的一種，是故本節先論述教師評鑑的意義，然後再論述專業發展導向教師評鑑的意義。

壹、教師評鑑的意義

在瞭解教師評鑑（teacher evaluation）的意義之前，有必要先理解評鑑（evaluation）的意義。Stufflebeam等人（1971）認為，評鑑是描述、獲得、以及提供有用資料來作為判斷、決定選擇方案的歷程。Tenbrink（1974, p.8）主張「評鑑是獲得資訊，進而形成判斷，並據以做決定的過程」。此外，謝文全（2012，頁328）亦認為，「評鑑是對事項加以審慎評析，以量定其得失及原因，並據以決定如何改進或重新計畫的過程。」

根據以上三位專家學者對評鑑的看法，可以進一步為教師評鑑下一定義如下：「教師評鑑是蒐集、分析、理解教師表現資料，進而作價值判斷和決定的歷程。其步驟為根據教師表現的規準，蒐集一切有關訊息，以理解教師表現的優劣得失及其原因，其目的在協助教師專業發展或作為相關

人事決定的依據。」

　　上述定義包括下列四個要點：第一，教師評鑑是一種蒐集和分析一切有關教師表現的訊息。第二，教師評鑑不只在評定教師表現的眞假，而且還在進一步理解、衡量其優劣得失的程度，並審愼分析造成優劣得失的原因所在。第三，教師評鑑固然有時會是價值判斷的歷程，但是做價值判斷者，除了評鑑者之外，亦可以是受評鑑者，以及評鑑者與受評鑑者的共同協商。第四，教師評鑑的最主要目的，還是在藉著對教師表現優劣得失及其原因的理解，作爲擬定教師專業成長計畫的依據，使教師的工作能不斷進步、精益求精。其次才是根據對教師表現價值的判斷，在行政上做人事決定的依據。

貳、專業發展導向教師評鑑的意義

　　根據教師評鑑的目的做區分，教師評鑑可以概分爲「形成性評鑑」（formative evaluation）和「總結性評鑑」（summative evaluation）兩種。形成性教師評鑑旨在協助教師瞭解教學之優劣得失及其原因，引導教師改進教學，以提高教學效果，達成教學目標。總結性教師評鑑旨在考核教師表現水準的優劣程度，以便作爲僱用教師、續聘教師、決定教師薪資水準、表揚優秀教師、以及處理不適任教師的依據，藉以促進學校人事之新陳代謝。

　　本文所謂的「專業發展導向教師評鑑」（professional development oriented teacher evaluation）係形成性教師評鑑之同義詞，亦即根據教師表現的規準，蒐集一切有關訊息，以瞭解教師表現的優劣得失及其原因，其目的在引導教師反思教學，以及透過對話和討論，協助、支持教師改進教學並促進教師的專業發展。這種以提升教學和促進教師專業發展爲唯一目的之教師評鑑，國內學者簡紅珠（1997）稱之爲「專業導向的教師評鑑」，兩者意義是相同的，但本文作者認爲「專業發展導向教師評鑑」一詞比較精準，也更能彰顯以教師評鑑爲手段，以促進教師專業發展爲目的之意涵。

　　本文作者固然同意總結性教師評鑑仍有其功能和必要性，但爲了目

前我國教師評鑑制度的順利推動，形成性教師評鑑應和總結性評鑑脫勾處理，這是因為根據Sergiovanni和Starratt（1983, 1998）的見解，形成性評鑑和總結性評鑑具有互相矛盾的本質，因此，一個教師評鑑方案往往難以同時兼顧形成性目的和總結性目的。一方面，形成性評鑑要求評鑑者扮演同儕、互信的角色，而總結性評鑑卻要求評鑑者扮演上司、考核者的角色；評鑑者在面臨形成性目的和總結性目的之同時，其角色實屬尷尬。另一方面，就受評教師而言，如果他們知道日常教學表現的缺點將被列為績效處理的依據，則他們勢必會在形成性評鑑階段刻意掩飾自己的缺點。如此，形成性評鑑勢將難以達成自我改進和永續發展的目的，而教師的專業發展卻是當前我國教育發展迫切需要進行的工作。

教師作為一個專業，在專業的生活中勢必要不斷的自我更新、永續發展。一代哲人杜威（J. Dewey）曾主張教育應具有三個本質：「教育即生活」、「教育即生長」、「教育即經驗的繼續改造」（引自洪福財，2004，頁2-25）。這樣的教育哲學，不但適合學生，也是很適合教師的。也就是說，教師在教學生活中，需要繼續受教育，不斷的成長，不斷的在教學經驗上繼續改造，以適應多變的教學環境，進而打造一個更美好的教學環境。而教師們在教學認知、技能和情意上的發展或成長的手段固然很多，但其中之一可以是專業發展導向的教師評鑑。

第二節　專業發展導向教師評鑑的假定與目標

在談專業發展導向教師評鑑的目標之前，有必要先談對教師及其教學的幾個假定，以便讓讀者們理解本書作者群對於專業發展導向教師評鑑的共同信念。

壹、專業發展導向教師評鑑的假定

本文作者堅信教師是專業人員，而教學更是一個專業的工作。「專業發展導向教師評鑑系統」的設計，延續《發展性教師評鑑系統》（張德銳等人，1996）、《發展性教學輔導系統：理論與實務》（張德銳等人，2000）、《中學教師專業發展系統》（張德銳等人，2004）、以及《教

學專業發展評鑑系統：實務手冊與研究》（張德銳、高紅瑛、康心怡，2010）等書的一貫理念，反映幾個有關教師教學行為和其分析的重要假定：

1. 教學是由一組可以分析的複雜活動所組成：教學可以分析成數個重要的教學層面，而每個教學層面可由數個指標所呈現；另每一個教學指標亦可由數個更具體化的檢核重點來加以描述。

2. 每個教師的教學活動固然有其個別特殊性，但是某些重要的教學行為，可以成為教師教學表現的核心。這些教學行為，例如：掌握教材內容、實施教學活動、促進學生學習、以及運用適切教學策略與溝通技巧，幫助學生學習，這些都是進行大多數教學活動時所必須的。

3. 教師的教學行為對學生學習非常重要：教師若能一貫地實踐某些有效的教學層面、教學指標和檢核重點，則學生的學習成就將可有效提升。

4. 教師是一群具有學習能力的專業人員：身為專業人員，教師應該、能夠並且願意改進他們自己工作上的表現，尋求專業發展。是故教師既是專業者，也是學習者。

貳、專業發展導向教師評鑑的目標

基於上述假定，「專業發展導向教師評鑑系統」擬達成下述目標：

1. 提升中小學教師教學：本系統係僅限於發展性、形成性目的之教師評鑑。雖然操作本系統所得資料，對於瞭解個別教師的年度總結性表現，亦有其參考價值，但因它並非總結性評鑑，所以不宜作為選用教師、續聘教師、決定教師薪資水準、表揚優秀教師與處理不適任教師的依據。

2. 促進教師專業發展：本系統強調評鑑者和被評鑑者，針對教師教學需要改善、提升的地方，共同研商專業成長計畫並執行之。除此之外，學校亦可就大多數教師在教學表現上的共同弱點，提供教師適當的在職進修課程和計畫，以促進教師整體性的學習與成長。

3. 肯定教師教學，激勵教師工作士氣：無論是在評鑑過程中所發現的教師有效教學，或是教師在執行專業成長計畫之後所改善的教學表現，

皆應獲得肯定和認可，以激發教師的尊榮感和成就感，並鼓勵教師在工作本身的內在價值中獲得滿足。

4. 促進行政人員與教師之間，以及教師彼此之間的溝通、協調和合作：本系統的評鑑者可以是校長、主任，但更希望是教師同儕。無論評鑑者是誰，本系統皆一再強調同儕性的、民主式的夥伴協作關係，而不是權威性的、強迫式的指導關係。希望經由評鑑者和受評鑑教師的夥伴協作經驗，建立相互信任的關係，並作為未來進一步合作的基礎。

本系統最終目的是在藉由改善教師教學，促進教師專業發展，進而提升學生的學習。學校存在的主要目的在於學生的學習，沒有學生學習，就沒有教師教學的必要性；沒有教師教學的發展性，就沒有教師評鑑存在的必要。因此，為學生的學習而教而評鑑，是本書作者群的共同核心理念。

第三節　專業發展導向教師評鑑的運作過程

「專業發展導向教師評鑑」，其實就類似於教育部於2006年所開始推動的「教師專業發展評鑑」（teacher evaluation for professional development）。教師專業發展評鑑行將轉型為「教師專業發展支持系統」。專業發展導向教師評鑑的運作過程，係配合教育部辦理之「教師專業發展評鑑實施要點」發展而成的。整個運作過程可分為三個階段、五個步驟，其關係如圖1-1所示。

在系統運作過程上，雖力求周延，但本文作者建議要允許教師們有更大的彈性，可依其需求，選擇部分階段或步驟，加以靈活運用，不一定要每一個階段或每一個步驟都實施。這三個階段完整的評鑑過程說明如下：

壹、階段一：教師自評

受評教師完成「教師自評表」，進行自我反思在教師評鑑層面、指標和檢核重點上的表現。自評表的目的係為了協助教師自我覺察教學上的優缺點，進而產生自我改善的作用。在教師自評之後，可以逕行專業成長計畫，亦可以結合他評之後，再進行專業成長計畫。當然，教師自評的方式很多，除了本系統所提供的自評表之外，尚有媒體紀錄和分析、學生回饋

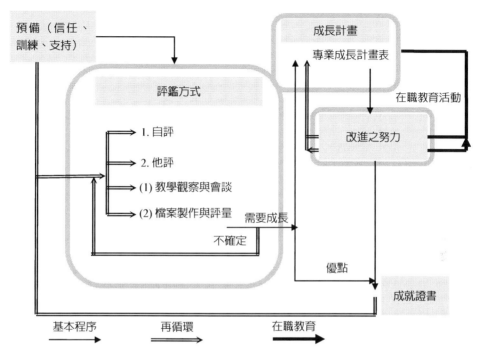

圖1-1　專業發展導向教師評鑑系統之運作過程

的反思、教學檔案自評、學生表現資料的反思、教室日誌等，有心的教師皆可善加運用。

貳、階段二：教師他評

教師他評在本系統中的主要評鑑方式為「教學觀察與會談」以及「教學檔案製作與評量」。在教師他評之後，可以逕行專業成長計畫，當然亦可結合自評之結果，再進行專業成長計畫。

一、教學觀察與會談

教學觀察與會談可以提供教師另一雙善意的眼睛（張德銳、丁一顧、朱逸華、李俊達、黃春木，2011），它包含「觀察前會談」、「教學觀察」、「回饋會談」之三部曲。在觀察前會談階段，觀察者除了要和教學者建立信任、融洽關係之外，主要是透過會談，瞭解教學者的教學脈絡與關注所在，並完成「觀察前會談紀錄表」。其次，在教學觀察時，觀察者

（教師同儕、校長、主任）使用「教學觀察紀錄表」來進行教室觀察，為教學者蒐集具體、客觀的教學資料。在回饋會談中，觀察者要提出觀察事實的紀錄，並以良好的發問技巧和耐心，引出教師的意見、感受及推論，然後鼓勵教學者自行提出改進目標、方法及策略。當然，有心的評鑑者亦可以將觀察前會談改成和教學者共同備課之形式，進而將教學觀察與回饋會談的三部曲，變化成為「備課、觀課和議課」之三部曲。

二、教學檔案製作與評量

教學檔案在形成性教師評鑑上，可以發揮相當顯著的功能，這是因為教學檔案鼓勵教師在教學歷程中，就自己教學知能表現，做有組織、有系統、目標導向的蒐集資料和省思（陳惠萍，1999；張德銳，2002）。教學檔案可依循「蒐集」（collect）、「選擇」（select）、「省思」（reflect）之三T線式結果模式來製作，並在與同儕的分享和對話下，完成教學檔案的評量（張德銳等人，2014）。

參、階段三：專業成長計畫

一、綜合報告

在完成教師自評和教師他評後，教師和評鑑者可就事先選定的評鑑層面、指標和檢核重點，就教師表現做溝通、對話、討論和協商，然後做合理的綜合判斷，完成「綜合報告表」。

二、專業成長計畫

專業成長是本系統最主要的關切點，是故評鑑者除肯定教師教學表現之外，亦可和教師以綜合報告表診斷出需要成長的檢核重點，每一個需要成長的檢核重點由教師和評鑑者與其他可能合作之專業人員共同討論，完成一項專業成長計畫。在完成專業成長計畫之後，每一位共同合作者必須確實協助教師執行專業成長計畫中所訂定之成長任務，包括教師在職進修活動、教學現場觀摩等，以支持、協助教師在安全的氛圍下努力自我更新，提升教與學的品質和成效。

圖1-1中顯示：在進行專業發展導向教師評鑑之前，如有可能，評鑑者可以和教師先進行一個預備的活動。本活動的目的是：培養評鑑者和受

評教師的合作關係，並為往後的評鑑實施建立一個契約或默契。由於評鑑者與教師之間是否熟稔？關係是否良好？以及教師能否尊敬和信任評鑑者？皆深深影響評鑑的效果，可見其重要性不容忽視。

在這個活動階段，評鑑者除了要事先接受在評鑑上足夠的專業訓練之外，亦應努力透過討論、對話、正式與非正式聯誼等活動，和教師建立良好的信任關係。之後，評鑑者應說明系統的目標、運作過程，以及和教師共同檢視、討論整個教師評鑑規準。如果認為評鑑規準有任何不妥當之處，在顧及評鑑規準的完整性下，可以適度地加以修改、增加或刪除。最後，評鑑要順利進行，學校亦有必要和教師團體及家長團體說明整個評鑑的運作過程，並取得學校裡這兩個利害關係人的支持與配合。

第四節　專業發展導向教師評鑑的成效與困境

專業發展導向教師評鑑在我國中小學的大規模實施，係目前教育部於2006年所開始推動的「補助辦理教師專業發展評鑑實施要點」。實施以來，中小學教師們大致認同方案的實施內涵（潘慧玲、王麗雲、張素貞、吳俊憲、鄭淑惠，2010），也認為方案的實施確有助於教師的教學省思，教師專業對話；解決教學問題，提升教學效能；記錄評鑑歷程，產出行動研究作品等成效（張德銳、周麗華、李俊達，2009）。

另外，秦夢群、陳清溪、吳政達、郭昭佑（2013）針對100學年度全國參與教師專業發展評鑑的1,028所試辦學校的21,442位教師進行網路問卷調查，亦發現教師對專業發展評鑑之認同程度高，認為可以提升教師教學專業能力以及教師專業形象。張素貞和李俊湖（2014）的研究則發現，教師專業發展評鑑的推動成效，主要在於協助教師檢視教學問題以及增進同僑專業分享，進而有助於教師專業發展。

惟教師專業發展評鑑實施以來，亦存有不少實施問題。其中以對評鑑的疑慮、評鑑書面資料過多、缺乏足夠資源與支持、缺乏多軌道的評鑑設計、評鑑法源未建立等五方面，對於教師專業發展評鑑的推動影響較大。在對於評鑑的疑慮方面，許多教師並不喜歡「評鑑」這兩個字眼，也

擔心教師專業發展評鑑會不會轉成績效考核之用的「總結性評鑑」（劉祐彰，2008）。在評鑑書面資料過多方面，中小學基層教師曾多次向本文作者反映，在評鑑人員研習後資格認證時所要求書面作業有太多太嚴的問題。在缺乏足夠資源與支持方面，承辦學校所得到的經費補助並不多，且經費的使用欠缺彈性（李坤調，2007）。由於缺乏多軌道的評鑑設計，資深教師、初任教師、教學困難教師都進行同樣的評鑑規準、程序與活動，無法滿足不同類型教師的不同需求，以致影響評鑑的實施成效（周麗華，2011）。復由於評鑑法源未能建立，以致部分中小學教師心存觀望，而不願意實際參與（潘慧玲、王麗雲、張素貞、吳俊憲、鄭淑惠，2010；秦夢群、陳清溪、吳政達、郭昭佑，2013）。

有鑑及此，本文作者曾多次在教育部所召開的教師專業發展評鑑相關會議中，呼籲要加強教師專業發展評鑑的溝通宣導以及和教師團體的合作，並且把教師專業發展評鑑堅定在「教師專業發展」的主軸上，評鑑應不是重點，而教師的專業成長以及成長支持系統的建構才是當前我們要努力的工作。如今，教育部在規劃將教師專業發展評鑑轉型成為「教師專業發展支持系統」，我們樂觀其成，並且會持續建議教育部要確實落實對中小學教師的專業支持。

另外，如何簡化評鑑的次數和書面要求，加強評鑑規準和運作過程的彈性，以及讓資深中小學教師只要每三至四年接受一次正式評鑑即可，且在評鑑中加強教學省思以及對話討論，應是可以努力的方向。至於對初任教師和教學困難教師，則應透過教學輔導教師的協助，加強臨床視導或治療式視導工作，讓渠等在較密集的視導和輔導歷程中，能協助其解決教學問題和提升教學效能。

最後，教育行政主管機關應加強對實施學校的經費補助和給予經費使用的彈性，並在制度實施過程中加強制度的檢討和修正。待制度有了較明顯的成效後，再推動教師專業發展評鑑的法制化，讓形成性教師評鑑有了法源依據，一方面可免除教師觀望和抗拒的心態，另方面可避免學校教師分成參與和非參與「一校兩制」的運作，而增加行政人員在推動上的困擾和阻力。

第五節　本書的整體撰寫架構

　　如前所述，專業發展導向教師評鑑係根據教師表現的規準，蒐集一切有關訊息，以瞭解教師表現的優劣得失及其原因。是故專業發展導向教師評鑑系統的運作過程，必須以教師專業標準及其所延伸出來的教師評鑑規準爲圭臬。因此本書於第二章將先討論「教師專業標準與教師評鑑規準」，然後從第三章至第六章等共四章分別討論「教師自我評鑑」、「教學觀察與會談技術」、「教學檔案製作、評量與運用」、「評鑑結果與專業成長計畫」。

　　其次，如前所述，「專業發展導向教師評鑑」，其實就是相應於教育部於2006年所開始推動的「教師專業發展評鑑」。在教育部的教師專業發展評鑑方案中，有兩個非常重要的配套措施，亦即教學輔導教師（mentor teacher）和教師專業學習社群（teacher professional community）這兩個教師支持系統的運作，以協助教師專業成長。另外，不管是教學輔導教師和教師專業學習社群的實務運作裡，皆有一個非常重要的教師專業成長利器，那便是鼓勵教師進行教學行動研究。是故，本書將從第七章至第九章等共三章分別討論「教學行動研究的規劃與推動」、「教師專業學習社群的規劃與推動」、「教學輔導教師制度的規劃與推動」。

　　綜此，本書整體撰寫架構包含如下九章：

第一章　專業發展導向教師評鑑的意義、目標與運作過程
第二章　教師專業標準與教師評鑑規準
第三章　教師自我評鑑
第四章　教學觀察與會談技術
第五章　教學檔案製作、評量與運用
第六章　評鑑結果與專業成長計畫
第七章　教學行動研究的規劃與推動
第八章　教師專業學習社群的規劃與推動
第九章　教學輔導教師制度的規劃與推動

張德銳

第二章

教師專業標準與
教師評鑑規準

　　中小學教師專業化是全體教育工作人員和社會大眾的共同理想，因為唯有教師能夠專業化，才能提升教師專業知識與精進課堂教學能力，進而有效提供學生最能充分發揮學習潛能的優質化、適性化教育。這一點是本書撰寫的主要訴求。

　　由於教師專業化的重要性，世界先進國家以及我國都做了長期的努力，也陸陸續續設計了許多機制，較顯著之一的就是以教師專業標準和教師評鑑來促進教師的專業發展（張德銳，2007）。其主要意義係在先發展教師專業標準，其次是根據教師專業標準制定教師評鑑規準，然後再以教師評鑑規準作為評鑑教師表現之標的，而後再參酌教師表現的優劣得失及其原因，肯定教師表現並與教師共同擬定和執行教師專業成長計畫。是故本章擬分兩節，分別說明教師專業標準和教師評鑑規準。本書隨後之各章將分別說明教師評鑑如何進行自評、他評、以及專業成長計畫。

第一節　教師專業標準

　　有鑑於教師專業標準的重要性，本節先說明教師專業標準的意義與重要性，以及提出美國和我國所發展的教師專業標準。

壹、教師專業標準的意義與重要性

　　「教師專業標準」係指「用來評比教師專業素質的一種標準，透過標準的呈現，可以檢核教師專業表現的情形，或幫助教師反省自我教學並促進教師專業發展」（教育部，2012，頁127）。在美國，「教師專業標準」多以「教學專業標準」稱之，這是因為美國教師工作以教學為主，是故把教師表現鎖定在教學方面；而我國的教師專業標準除仍以教學為主外，亦含有非教學的表現要素，例如：學生輔導以及研究發展與進修等。

　　潘慧玲（2014）指出，在教師素質提升的各種作為中，教師專業標準是一個上位概念，亦即在各類提升教師能力的作法中，宜由教師專業標準作為引導。教師專業標準的用途，除用於讓教師負起績效責任外，更重要的是促動教師永續專業成長的觸媒。

　　本文作者長期在師資培育機構服務，也發現教師專業標準的建構確是

國內外師資培育的主要發展趨勢之一。透過教師標準的建構，可以引導師資職前培育機構的課程與教學，幫助政府機關做更有效的教師資格檢定，引領實習教師及初任教師有系統性地圓熟其教學知能，以及提供在職教師自我反思教學、對話教學的指引。當然，教師專業標準宜是一個引導師資職前培育、導入輔導、以及教師在職發展的一個架構或方向，而不宜強調政府控制的機能。此外，它不但應有足夠的彈性和包容力，允許師資培育機構及教師有自主發展的空間，而且它本身要能與時俱進，隨著國內外的教職發展趨勢，做適當的改變和修正。

貳、「全美教學專業標準委員會」的教學專業標準

在世界各先進國家所發展的教師專業標準中，還是以「全美教學專業標準委員會」（National Board for Professional Teaching Standards，簡稱NB-PTS）所做的工作最具代表性。NBPTS（1989）曾提出五大核心主張，各主張之下另有數個支持性的敘述，茲簡要說明如下：

一、核心主張一：教師獻身於學生及其學習活動

1. 教師認知每個學生都有所不同，並且據此調整教學實務。
2. 教師深入瞭解學生是如何發展和學習的。
3. 教師均等地對待每位學生。
4. 教師的任務是要超越學生認知能力的發展，因此應擴及學生的自我概念、同儕社交能力、人格發展、公民道德等。

二、核心主張二：教師瞭解所教授學科，並且有效地將學科知識傳授給學生

1. 教師認知學科知識如何被創造、組織、以及與其他學科的關係。
2. 教師精通傳授學科內容給學生的專業知識。
3. 教師善用傳授學科知識給學生的多元途徑。

三、核心主張三：教師對管理和督導學生的學習負有責任

1. 教師採用多種基本教學技巧，來達成教學目標。
2. 教師善用團體規範、紀律、以及互動技巧，來協助學生的學習。
3. 教師運用學習動機原理，來激發學生學習投入和熱忱。

4. 教師規律地評估學生學習進步的情形。

5. 教師時常留心自己的主要教學目標。

四、核心主張四：教師有系統地思考教學實務並從經驗中學習

1. 教師依據理論和理性判斷，不斷地做教學決定。

2. 教師接受他人的忠告，並且尋求教育研究和學識來改進教學實務。

五、核心主張五：教師是學習社群的成員

1. 教師經由和其他專業人員的合作來對學校效能產生貢獻。

2. 教師和家長協力工作。

3. 教師善用社區資源於學生的學習活動。

至於在發展教師評鑑制度方面，Morrison（1997）指出，NBPTS在2000年將以教師評鑑的結果，對教師授予三十種全國性教師證書。證書種類的劃分，主要是依據所教導學童的年齡以及任教學科的內容，例如：有「兒童早期／通才：年齡3-8」（early childhood / generalist: ages 3-8）、「青少年早期／英文藝術：年齡11-15」（early adolescence / English language arts: ages 11-15）等之受全國性認可且具有榮譽性質的教師證書。

參、「州際新任教師評估及支持聯盟」的教學專業標準

NBPTS所發展的教師專業標準主要適用於資深教師。至於新任教師的教師評鑑，美國「州際新任教師評估及支持聯盟」（Interstate New Teacher Assessment and Support Consortium，簡稱INTASC）曾提出十個標準，如下（引自Campbell, Cignetti, Melenyzer, Nettles, & Wyman, 1997）：

1. 學科知識：教師瞭解所教授學科的知識結構、中心觀念、探究工具，並且創造學習環境，使學生感受到學科知識的意義。

2. 人類發展和學習的知識：教師瞭解學生如何學習和發展，並且提供學習機會，來支持其心智、社會和人格的發展。

3. 為個別需要所進行的教學調整：教師瞭解個別學生在學習途徑上的不同，並且創造教學環境來調適個別的學習需要。

4. 多元的教學策略：教師瞭解和採用多樣化的教學策略，來鼓勵學

生在表現技巧、問題解決、批判性思考上的發展。

5. 教室激勵和管理技巧：教師瞭解個別和團體動機理論，並且創造學習環境，來鼓勵學生從事正向的社會互動和積極主動的投入學習活動。

6. 溝通技巧：教師使用有效的文辭、非文辭、媒體溝通技巧，來助長教室中主動的探究、協調合作、以及支持性的互動。

7. 教學計畫技巧：教師根據學科專門知識、學生學習發展、社區要求、以及課程目標來撰寫教學計畫。

8. 學習評估技巧：教師瞭解和使用正式及非正式的學習評估策略，來確保學生在智力、社會適應和體能上不斷的發展。

9. 專業的投入和責任：教師是一位具有省思能力的實務從業人員。他能不斷地評估自己的選擇和行動對他人（學生、家長、學習社群中的其他專業人員）的影響，並且主動尋求專業成長的機會。

10.夥伴關係：教師積極培養和學校同事、家長、以及社區中其他教育機構的關係，以共同促進學生的學習和福祉。

肆、國內所發展的教師專業標準

有鑑於教師專業標準的重要性，國內諸多學者亦投入教師專業標準的研發工作。例如：張德銳等（2004）曾提出六個領域、二十個行為指標的教學專業標準，這六個領域係：(1)精熟任教學科；(2)教學策略多元化；(3)教學有效溝通；(4)有效班級經營；(5)達成教學目標；(6)善盡專業責任。

然國內最有系統與規模的建構教師專業標準，應首推中華民國師範教育學會（2006）接受教育部中教司之委託，完成了「各師資類科教師專業標準之研究」，建構出各類師資的通用專業標準（幼稚園、小學、國中、高中、高職等五類各有五大向度，特殊教育類有七大向度）。這五大向度係教師專業基本素養、課程設計與教學、班級經營與輔導、研究發展與進修、敬業精神與態度。

潘慧玲、張新仁、張德銳（2008）隨後曾研發並提出三個層面、九個教學專業標準。三個層面係：(1)課程設計與教學，(2)班級經營與輔導，

(3)專業發展與責任。九個教學專業標準係：(1)教師掌握學科知識、學科教學知識、以及學生發展與學習知識；(2)教師有效規劃課程和設計教學活動；(3)教師運用適當的教學策略與資源，提升學生的學習成效；(4)教師適當評量學生學習情形，並分析結果，據以調整教學；(5)教師營造有助於學習的環境；(6)教師妥善運用資源對學生進行輔導；(7)教師致力於反思與專業成長；(8)教師與學校同事、家長建立積極的互動關係；(9)教師善盡教育專業責任。

此後教育部復於2011年委託國立臺灣師範大學教育學系（甄曉蘭、陳佩英、胡茹萍、楊世瑞、陳清誥，2014）以及國立臺中教育大學教師教育研究中心（楊思偉，2014），進行爲期三年的中學及小學教師專業標準之研訂，他們在進行國內第二次較大規模的系統性研發活動後，提出下列十個專業標準。這十個標準，業已經教育部於2016年2月15日以臺教師（三）字第1050018281號函發布爲「中華民國教師專業標準指引」，將對我國師資職前培育、導入輔導、以及教師專業成長產生深遠的影響。

1. 具備教育專業知識並掌握重要教育議題。
2. 具備學科／領域知識及相關教學知能。
3. 具備課程與教學設計能力。
4. 善用教學策略進行有效教學。
5. 運用適切方法進行學習評量。
6. 發揮班級經營效能，營造支持性學習環境。
7. 掌握學生差異進行相關輔導。
8. 善盡教育專業責任。
9. 致力於教師專業成長。
10.發展協作與領導能力。

從國內外上述教師專業標準的發展可以看出五個趨勢：第一，教學效能研究的基礎已從傳統的「教師效能」（teacher-effectiveness）研究，走向兼顧「建構主義」（constructivism）研究，也就是說，從教師行爲的培養，走向教師實務智慧的建構。第二，教師專業標準的內涵固然係以課程教學與班級經營爲主，但教師的其他專業表現，例如：教學省思、學習社

群、專業責任、夥伴協作等,亦列為教師應有的表現。第三,教師專業標準係從以往著重教師的教學,走向兼顧學生的學習歷程與成效。第四,教師專業標準會先發展通用各學科、各學習階段的核心標準,然後再依據核心標準,尊重各學科、各學習階段的差異,發展個別「學科」、「學習階段」的教師專業標準。第五,教師專業標準的發展係需大量人力、物力且長期投入的過程,其中的主要參與者:教育學者專家、各學科專家、中小學教師,要通力合作並謀取標準的共識。

<h2 style="text-align:center">第二節 教師評鑑規準</h2>

有鑑於教師評鑑規準係教師評鑑的主要標的,本節先論述教師評鑑規準的意義及重要性,然後說明教育部推動教師專業發展評鑑(行將轉型為「教師專業發展支持系統」)所使用的兩個版本(101年參考版及105年精緻版)。

壹、教師評鑑規準的意義與重要性

蔡啟達(2008)指出,教師評鑑的規準係指針對教師表現進行評鑑時,提供具體的、可測量與行為化的評鑑項目,以作為評鑑教師表現的依據。教師評鑑規準不但具有反應教師評鑑的重心,對教師而言更具有引導其專業表現的功能。

張德銳(1997)亦指出,教師評鑑的規準主要在釐清教師應有的專業表現,使得評鑑的方法和程序更有執行的焦點。在評鑑目的、評鑑規準、評鑑程序等三項教師評鑑的關鍵要素中,以「決定教師評鑑的規準」具有承上啓下的重要性。也就是說,一個理想的教師評鑑系統必須根據教師評鑑的目的,採用適當的評鑑規準,然後決定適當的評鑑方法和程序來達成評鑑目的。如果評鑑規準設立不當,則再好的評鑑方法、分析技術和程序,也無法蒐集到適當或者合用的教師評鑑資料。

本文作者在協助推動教育部教師專業發展評鑑方案中,一向主張「自評即省思」、「他評即對話」。也就是說,教師自我評鑑提供教師一個教學省思的機會,他評則提供評鑑者和被評鑑者一個對話的機制。然而,

不論教師教學省思或者教師間的對話過程，必須要有一個省思或者對話的內涵，而這個內涵主要就是教師評鑑規準所涵蓋的內容。如果沒有實質內涵，則其形式就失去了意義。

貳、教育部教師專業發展評鑑的評鑑規準：101年版

教育部為了推展教師專業發展評鑑，乃委託曾憲政、張新仁、張德銳、許玉齡（2007）以中華民國師範教育學會所發展的教師專業標準的四個層面：課程設計與教學、班級經營與輔導、研究發展與進修、敬業精神與態度，並參考國內諸多有關教師評鑑規準的版本，發展了「高級中等以下學校教師專業發展評鑑規準」。這個版本曾於民國101年修訂，以強化學習者中心的理念為主，並對參考檢核重點做進一步的說明和解釋，以利教學現場教師的解讀和掌握其內涵。其評鑑規準如表2-1所示，共有四個層面、十八項評鑑指標、六十九個參考檢核重點。因這個版本的規準係提供給各縣市政府教育局以及各級學校建立評鑑規準的參考，是故亦名為「參考版」規準。

如表2-1所示，A層面課程設計與教學，有七個指標，分別聚焦於課程設計、教學計畫、精熟學科、教學清晰、教學多樣、教學溝通、教學評量；B層面班級經營與輔導，有四個指標，分別關照課堂規範、學習情境、親師溝通、學生輔導；C層面研究發展與進修，有四個指標，包括教學研究、教材教法研發、教師進修、教學反思；D層面敬業精神與態度則有三個指標，包括教師專業倫理、教育奉獻、夥伴協作關係，合計十八個指標。十八個指標之下，再分別包含二至八個參考檢核重點，共計六十九個參考檢核重點。

表2-1　高級中等以下學校教師專業發展評鑑規準（101年參考版）

層面	評鑑指標／參考檢核重點	資料來源			
		自評	觀察	檔案	其他
A.課程設計與教學	A-1 展現課程設計能力。				
	A-1-1 選編適合任教班級學生的教材。	✓		✓	
	A-1-2 研擬並檢視任教科目教學進度。	✓		✓	
	A-2 研擬適切的教學計畫。				
	A-2-1 依據教學目標與學生程度，編寫符合學習需求的單元教學計畫。	✓		✓	
	A-2-2 考量學生個別差異，擬定教學計畫。	✓		✓	
	A-2-3 針對教學計畫做省思與改進。	✓		✓	
	A-3 精熟任教學科領域知識。				
	A-3-1 正確掌握任教單元的教材內容。	✓	✓		
	A-3-2 有效連結學生的新舊知識或技能。	✓	✓		
	A-3-3 教學內容結合學生的生活經驗。	✓	✓		
	A-4 清楚呈現教材內容。				
	A-4-1 說明學習目標或學習重點。	✓	✓		
	A-4-2 有組織條理地呈現教材內容。	✓	✓		
	A-4-3 清楚講解重要概念、原則或技能。	✓	✓		
	A-4-4 提供學生適當的實作或練習。	✓	✓		
	A-4-5 澄清迷思概念、易錯誤類型、或引導價值觀。	✓	✓		
	A-4-6 設計引發學生思考與討論的教學情境。	✓	✓		
	A-4-7 適時歸納學習重點。	✓	✓		
	A-5 運用有效教學技巧。				
	A-5-1 引發並維持學生學習動機。	✓	✓		
	A-5-2 善於變化教學活動或教學方法。	✓	✓		
	A-5-3 教學活動中融入學習策略的指導。	✓	✓		
	A-5-4 教學活動轉換與銜接能順暢進行。	✓	✓		
	A-5-5 有效掌握時間分配和教學節奏。	✓	✓		
	A-5-6 透過發問技巧，引導學生思考。	✓	✓		

表2-1　（續）

層面	評鑑指標／參考檢核重點	資料來源			
		自評	觀察	檔案	其他
	A-5-7 使用有助於學生學習的教學媒材。	✓	✓		
	A-5-8 根據學生個別差異實施教學活動。	✓	✓		
	A-6 應用良好溝通技巧。				
	A-6-1 板書正確、工整有條理。	✓	✓		
	A-6-2 口語清晰、音量適中。	✓	✓		
	A-6-3 運用肢體語言，增進師生互動。	✓	✓		
	A-6-4 教室走動或眼神能關照多數學生。	✓	✓		
	A-7 運用學習評量評估學習成效。				
	A-7-1 教學過程中，適時檢視學生學習情形。	✓	✓		
	A-7-2 教學結束後，選擇學習評量方式，檢視學生學習成效。	✓		✓	
	A-7-3 根據學生評量結果，適時進行補救教學。	✓	✓	✓	
	A-7-4 學生學習成果達成預期學習目標。	✓	✓		
B.班級經營與輔導	B-1 建立有助於學生學習的班級常規。				
	B-1-1 訂定合理的班級規範與獎懲規定。	✓		✓	
	B-1-2 善於運用班級學生自治組織。	✓		✓	
	B-1-3 維持良好的班級秩序。	✓	✓		
	B-1-4 適時增強學生的良好表現。	✓	✓		
	B-1-5 妥善處理學生的不當行為或偶發狀況。	✓	✓		
	B-2 營造積極的班級學習氣氛。				
	B-2-1 引導學生專注於學習。	✓	✓		
	B-2-2 布置或安排有助於學生學習的環境。	✓	✓	✓	
	B-2-3 展現熱忱的教學態度。	✓	✓		
	B-2-4 教師公平對待學生。	✓	✓		
	B-3 促進親師溝通與合作。				
	B-3-1 向家長清楚說明教學、評量和班級經營的理念作法。	✓		✓	

表2-1 （續）

層面	評鑑指標／參考檢核重點	資料來源			
		自評	觀察	檔案	其他
	B-3-2 告知家長學生學習情形和各項表現。	✓		✓	
	B-3-3 主動尋求家長合作，共同促進學生學習。	✓		✓	
	B-4 落實學生輔導工作。				
	B-4-1 建立任教班級學生的基本資料。	✓		✓	
	B-4-2 輔導學生並建立資料。	✓		✓	
	B-4-3 敏察標籤化所產生的負向行為，採取預防措施與輔導。	✓	✓	✓	
C. 研究發展與進修	C-1 參與教學研究工作。				
	C-1-1 參與校內各種教學研究會議。	✓		✓	
	C-1-2 分享教學實務、研習或專業工作心得。	✓		✓	
	C-1-3 發現教育問題進行研究。	✓		✓	
	C-1-4 將研究或進修成果應用於教育工作。	✓		✓	
	C-2 研發教材、教法或教具。				
	C-2-1 自行或與校內外教師共同研發教材。	✓		✓	
	C-2-2 應用教育新知改進或創新教學。	✓		✓	
	C-2-3 依據教學需要，自製或改良教具或教學媒材。	✓			
	C-3 參與校內外教師進修研習。				
	C-3-1 從事教育專業的自我成長活動。	✓		✓	
	C-3-2 參與校內專業進修研習或成長團體。	✓		✓	
	C-3-3 參與校外專業進修研習或成長團體。	✓		✓	
	C-4 反思教學尋求專業成長。				
	C-4-1 進行自我教學省思，瞭解自己的教學優缺點。	✓		✓	
	C-4-2 根據同儕、學生或家長回饋意見省思教學。	✓		✓	
	C-4-3 依據省思結果提出專業成長方向及作法。	✓		✓	
	C-4-4 整理教學文件及省思結果，建立個人教學檔案。	✓		✓	

表2-1 （續）

層面	評鑑指標／參考檢核重點	資料來源			
		自評	觀察	檔案	其他
D.敬業精神與態度	**D-1 信守教育專業倫理規範。**				
	D-1-1 遵守教育人員專業倫理信條及相關法令規定。	✓		✓	
	D-1-2 尊重學生、家長及教師個人資料的隱私性。	✓		✓	
	D-1-3 秉持教育機會公平性原則，關懷弱勢學生。	✓		✓	
	D-2 願意投入時間與精力奉獻教育。				
	D-2-1 參與學校各項教學事務。	✓		✓	
	D-2-2 參與學校各項訓輔工作。	✓		✓	
	D-2-3 參與教育行政工作，協助推動教育革新。	✓		✓	
	D-2-4 參與校內外教師專業組織或團體。	✓		✓	
	D-3 建立與學校同事、家長及社區良好的合作關係。				
	D-3-1 與學校同事良性互動且相互合作，形成夥伴關係。	✓		✓	
	D-3-2 與家長及社區良性互動且相互合作，建立教育夥伴關係。	✓		✓	

參、教育部教師專業發展評鑑的評鑑規準：105年版

教育部為了推動教師專業發展評鑑，除了採用上述101年版（參考版）已行之有年外，並且依據「中華民國教師專業標準指引」，於民國105年4月25日以臺教師（三）字第1050040254號函發布「高級中等以下學校教師專業發展評鑑規準（105年版）」，其主要內涵如表2-2所示，共有三個層面（課程設計與教學、班級經營與輔導、專業精進與責任）、十項指標、二十八個檢核重點（包含三個選用檢核重點）。至於其詳細的內涵說明、達成基準以及資料來源等之說明，請參閱附錄一。因這個版本的規準較為精緻化，是故亦名為「精緻版」規準。另外在實務操作時，也比較容易在名稱上和「參考版」規準做區別。

如表2-2所示，A層面課程設計與教學，有四個指標，分別聚焦於課程設計、教學清晰、教學多樣、多元評量；B層面班級經營與輔導也有四個指標，分別關照課堂規範、學習情境、瞭解學生、親師溝通；C層面專

業精進與責任則有兩個指標，包括個人的專業精進以及對學校的專業責任，合計十個指標。十個指標之下，再分別包含二至四個檢核重點，共計二十八個檢核重點。

表2-2　高級中等以下學校教師專業發展評鑑規準（105年精緻版）

層面	指標／檢核重點	資料來源			
		自評	觀察	檔案	其他
A.課程設計與教學	**A-1 參照課程綱要與學生特質明訂教學目標，進行課程與教學設計。**				
	A-1-1 參照課程綱要與學生特質明訂教學目標，並研擬課程與教學計畫或個別化教育計畫。	√		√	
	A-1-2 依據教學目標與學生需求，選編適合之教材。	√		√	
	A-2 掌握教材內容，實施教學活動，促進學生學習。				
	A-2-1 有效連結學生的新舊知能或生活經驗，引發與維持學生學習動機。	√	√		
	A-2-2 清晰呈現教材內容，協助學生習得重要概念、原則或技能。	√	√		
	A-2-3 提供適當的練習或活動，以理解或熟練學習內容。	√	√		
	A-2-4 完成每個學習活動後，適時歸納或總結學習重點。	√	√		
	A-3 運用適切教學策略與溝通技巧，幫助學生學習。				
	A-3-1 運用適切的教學方法，引導學生思考、討論或實作。	√	√		
	A-3-2 教學活動中融入學習策略的指導。	√	√		
	A-3-3 運用口語、非口語、教室走動等溝通技巧，幫助學生學習。	√	√		
	A-4 運用多元評量方式評估學生能力，提供學習回饋並調整教學。				
	A-4-1 運用多元評量方式，評估學生學習成效。	√	√	√	
	A-4-2 分析評量結果，適時提供學生適切的學習回饋。	√	√	√	
	A-4-3 根據評量結果，調整教學。	√	√	√	
	A-4-4 運用評量結果，規劃實施充實或補強性課程。（選用）	√		√	

表2-2　（續）

層面	指標／檢核重點	資料來源			
		自評	觀察	檔案	其他
B. 班級經營與輔導	B-1 建立課堂規範，並適切回應學生的行為表現。				
	B-1-1 建立有助於學生學習的課堂規範。	✓	✓	✓	
	B-1-2 適切引導或回應學生的行為表現。	✓	✓		
	B-2 安排學習情境，促進師生互動。				
	B-2-1 安排適切的教學環境與設施，促進師生互動與學生學習。	✓	✓		
	B-2-2 營造溫暖的學習氣氛，促進師生之間的合作關係。	✓	✓		
	B-3 瞭解學生個別差異，協助學生適性發展。				
	B-3-1 建立並分析學生輔導的相關資料，瞭解學生差異。	✓		✓	
	B-3-2 運用學生輔導的相關資料，有效引導學生適性發展	✓		✓	
	B-4 促進親師溝通與合作。				
	B-4-1 運用多元溝通方式，向家長說明教學、評量與班級經營理念及作法。	✓		✓	
	B-4-2 通知家長有關學生在校學習、生活及其他表現情形，促進家長共同關心和協助學生學習與發展。	✓		✓	
C. 專業精進與責任	C-1 參與教育研究、致力專業成長。				
	C-1-1 規劃個人專業成長計畫，並確實執行。	✓		✓	
	C-1-2 參與教育研習、進修與研究，並將所學融入專業實踐。	✓		✓	
	C-1-3 分享或發表專業實踐或研究的成果。（選用）	✓		✓	
	C-2 參與學校事務，展現協作與影響力。				
	C-2-1 參與學校相關教學、輔導或行政事務，建立同儕合作關係。	✓		✓	
	C-2-2 參與教師專業學習社群，持續對話、合作、分享與省思，促進學生學習與學校發展。	✓		✓	
	C-2-3 發揮教師專業影響力，支持、協助與促進同儕專業表現。	✓		✓	
	C-2-4 運用或整合社區資源，建立有利於學生學習的夥伴關係。（選用）	✓		✓	

　　上述教育部推動教師專業發展評鑑兩個版本的教師評鑑規準，都是源自於有效教學，內涵大同小異，但也各有特色，101年版（參考版）的內涵計有四個層面、十八項指標、六十九個檢核重點，在內容上較具體可操作，對於初學者也較易上手；但相對的，因為指標及檢核重點比較多，如果整個規準都要全部操作的話，會比較費時費力。105年版（精緻版）是依據「中華民國教師專業標準指引」所發展，它有三個層面、十項指標及二十八個檢核重點，在規準的數量上較為精簡可行，是現在教育部所努力推廣的版本；但也因為評鑑指標較為精簡，較難以進行具體、可量化的測量和描述。是故如果學校和教師們採用105年版（精緻版）進行評鑑的話，建議宜以「檢核重點」為評鑑標的，然後再以各個檢核重點的達成與否來推論「評鑑指標」的達成程度。

　　其次，本文作者的觀點是，上述兩個版本應只是學校和教師們在實施專業發展導向教師評鑑的指引或參考而已，而不宜是限制或框架。學校在實施專業發展導向教師評鑑，宜參考學校的脈絡和需求，訂立校本的教師評鑑規準。然後各學科或學習領域可依校本的教師評鑑規準作合宜的增刪修訂，而成為各學科或學習領域的評鑑規準。

　　當然，教師在操作教師評鑑時更宜賦予適當的彈性，教師有時可對評鑑規準做全面性的「綜合診斷分析」，有時可對部分的評鑑規準做深入性的「重點診斷分析」，以達到教學健診與回饋的功能。總之，強調以學校為本位的教師評鑑，以及能針對教師需求提供適當的診斷、協助與支持，進而對教師的教、學生的學，產生實質上的幫助，而不要太過於重視評鑑的制式規定或形式，是本書撰寫的另一個訴求。

　　最後要向讀者說明的是，本書的撰寫主要是依據教育部推動教師專業發展評鑑的105年版（精緻版）的規準，來作實務操作和撰寫的。本文作者的團隊們已經就教育部推動教師專業發展評鑑的參考版規準，撰寫了《教學專業發展評鑑系統：實務手冊與研究》（張德銳等人，2010）、《教師專業發展檔案：實務與研究》（張德銳、丁一顧、劉榮嫦、高紅瑛、康心怡，2014）等兩本專書，有興趣的讀者可以自行參閱。

蔡惠青

第 **三** 章

教師自我評鑑

學校教育成功與否的重要關鍵之一，在於中小學教師專業能力的提升。張德銳（2006）指出，世界教師組織聯合會於1990年代表大會中強調教師在專業執行期間，應不斷精進，增加其知識與經驗，並不斷發展其不可或缺的素質。可見教師專業能力之提升，早已成為世界潮流矚目的議題之一。

教育部自95學年開始推動中小學教師專業發展評鑑，即是以評鑑為手段，以教師專業發展為主要目的之形成性教師評鑑，它所強調的是教師的專業成長及教學品質之提升，即形成性教師評鑑是關注於教師教學表現及專業技巧之精進；相對的，總結性教師評鑑則強調績效責任及價值判斷（丁一顧，2013a）。在形成性教師評鑑中，張德銳（2006）提到教師自我評鑑是一個很重要的評鑑方式，若缺乏教師自我評鑑，形成性教師評鑑將失去其意義和價值。這也是為什麼在「教育部補助辦理教師專業發展評鑑實施計畫」第五點中，會明訂教師自我評鑑係教師專業發展評鑑的兩個主要評鑑方式之一。

本章共有四節，第一節先談及教師自我評鑑的意涵，包含教師自我評鑑的意義、目的及優點與限制；第二節提到有關教師自我評鑑與教學省思之關係；第三節說明教師自我評鑑的方式及程序；第四節則以兩個實例使讀者瞭解教師自我評鑑表及省思札記之填寫內容。

第一節　教師自我評鑑的意涵

教師自我評鑑為促進教師專業成長的利器之一，在教師評鑑的實務運作中，自我評鑑是手段，專業成長才是最主要目的（張德銳、高紅瑛、康心怡，2010）。Harris與Hill認為，教師自我評鑑係一種有效的教師評鑑方式，因為唯有教師自己才能對自我教學表現有最實在且深刻的瞭解和反省（引自呂木琳、張德銳譯，1992）。

本節先闡明教師自我評鑑的意義及目的，再論述教師自我評鑑的優點與限制。

壹、教師自我評鑑的意義

綜觀國內外學者對教師自我評鑑意義的界定如后：Bailey（1981）認為，教師自我評鑑乃教師運用一系列連續回饋策略所進行之自我檢視歷程。Barber（1990）提出，教師自我評鑑即教師透過各種評鑑工具蒐集相關資料，評鑑自己的教學是否達成預期目標，瞭解自己教學的優缺點，以期改善教學之歷程。Airasian與Gullickson（1995）亦指出，教師自我評鑑係教師為了自我改善之目的，判斷自己的知識、表現、信念和成效之適切性與效能的過程。透過自我評鑑，可讓教師對自己的教學變得更有察覺力，懂得省思、進行教學分析和做決定。

高曉婷（2003）認為，教師自我評鑑係教師在教學過程中，使用不同策略與工具，協助自己做反思及檢討的連續歷程。黃宗顯（2004）也指出，教師自我評鑑意為教師透過自我反省、同儕回饋、學生學習、家長反應、教學紀錄等各種可能途徑，蒐集資料，針對本身的教學觀點、態度和行為做價值判斷，以瞭解並提升自己的專業知能。張德銳等（2010）認為，教師自我評鑑是一種發現問題、蒐集資訊、自我省思及成長改變的歷程。

綜上所述，教師自我評鑑係教師在教學歷程中，運用不同策略及評鑑工具蒐集資料，檢視並省思自己教學的優缺點，以擬定、規劃並執行成長計畫，以期提升教師專業知能。在此過程中，教師本身同時為主客體，既是評鑑者、亦是被評鑑者，也唯有教師自己才能對自身的教學表現有最深切的認識與反思。

貳、教師自我評鑑的目的

社會哲學家Rudolf Steiner曾說：「如果我們要教育，我們必須特別喜愛改變，引發改變，支持改變，伴隨改變，使發展成為可能。」（引自鄭景芸，2011，頁89）身為教師，必須要能跟得上時代的脈動，願意嘗試改變，樂意接受新事物，研發創新課程，使學生樂於學習且快樂學習，以激發學生無窮的潛力。而教師自我評鑑就是一種改變與成長的歷程。

國外學者Barber（1990）提及，教師自我評鑑之目的即在增進教師對

於自己優缺點的認知，以期能據以改善教學成效。另Airasian與Gullickson（1995）亦強調，教師自我評鑑旨在檢視與改進教師自己的實務工作。國內學者馮莉雅（2001）亦主張，教師自我評鑑的目的為促進教師教學省思，提升教學效果，增進教師專業發展。潘慧玲（2006）則指出，增權賦能評鑑（empowerment evaluation）強調教師自主性，有能力且願意付諸行動，透過教師自我評鑑歷程，增長權力、能力，讓教師經由自我評鑑，提升權能感，能掌控自我生命主題，而教師提升本身的專業能力，不僅是對家長、社會大眾負責，更是對自我成長與學生受教負責。

由上述學者們的看法中可知，教師自我評鑑之目的即希望藉由教師對教學專業的自我反省，瞭解自己的優劣勢，並能據以改善，以期教師能更精進教學效能，提高教學品質，進而提升學生學習成效。

參、教師自我評鑑的優點

將教師自我評鑑作為一種專業發展的手段，在強調教師專業發展的現今，有其時代意義與價值。自我評鑑對教師所產生的具體影響或優點，可包括：(1)使教師有自我覺醒意識，增進其教學省思態度；(2)讓教師藉由自我評鑑省思並瞭解自己教學的優缺點；(3)教師在參與評鑑過程中能較無壓力；(4)提升教師對自身的專業責任感及改進教學之意願；(5)使教師認同自己的改變會影響學校組織的發展；(6)能符合教育改革「由下而上」（bottom-up）的取向，提供教師在評鑑過程中有發聲的管道（吳俊憲，2010）。

本文作者自96學年參與教師專業發展評鑑至今，每年都會進行自我評鑑，因為教師自我評鑑並不只是消極地因應上級推動的政策，相對的在積極面上，它確實可以幫助自己進行專業省思，並據以導引專業發展之方向。所以，教師自我評鑑可視為展現教師專業的基本精神，同時亦是促進教師專業發展及維護教師專業尊嚴之利器。

肆、教師自我評鑑的限制

雖然教師自我評鑑很容易施行且能使教師對自我更瞭解，並使教師進行自我省思，以期能自我改善與成長。但是若僅做教師自我評鑑，很可能

不是一種十分可靠的評鑑方式，因為有些較缺乏安全感的教師往往會高估自己的教學表現，而過於謙遜的教師又可能會低估自己的教學表現，因此造成了教師自我評鑑資料的不正確性。

Barber（1990）認為，教師自我評鑑的實施可能會有下列困難：(1)欠缺客觀性；(2)欠缺正確性和信度；(3)評鑑會變成一種自我辯解的形式（例如：不適任者不會承認自己的表現令人不滿意）；(4)表現平庸之教師比起優秀的教師，自評較不準確；(5)評鑑結果難以量化。

所以，教師自我評鑑最大的限制即在於，教師以主觀性評估自己的教學，且因為每位教師的人格特質不同，有人可能會高估或低估自己的教學表現，而使評鑑結果較缺乏客觀性。因教師自我評鑑易流於主觀性及月暈效應，且其信度和效度有限，所以，評鑑結果並不適用於總結性評鑑。

因此，若要使教師自我評鑑發揮最大的效果，需將教師自我評鑑與其他評鑑方式一起使用，因為當教師知道自己的評鑑結果會和其他評鑑方式（例如：教學觀察或教學檔案）作比較時，應該會較認真並確實地評估自己的表現，進而積極改善。張德銳（2006）也提到，教師務必將自我評鑑結果與評鑑人員或同事分享，且評鑑人員在與教師分享、討論自我評鑑結果之後，必須協助教師設定自我改善的目標，以及在教師努力成長改變的過程中，評鑑人員也必須能提供必要的支援。如此，評鑑人員自然能與教師共同建立專業合作的互動關係。

第二節　教師自我評鑑與教學省思之關係

教師自我評鑑係一種有效的形成性評鑑方式，因為教師本人能藉由內省自己的教學，對其表現形式和行為做一個有效的評估，故省思其實是教師教學成長的重要關鍵。

本節先論述教學省思的意涵，再論述教師自我評鑑與教學省思的關係。

壹、教學省思的意義

《論語‧學而篇》中，曾子云：「吾日三省吾身：為人謀而不忠乎？

與朋友交而不信乎？傳不習乎？」即在提醒一般人應該要有反省的能力，而身爲教師需要有比一般人更高的自我省思能力，因爲若缺少省思，就會妨礙教師專業的成長，故反省個人經驗是改善教學的不二法門。

「省思」是對於任何信念或知識形式之立論基礎及其所欲達到的結論，做主動、堅定且謹愼的思量。杜威（J. Dewey）提及，教師最重要的特質即爲批判性省思，而有省思能力者之特質爲有開闊心胸、有責任感及能全心全意投入（許健將，2004）。教學省思（teaching reflection）是提高教師自我覺察的重要利器，而教師教學的專業性更需透過省思才得以充分體現（張德銳、李俊達、王淑珍，2014）。有省思能力的教師在反省過程中，能仔細考量其在教學決策上所依據的假設及實施後之結果，並對此做認知的改變，以期能精進他們的教學專業。

教師藉由省思歷程，對自己的教學行爲及教學相關情境有更深刻的瞭解，進而能從自己的教學相關經驗中不斷去檢討與改善，使本身的專業知能持續的精進。所以想要在教師專業上持續成長，於教學生涯一開始就要採用一些省思的策略，不斷鞭策及更新自己。本文作者自任職教師至今已逾二十年，不論是在課程教學、班級經營、學生輔導及親師生關係等方面，皆養成自我省思的習慣，藉由反省歷程再進一步精進自己該方面的能力，期望自己的成長能夠成爲幫助學生獲得更佳學習成果的助力。

貳、教師自我評鑑與教學省思的關聯

教師自我評鑑實行的成敗，其實和教師的理念及態度有很大關聯。若要落實自我評鑑，教師首先需能覺察其本身教學上可能會有的問題，其次要有意願去改變，然後才會產生自我評鑑之需求。

張德銳（2006）提到，教師自我評鑑之所以會令人質疑，可能因爲教師缺乏洞察力和深度，以及對自己的表現存有嚴重的偏見，以致不能令別人信服。所以特別提醒教師自我評鑑的核心歷程，係在於「省思」，亦即教師對某一特定事務或行爲，進行內在自我愼思的過程，以求對事務的情境能更加深入的分析與瞭解，進而尋求解決之道的行爲。

由此可知，缺乏省思歷程的教師自我評鑑，即便由不同方法或工具蒐

集教師教學自我表現的資料，也只是空為一些無意義之資料。惟經由教師
自身深入的省思，才能賦予自我評鑑資料意義及價值。

　　在教師自我評鑑對於教學省思之影響方面，Graham（2004）的研究
顯示，自我評鑑能夠增進教師省思；Brame（2004）認為，自我評鑑能夠
增強教師的教學行為，發展成長策略與教學實務之省思；Staley（2002）
則發現，教師在參與自我評鑑的過程中，更能夠將自己的角色定位在評鑑
者的角色來審視資料，進行自我省思（引自柯汝穎、張德銳，2007）。由
此可知，教師自我評鑑對於教師進行教學省思具有正面的影響性，而在重
視教師自評的教師專業發展評鑑歷程中，教學省思更是教師自評的重要關
鍵要素。

　　所以，教師在進行自我評鑑時需有省思的能力，但同時也需要有外部
的資源來檢視其自我評鑑的結果，例如：同儕回饋資料、學生或家長反應
等資料，這些資料可運用多元的工具加以蒐集。同時在教師自我評鑑的過
程中，亦能夠提升教師自我省思的能力，進而促進專業精進。

第三節　教師自我評鑑的方式及程序

　　本節先說明教師自我評鑑的方式，接著闡述教師自我評鑑的程序，使
教師們對於教師自我評鑑的方式及程序能有明確的概念及認識。

壹、教師自我評鑑的方式

　　在教師自我評鑑歷程中，可採用的自我評鑑方式，大約可分為「自評
表」、「自評報告」、「教室日誌」、「媒體紀錄與分析」、「第三者協
助」、「學生回饋與表現資料」、「教學檔案」、「教學行動研究」等八
種（高曉婷，2003；張賴妙理，1998；張德銳，2006）。茲將上述八種方
式詳述如下：

　　1. 自評表：包含量表與檢核表。量表內容為一系列的教學目標、技
能或行為等，讓教師就自己的理念、態度或表現進行等級評定。檢核表則
常以特定屬性出現與否（有／無；是／否）的形式呈現，使教師就自己的
情形進行勾選。

2. 自評報告：常使用與教學相關的開放式問句請教師回答，例如：「我的優點或特色是什麼？」、「我的教學焦點及目前遇到的困難是什麼？」

3. 教室日誌：教師以日誌或省思札記方式，記錄重要的教學事件、成果、發現、困難和感受，以提供教師省思本身的工作。如能有長期的紀錄，則可提供教師教學進步與改變的證據。

4. 媒體紀錄與分析：透過錄音或錄影等方式記錄「微型教學」的過程或現場的教學事件，使教師瞭解自己的教學現場，藉以清楚檢視自身教學。

5. 第三者協助：第三者可以是顧問、專家，更可為同事，他們的角色不是評鑑者，而是對被觀察者進行觀察，再將觀察資料交給教師自我分析，所以並不涉及評鑑。另外，教師可以和同事或他校教師，經由專業對話，獲得他人的觀點與經驗，藉以精進教學。

6. 學生回饋與表現資料：教師可用問卷調查或晤談等方式，取得學生的回饋以作為自我評鑑的資料，亦可蒐集學生表現的資料，例如：習作、評量結果等，來確認教學上需改善或加強之處。

7. 教學檔案：教學檔案係指有目的、有系統地蒐集、選擇和省思各項教師教學資料，進而組成之文件或紀錄，以呈現教師教學目標、信念、知識、技能、專業發展等相關證據。

8. 教學行動研究：教師同時扮演「教學者」與「研究者」兩種角色，在教學情境中，覺察和瞭解教學實務問題，並針對問題進行探究，研擬相關行動策略，再透過省思、回饋與修正行動策略等方式解決問題，以期改善教師教學，提升教師效能。

柯汝穎、張德銳（2007）將上述八種教師自我評鑑方式，進一步分為三類，即「省思式自我評鑑」、「檔案式自我評鑑」與「回饋式自我評鑑」。「省思式自我評鑑」是教師在進行自我反省時，檢視自我教學所記錄的相關資料，包含自我檢核表、自評報告、省思日誌與文件、行動研究等；「檔案式自我評鑑」則為教師所蒐集各種形式的教學資料，包含教學檔案、媒體紀錄與分析等；「回饋式自我評鑑」係指教師蒐集他人對於自

我教學之回饋，以作為其教學省思與解決問題的參考，包含學生回饋與表現資料、第三者協助等。

在以上八種教師自我評鑑方式中，本章第四節主要以自評表（即教師自我評鑑表）作為實作範例，由教師根據教師自我評鑑表的內容，填寫相關資料，以瞭解自身教學專業成效；而實務範例所使用的教師自我評鑑表，則是依據教育部「高級中等以下學校教師專業發展評鑑規準105年版」來進行實務操作。另外也再提供教室日誌中常用的省思札記實作範例，瞭解教師經由記錄重要的教學事件、成果、發現、困難和感受，來省思本身工作的歷程。

貳、教師自我評鑑的程序

本文所指的教師自我評鑑程序主要是以「教育部補助辦理教師專業發展評鑑實施計畫」第五點中，所提到「教師自我評鑑（自評）：由受評教師根據學校自行發展之自評程序及評鑑表格，依序檢核，以瞭解自我教學工作表現」來進行。在學校實際執行時的相關程序，說明如下：

1. 參與評鑑規準討論：由參加「教師專業發展評鑑」的教師經由對話及討論，取得共識，形成校本規準（包含評鑑層面、指標、檢核重點、檢核示例、表現水準等級判斷原則及實施方式等）。

2. 瞭解評鑑規準內涵：教師經由參與校內討論會議或研讀相關資料等方式，對評鑑規準意涵有更深入的理解。

3. 掌握表現水準判斷的依據：教師自評的表現水準判斷可依程度劃分為三等第（推薦／通過／待改進），教師需仔細閱讀完各項評鑑規準後，充分掌握判斷的依據，並根據真實教學工作的表現予以勾選。

4. 審慎填寫自我評鑑表：教師應以慎重的態度，勾選最能真實反應本身教學工作表現水準的等級欄位。最後，教師再具體描述整體表現情形，其內容可包括：自己的優點或特色、尚可成長和改善的空間、以及成長之構想等。

教師自我評鑑所需花費的時間，其實會因每位教師而有所不同，有的教師可能不需要花費太多時間就直接勾選完成自評，有的教師可能需較久

的時間完成自評。事實上，教師自我評鑑實施時間長短並非重點，而是教師能否於自評過程中充分進行自我省思，並能真正瞭解自身在教學專業的優缺點，期據以更加精進。

第四節　教師自我評鑑實例

教師自我評鑑是在實行教師專業發展評鑑中不可或缺的一環，教師需進行自我評鑑，以期能培養自身省思的能力與習慣，朝更優質與卓越的教學專業邁進。

本節第一個實例是依據教育部「高級中等以下學校教師專業發展評鑑規準（105年版）」的教師自我評鑑表作為範例表件，文中首先說明教師實施自我評鑑的注意事項，接著再行呈現一位國小教師的實作資料。第二個實例則是使用省思札記作為範例表件，在呈現第二位國中教師的實例前，先進行省思札記撰寫說明，再輔以實例呈現。

壹、實例一

張德銳等（2010）曾指出，填寫教師自我評鑑表的注意事項為：(1)在做勾選時，可參考教育部「高級中等以下學校教師專業發展評鑑規準105年版」的評鑑規準，期能更精確地掌握每個評鑑規準之意涵；(2)教師所做「推薦」、「通過」、「待改進」的勾選並無評分的意味；(3)在進行勾選後，務必再填寫文字說明，以使評鑑者能瞭解教師勾選的理由。

為覺察自我教學上的優缺點，教師在填妥基本資料與閱讀填寫說明之後，需以深思熟慮和客觀的態度，慎重勾選每一評鑑規準後面最能真實代表自己表現情形的欄位——「推薦」、「通過」、「待改進」。然後在質性描述的三處欄位中，具體補充說明自己整體表現的優缺點以及自我改善的構想。

張大明（化名）老師是任職於南部某國小的英文教師，只有三年的教學年資。從表3-1可以看到張老師在A層面的自評中，A-1指標項下的兩個檢核重點皆勾選「通過」；A-2指標項下的四個檢核重點皆勾選「推薦」；A-3指標項下的三個檢核重點皆勾選「通過」；A-4指標項下的四

個檢核重點皆勾選「通過」。另外在B層面的自評中，B-1指標項下的檢核重點B-1-1勾選「通過」；B-1-2勾選「待改進」；B-2指標項下的檢核重點B-2-1勾選「通過」；B-2-2勾選「待改進」；B-3指標項下的兩個檢核重點皆勾選「通過」；B-4指標項下的兩個檢核重點皆勾選「推薦」。最後在C層面的自評中，C-1指標項下的檢核重點C-1-1及C-1-2皆勾選「推薦」；C-1-3勾選「通過」；C-2指標項下的檢核重點C-2-1、C-2-2及C-2-3皆勾選「推薦」；C-2-4勾選「通過」。由此可看出，張老師對自己在A-2的指標項中最具信心；在C-1及C-2的指標項中，大部分也都表現得很好。而對於B-1及B-2這兩個指標，應是他未來在專業成長方面要加油的。

再從張老師自評表中的意見陳述，可看到張老師的優點及特色為：

1. 熟悉不同版本間內容之差異，且能依據學生程度增刪補充教材內容。

2. 上課內容能與時事相結合，使學生藉由相關生活議題，提高學習興趣。

3. 善用教學媒材，並能適時運用不同教學方法，提升學生學習注意力，達成學習目標。

4. 適時與家長聯繫、溝通，親師關係良好。

5. 積極參與學校活動及校內外研習成長活動，提升自己的專業知能。

至於尚可成長和改進的空間，張老師覺得對於班級經營這部分是他要再努力的方向，尤其是在(1)如何建立課堂規範及適切回應學生的行為表現；(2)如何安排以學生為中心考量的學習情境及能有良好的師生互動。

因此，張老師提出以下幾點的成長構想是：

1. 閱讀有關班級經營的相關書籍：會經由網路搜尋，或請教其他教師推薦班級經營相關書籍，並利用時間積極閱讀。

2. 參加有關班級經營的相關研習或工作坊：主動至全國教師在職進修網搜尋有關班級經營的相關研習或工作坊，在不影響課務之下，報名參加。

3. 請教學校內對班級經營有心得的教師：主動向學校內在班級經營

方面有經驗的教師請教。

　　4. 邀請有經驗的教師入班觀察：經過一段時間的成長後，主動邀請在班級經營方面很有心得的教師入班進行觀察，並能在事後給予指正。

表3-1　教師自評表

壹、基本資料

教師姓名：張大明　　　　　　任教年級：五年級

本學期任教科目：英語　　　　日期：105.4.23

貳、填寫說明

　　本自評表的目的係為了協助您自我省思與覺察教學上的優缺點，進而產生自我改善的作用。為了達到自我診斷的目的，請您在閱讀完評鑑指標與檢核重點後，以慎重的態度，勾選最能真實代表您表現情形的欄位，並在後面的意見陳述中，具體補充說明您整體表現的優劣得失以及自我改善的構想。

層面	評鑑指標／檢核重點	評量（√）		
		推薦	通過	待改進
A.課程設計與教學	A-1 參照課程綱要與學生特質，明訂教學目標，進行課程與教學設計。			
	A-1-1 參照課程綱要與學生特質，明訂教學目標，並研擬課程與教學計畫或個別化教育計畫。		√	
	A-1-2 依據教學目標與學生需求，選編適合之教材。		√	
	A-2 掌握教材內容，實施教學活動，促進學生學習。			
	A-2-1 有效連結學生的新舊知能或生活經驗，引發並維持學生學習動機。	√		
	A-2-2 清晰呈現教材內容，協助學生習得重要概念、原則或技能。	√		
	A-2-3 提供適當的練習或活動，以理解或熟練學習內容。	√		
	A-2-4 完成每個學習活動後，適時歸納或總結學習重點。	√		
	A-3 運用適切教學策略與溝通技巧，幫助學生學習。			
	A-3-1 運用適切的教學方法，引導學生思考、討論或實作。		√	
	A-3-2 在教學活動中融入學習策略的指導。		√	
	A-3-3 運用口語、非口語、教室走動等溝通技巧，幫助學生學習。		√	
	A-4 運用多元評量方式評估學生能力，提供學習回饋並調整教學。			
	A-4-1 運用多元評量方式，評估學生學習成效。		√	

表3-1　（續）

層面	評鑑指標／檢核重點	評量（✓）		
		推薦	通過	待改進
B.班級經營與輔導	A-4-2 分析評量結果，適時提供學生適切的學習回饋。		✓	
	A-4-3 根據評量結果，調整教學。		✓	
	A-4-4 運用評量結果，規劃實施充實或補強性課程。（選用）		✓	
	B-1 建立課堂規範，並適切回應學生的行為表現。			
	B-1-1 建立有助於學生學習的課堂規範。		✓	
	B-1-2 適切引導或回應學生的行為表現。			✓
	B-2 安排學習情境，促進師生互動。			
	B-2-1 安排適切的教學環境與設施，促進師生互動與學生學習。		✓	
	B-2-2 營造溫暖的學習氣氛，促進師生之間的合作關係。			✓
	B-3 瞭解學生個別差異，協助學生適性發展。			
	B-3-1 建立並分析學生輔導的相關資料，瞭解學生差異。		✓	
	B-3-2 運用學生輔導的相關資料，有效引導學生適性發展。		✓	
	B-4 促進親師溝通與合作。			
	B-4-1 運用多元溝通方式，向家長說明教學、評量與班級經營理念及作法。	✓		
	B-4-2 通知家長有關學生在校學習、生活及其他表現情形，促進家長共同關心並協助學生學習與發展。	✓		
C.專業精進與責任	C-1 參與教育研究、致力專業成長。			
	C-1-1 規劃個人專業成長計畫，並確實執行。	✓		
	C-1-2 參與教育研習、進修與研究，並將所學融入專業實踐。	✓		
	C-1-3 分享或發表專業實踐或研究的成果。（選用）		✓	
	C-2 參與學校事務，展現協作與影響力。			
	C-2-1 參與學校相關教學、輔導或行政事務，建立同儕合作關係。	✓		
	C-2-2 參與教師專業學習社群，持續對話、合作、分享與省思，促進學生學習與學校發展。	✓		
	C-2-3 發揮教師專業影響力，支持、協助與促進同儕專業表現。	✓		
	C-2-4 運用或整合社區資源，建立有利於學生學習的夥伴關係。（選用）		✓	

表3-1 （續）

意見陳述（請就上述勾選狀況提供文字上之說明，如果空白不夠填寫，請自行加頁）：

---

1. 我最主要的優點或特色是：

我自己認為A層面「課程設計與教學」中的「A-2掌握教材內容，實施教學活動，促進學生學習」是值得推薦的。而我的主要優點或特色則有以下幾點：

(1)熟悉不同版本間內容之差異，且能依據學生程度增刪補充教材內容。

(2)上課內容能與時事相結合，使學生藉由相關生活議題，提高學習興趣。

(3)善用教學媒材，並能適時運用不同教學方法，提升學生學習注意力，達成學習目標。

(4)適時與家長聯繫、溝通，親師關係良好。

(5)積極參與學校活動及校內外研習成長活動，提升自己的專業知能。

2. 如果我想要專業成長，我會優先從事：

可能因為我只有三年的教學經驗，對於班級經營的實際經驗較缺乏，所以雖然我在課程方面很認真的準備，學生上課的學習氣氛也不錯，但有時班上的上課秩序易失控，進而影響到學生的學習。所以，我想要優先進行有關B層面「班級經營與輔導」中的「B-1建立課堂規範，並適切回應學生的行為表現」及「B-2安排學習情境，促進師生互動」的專業成長。

3. 我預定的成長途徑：

(1)閱讀有關班級經營的相關書籍。

(2)參加有關班級經營的相關研習或工作坊。

(3)請教學校內對班級經營班級有心得的教師。

(4)邀請有經驗的教師入班觀察。

貳、實例二

省思札記的撰寫格式較自由，可由教師依自己所需做選擇。教師通常可採用自由書寫的方式，可從以下之紀錄內容，從中摘選適合的要項，例如：重要或特殊事件簡述、成功教學事件之描述與原因分析、不成功教學事件之描述與原因分析、自己感覺不錯或仍需努力的教學相關事件之描述及省思、針對教學過程檢討教學得失（例如：當日的教學經驗、問題成因分析、使用策略之檢討與分析等）。

王小美（化名）老師是任職於北部某國中綜合活動（童軍科）的教師，已有十多年的教學資歷。從表3-2王老師的省思札記中可看到，王老師覺得自己教學的成功經驗為：(1)對於課程內容有充分的準備，常會用小隊分組方式，讓同學們互相協助學習；(2)能將課程內容與學生生活經驗相結合；(3)更常善用問答方式來瞭解學生學習的情況；(4)藉由相關資

訊及教學軟體，使學生在學習上獲得最大的效益。

　　此外，王老師經由省思，也提出自己覺得需再精進的地方是如何針對學生的個別差異進行教學與實施評量。

　　最後，王老師更提出自己未來希望努力的方向為：

　　1. 實施前測：更深入瞭解學生起點行為，在分組時能做更適當的分組，並能依學生程度之不同，準備教材及評量內容。

　　2. 閱讀區分性或分組合作學習等相關書籍：瞭解其內容與作法，並知道如何融入自己的課程設計中。

　　3. 邀夥伴入班進行教學觀察：對學生上課學習情形予以觀察和記錄。

　　由此可知，省思札記可使教師藉由對自己教學經驗與教學問題做紀錄，來促進教師反思與成長。教師有決定記錄自己教學內容的自由，可記下自己主觀的信念、感覺與見解，而由省思札記中更可看出教師關注的焦點。

表3-2　省思札記

姓名： 王小美	記錄日期： 105.03.18
任教科目： 綜合活動（童軍）	

　　擔任綜合活動（童軍）領域教學已有十多年的時間，再加上本身又兼任童軍團的團長職務，憑著對童軍教育的熱忱，在課程內容的準備度及完整性，都非常豐富且完備。因為自己對資訊融入教學很有興趣，所以也常會藉由相關教學軟體及資訊設備，使學生有最佳的學習資源與環境，提升學生的學習興趣，以期能獲得更大的學習成效。

在教學過程中，我常會用小隊分組方式，讓同學們互相協助學習，也能將課程內容與學生生活經驗相結合，更常善用問答方式來瞭解學生學習的情況，與學生互動良好，對於學生不瞭解的地方也能很有耐心地給予回應及指導。對於學校相關活動也都主動協助，如學校舉行的校本聖誕鈴聲課程及包粽祝福活動，我也都會與童軍課程相結合，指導學生製作聖誕樹及瞭望臺。

　　由於童軍課程會有分組實作，較易發生有些學生可能已學會老師上課所教的課程內容，而會有空白時間，所以如何使動作快的學生不會有浪費空白時間的感覺，能有更進一步的學習，是我自己覺得有再成長的空間。

　　因為覺察到自己的不足，所以省思可以再加油的部分有：(1)對授課學生的學習背景及起點行為能再更加瞭解，在分組時能做更適當的分組；(2)就課程教材內容再做深入研究，可先閱讀相關區分性或分組合作學習等相關書籍，瞭解其內容與作法，並知道如何融入自己的課程設計中，再試著在教學現場中實際運用；(3)過程中需請夥伴教師協助入班觀察，對學生上課學習情形予以觀察及記錄。期望自己能朝這些方向努力，使我的學生能得到更好的照顧。

鄧美珠

第四章

教學觀察與會談技術

教學觀察與會談技術是由評鑑人員透過會談技術，瞭解受評教師對教學的關注焦點，再運用觀察技術入班觀察，以提供觀察所見聞的紀錄與受評教師對話，並運用會談技術引導其省思自己的教學，找到專業成長途徑，以精進有效教學專業，促進學生學習成效。

教師在課堂裡實施教學活動，其一言一行、一舉一動都充滿了教育意涵，教師若能透過不斷地省思自己的教學，並自我精進教學技巧與策略，常能專業成長以促進學生學習成效。但是僅依靠自己省思仍有其盲點，若能夠透過同儕教師鏡子似的「另一雙善意的眼睛」，藉著入班進行教學觀察及同儕對話，以發現教學者的優點與成長空間，也許更能達到教學專業發展的目的（張德銳、高紅瑛、康心怡，2010）。李珀（2014）也談到，觀察者若能蒐集並瞭解有效能教學之相關資料，從事教室觀察，在觀察教學的過程後，再提供教師改進的參考意見，據以自我成長，達到教師專業目標，將可使每一位受教的學生提升學習效果。

因此，教師為了精進或改善教學專業，是可以透過彼此的觀察與會談，由受過觀察與會談技術訓練的評鑑人員，以專業的規準及適當的觀察技術入班觀察，提供具體客觀的觀察紀錄給受評教師並與其專業對話，以促進省思而精進。為了讓讀者瞭解教學觀察與會談的技術，本章將從說明教學觀察與會談的意涵、目的、內容談起，再介紹教學觀察三部曲（觀察前會談、教學觀察、回饋會談）的程序，以及教學觀察的質性和量化技術，最後進行觀察紀錄的資料分析，以作為回饋會談的基礎。

第一節　教學觀察與會談的意涵

本節說明教學觀察與會談的意義、目的、優點與限制，接著探討教學觀察與評鑑規準的關係，最後再介紹教學觀察與會談的程序。

壹、教學觀察與會談的意義

教學觀察是一種對教學者實際教學的直接觀察，並客觀記錄教師的真實表現，然後透過回饋會談，肯定和改善教學者的教學表現（張德銳等人，2010）。在教學觀察與會談的歷程中，評鑑人員採用評鑑規準和觀察

工具，記錄受評教師的教與學生的學，以及師生互動的內容；並運用會談技術對話，瞭解其教學的脈絡與關注的焦點，在評鑑人員和受評教師面對面的互動中，引導受評教師瞭解課程規劃及課堂教學實施，學習自我分析與調整教學的行為和活動，讓專業的教學活動持續精進成長。

貳、教學觀察與會談的目的

丁一顧、張德銳（2004）認為，教學觀察可以提供教師教學現況的客觀回饋，並能肯定教師教學成就和表現，也能提供診斷和解決教學問題的相關資料，幫助教師發展診斷自我教學技巧，進而協助教師專業成長的正向態度，增進學生學習成效。吳俊憲（2008）也談到，教學觀察之目的，是透過「另一雙善意的眼睛」，去瞭解教學者教學的優缺點，建立同儕觀察的觀念，以提升教學的效能，促進教師專業成長。李珀（2014）提出教學視導系統可用來鼓勵教師專業成長以改良教學品質，目標在於：協助教師改進教材、教法以提升教學品質；瞭解教師教學困難及需要，作為教師自我成長或辦理在職成長活動之參考；提升教學技巧以樹立教師專業形象；激發教師自我思考與反省的意願和能力；創造一個有助於學習的校園文化和氣氛。

綜上可見，教學觀察與會談的主要目的在運用其技術，協助教師改進教學、促進學生學習成效。茲詳述如下：

一、客觀的回饋：提供受評教師教學現況的客觀回饋

評鑑人員於觀察前會談時，透過研討對談共同備課，在教學觀察後提供受評教師教學現況客觀的回饋，以協助受評教師瞭解自己在課堂上真實的教學表現，藉此協助其改進教材、教法以提升教學品質。

二、肯定與讚美：肯定受評教師教學的成就和表現

評鑑人員發掘受評教師教學的特色和優點，給予肯定與讚美。肯定受評教師教學的成就與表現，提升其教學技巧，以樹立教師專業形象。

三、診斷與解決：協助受評教師診斷和解決教學問題

評鑑人員引導受評教師發現教學問題並提出解決的行動策略，協助受評教師診斷與解決教學問題，即能瞭解教師教學困難及需要，以作為教師

自我成長或辦理在職成長活動的參考。

　　四、省思與精進：提升受評教師教學省思及教學決定的能力

　　評鑑人員鼓勵受評教師自我省思，學習自我診斷與尋求資源，幫助其發展診斷自我教學的能力，以精進課堂教學技巧，亦即激發受評教師自我思考與反省的意願和能力。

　　五、持續專業成長：幫助受評教師發展對持續專業成長的態度

　　評鑑人員協助受評教師發展專業成長的正向態度，經由不斷地成長循環，激發其對教學工作保持熱忱及專業成長的承諾，進而創造一個有助於學習的校園文化和氣氛。

　　六、彼此教學相長：促進評鑑人員與受評教師協同合作、共同成長

　　評鑑人員與受評教師在觀察前的會談中，透過共同備課、討論教學脈絡而互相學習；評鑑人員入班教學觀察前，要依據會談的觀察焦點，準備並熟悉觀察工具或表格，以使觀察紀錄進行中更加瞭解有效教學的展現；回饋會談時，評鑑人員提供具體客觀的紀錄給受評教師，引導省思與對話，彼此協同合作、互相學習、共同成長。

參、教學觀察與會談的優點及限制

　　透過教學觀察固然可以提供受評教師具體客觀之回饋，例如：能產生立即回饋的功效，也能提升教師自我輔導的能力，還能讓教師間得以自由交換教學概念及經驗，相互協助而培養責任感，減少教師抗拒力及增進專業知能發展（隨意窩部落格，2009）。

　　但是教學專業是技術、也是藝術，有時同僚評鑑或指導容易演變為放任或與教學活動及目標無關；有時因為教師經驗欠缺，從事同僚視導效果不彰；另外，有時過於強調評鑑，形成教學過程與目標產生本末倒置的現象（隨意窩部落格，2009）。因此，觀察與會談技術仍有其力有未逮之處。以下分述其優點與限制。

　　一、優點

　　1. 入班教學觀察，貼近與課程、教學最密切相關的教學現場，是臨床蒐集資料的最好機會；再從中分析資料以獲取資訊，並提供回饋意見於

課堂實踐，進而建立實務智慧。

2. 採用有效教學專業規準，能聚焦教與學之效能，爲共同目標而努力。

3. 運用觀察工具觀察，能眞實、客觀、具體的記錄被觀察者的教學行爲與學生的學習反應，提供其專業的回饋意見。

4. 發掘受評教師的教學特色和優點，給予肯定與讚美，建立其專業自信。

5. 協助受評教師自我診斷解決教學問題，引導其精進課堂教學技巧。

6. 觀察與會談的互動歷程中，評鑑人員和受評教師一起專業成長。

二、限制

1. 若因任務關係的配對，未建立長期合作的信任關係，較難有正確的資訊去理解與判斷。

2. 教學活動是一個師生、生生互動的複雜歷程，教學觀察較著重外顯行爲的觀察紀錄，難以記錄學生的內在思考。

另外，爲了能夠有效達成觀察與回饋的目的，觀察的課堂若選擇考前複習課、自習課、考後檢討課時，應注意若教師未實際進行教學，只用講述或考試，則不適合觀察；此外，入班觀察應選用合適的觀察工具，才能蒐集到足夠的資料給予回饋。

肆、教學觀察與評鑑規準的關係

依據本文作者多年課堂教學以及參與教專評鑑的經驗，有許多機會運用評鑑規準進行教學觀察，發現教學觀察與評鑑規準都源自有效教學，而以規準爲觀察依據亦有助於有效教學，其關係如下：

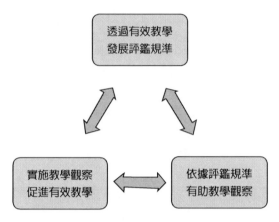

圖4-1 教學觀察與評鑑規準的關係圖

一、透過有效教學，發展評鑑規準

Gary D. Borich在其著作《有效教學面面觀》一書中提出有效教學必備關鍵行為：學習氣氛、班級經營、課程清晰、教學多樣、教師的工作取向、學生參與學習歷程、學生成就，以及高層次思維歷程和表現成果（郝永崴譯，2014）。

1. 課程清晰：課程教學具邏輯性和次序性，講課清晰可讓人清楚理解課程教學內容，並能引導學生的專注力。

2. 教學多樣：教材豐富有變化，教學方式彈性又多樣，善於提問、變化回答類型、運用多種教學策略及融入學習策略指導。

3. 教師投入（教師的工作取向）：明確的教學目標與課程重點，在課堂上實質投入教學時間盡可能的多，重視學習內容成就導向。

4. 學生參與（學生參與學習歷程）：設計適切的教學活動，引導學生思考、討論或實作，減少注意力分散的機會，主動投入學習。

5. 學生成就：學生能理解課程並正確完成習作，提升中高程度學生學習成功率，增進對課程內容的精通，挑戰學生主動建構學習的意義。

6. 學習氣氛：在班級中的學習氣氛，是一種環境與心理氛圍，雖無形但卻瀰漫在整個班級之中，深深地影響每一個人的學習動力。

7. 班級經營：溫馨和諧的班級，有助於增進學習效果與健全學生人

格。營造良好的班級，需仰賴師生、同儕與親師間合作的良性互動關係。

　　8. 高層次思考：基礎層次的思考包括記憶（memory）、回憶（re-call）、基本理解（basic comprehension）及觀察技巧（observation skill）；高層次思考則涉及多重可能答案和參與者之判斷。Udall與Daniel（1991）認為，高層次思考至少包括三種思考：批判思考、創造思考與問題解決（引自葉玉珠，2002）。有效教學應設計有助於提升學生思考判斷能力的活動。

　　根據張新仁、邱上真、王瓊珠（2008）有效教學的實證研究發現，有效教學的指標包含十大面向：(1)教學初始應導引學習心向；(2)教材呈現要能清楚、有條理；(3)教學方法要多元化；(4)善於使用教學技巧；(5)適時檢核學生學習情形；(6)提供學生高成功率的學習；(7)適時變化教學步調；(8)引導學生增加投入學習的時間；(9)教學過程中要營造尊重、溫暖、重視課業學習的班級氣氛；(10)重視班級常規與經營。

　　本文作者試將教育部105年版（精緻版）評鑑規準的A層面課程設計與教學、B層面班級經營與輔導之教學觀察指標，再與Borich有效教學指標，以及張新仁等有效教學指標的實證研究製成對照表，詳見表4-1。

表4-1　105年版（精緻版）評鑑規準之教學觀察指標與有效教學指標對照表

教育部105年版（精緻版）評鑑規準	Borich有效教學指標	張新仁等有效教學指標的實證研究
A-2 掌握教材內容，實施教學活動，促進學生學習。	1. 課程清晰 3. 教師投入	1. 導引學習心向 2. 清楚呈現教材 3. 增加投入時間
A-3 運用適切的教學策略與溝通技巧，幫助學生學習。	2. 教學多樣 4. 學生參與 8. 高層次思考	4. 教學方法多元化 5. 善用教學技巧 6. 適時變化教學
A-4 運用多元評量方式評估學生能力，提供學習回饋並調整教學。	5. 學生成就	7. 多元檢核學生學習 8. 高成功率的學習
B-1 建立課堂規範，並適切回應學生的行為表現。	7. 班級經營	9. 重視班級常規
B-2 安排學習情境，促進師生互動。	6. 學習氣氛	10. 營造班級氣氛

二、依據評鑑規準，有助於教學觀察

依據有效教學所發展之評鑑規準來實施教學觀察，在觀察前的會談時，討論教學的方法策略，能在教學專業與觀察實施上較有共識，在教學觀察時亦較能關注有效教學，觀察後的回饋會談時還能就有效教學之評鑑規準作為對話基礎，更能協助受評教師形成準備接受觀察的架構與方向。換句話說，有了教師專業評鑑規準據以發展教學觀察工具，有助於掌握教學觀察三部曲的運作。

三、實施教學觀察，促進有效教學

進行教學觀察的依據，即是以有效教學的評鑑規準為討論標的，在進行教學觀察的過程中即會聚焦於觀察課堂上的有效教學，尤其是在觀察後的會談，透過評鑑人員與受評教師的專業理性溝通，檢視教學行為，將教師的「教」回應到學生的「學」，以協助學校落實評鑑歷程，即能幫助教師瞭解其教學特色及優缺點，並據此進行有效教學的專業發展，進而提升教學品質，增進學生學習成效。

伍、教學觀察與會談的程序

就教師有系統的教學而言，宜經由「計畫」、「教學」、「省思」等三階段。為配合系統化教學的實施，教學觀察宜經由「計畫會談」（即觀察前會談）、「教學觀察」、「省思會談」（即回饋會談）之三部曲，亦即和教學者一起「備課」、「觀課」、「議課」（丁一顧、張德銳，2009a），如圖4-2所示。

圖4-2　教學觀察三部曲

第二節　教學觀察前會談的目的與內容

本節我們將介紹觀察前會談的目的與內容、會談的紀錄示例及會談的注意事項。

壹、觀察前會談的目的

評鑑人員在進行教學觀察之前，為了瞭解受評教師的教學情境脈絡，有必要在觀察前先和受評教師進行「觀察前會談」（張德銳等人，2010，頁29）。亦即教學觀察必須深入課堂中與教學生活結合，所以，評鑑人員與受評教師需進行教學觀察三部曲的程序，透過提問方式進行討論，讓受評教師釐清課程、教學的規劃、以及資料蒐集的問題，並讓評鑑人員傾聽及檢閱受評教師的看法，以達共同備課、入班觀課、對話議課之功（張德銳、丁一顧、朱逸華、李俊達、黃春木，2011）。綜上所述，觀察前會談的目的如下：

1. 建立信任關係：透過會談技巧（改述、語調／語速及舉止行動），建立融洽的信任關係。

2. 瞭解教學脈絡與班級概況：入班觀察前先瞭解受評教師當節課的教學脈絡與班級概況，有助於深入觀察受評教師之教學計畫構思歷程，更有助於觀察學生的學習歷程表現。

3. 確認觀察焦點（評鑑規準）及工具：從對話協商的過程中，聚焦觀察焦點（評鑑規準），以利選用觀察工具，才能發揮教學觀察之功。

4. 確認入班觀察及回饋會談時間：觀察三部曲的時間安排宜適當，勿相距太久，以免失去黃金對談與觀察時間。

貳、觀察前會談的內容

觀察前會談的內容主要有四：(1)瞭解教學脈絡；(2)瞭解班級學生狀況；(3)確認觀察重點及工具；(4)確認入班觀察及回饋會談事項（張德銳，2008）。會談過程中要以微笑、點頭等身體語言注意傾聽，並適時重述回應，以確認對方的談話要點，還要隨時對受評教師的巧思和設計給予正向鼓勵。評鑑人員在會談中主要的提問摘記要點，說明如下：

一、瞭解教學脈絡

1. 請您談談這個單元（或這節課）的教材內容和重點為何？

2. 針對這個單元，您預定學生需學會哪些概念、知識、技能？（您期待學生在這個單元獲得什麼能力？）

3. 針對這個單元，您的教學流程規劃為何？（包含引起動機、發展活動、統整活動）

4. 您預定運用哪些評量方式，來檢視學生是否達成教學目標？

二、瞭解班級學生狀況

5. 面對班級學生不同的能力表現，您將運用哪些策略來滿足他們的需求？

6. 請您說說這個上課班級的學生狀況？（包含特殊學生位置、學習特質、或與學生互動的方式等）

三、確認觀察重點及工具

7. 在這節課中，我們除了使用教學觀察表做校本規準的觀察外，您是否有需要再特別加強觀察的重點？

8. 針對觀察重點，我會使用的觀察工具是……（討論合適性）

四、確認入班觀察及回饋會談事項

9. 確認入班觀察的時間與地點？

10.確認回饋會談的時間與地點？

參、觀察前會談的紀錄示例

觀察前會談是為了協助受評教師釐清教學脈絡，也可以透過教案的討論來獲得，或是透過觀察前會談紀錄表的內容來對話，更能有系統的釐清教學脈絡。表4-2為評鑑人員與受評教師的觀察前會談紀錄表。

表4-2　觀察前會談紀錄表

教學時間：104.3.9　　　　　　　　　　　教學年級：六年級

教學單元：1-3今日世界文化面面觀　　　　　教材來源：翰林

教學者：鄧美珠　　　觀察者：莊靜圓　　　觀察前會談時間：104.3.8

一、教學目標：

1. 從生活中發現今日世界文化的特色。
2. 比較過去和現代文化的特點與差異。
3. 闡述科技文明對現代生活的影響。
4. 認識大眾文化出現的原因、特色和影響。

二、教材內容：

主要討論內容包括三部分：

1. 過去和現代文化的特點及差異，例如：現代女性可從事以往不被允許的工作。
2. 科技文明對現代生活的影響，例如：王建民在美國的比賽畫面可經由衛星轉播傳送到世界各地。
3. 大眾文化出現的原因、特色和影響，例如：現代人常因流行一窩蜂排隊購買商品，過度消費導致負債，進而影響正常生活。

三、學生經驗：

1. 有關課程：前一個單元「1-3穿越時空看文化」談及(1)世界今昔的主要文化特色；(2)世界主要文化與宗教的關係，使學生具有世界文化的觀念。
2. 有關生活經驗：學生常使用現代科技，例如：手機、網路，感受科技帶給人們的便利；學生也有排隊購買熱門商品的經驗，感受大眾文化對生活的影響。

四、教學活動：

1. 準備活動：複習前一單元課程內容，協助學生將舊經驗與新課程連結。
2. 發展活動：

    (1)藉由教師放映自製的PPT，呈現由淺入深的探討議題，引發學生思考。

    (2)透過共同交叉回應與討論，建構學生對課程內容的認知及態度。
3. 綜合活動：教師總結歸納重點，並於單元結束後指導學生習寫習作，並進行紙筆測驗。

五、教學評量方式：

1. 形成性評量：著重於課堂的表現，例如：隨堂討論發言（發表）、習寫習作。
2. 總結性評量：紙筆測驗，測驗內容除了認知層面，另會加強統整、分析、批判思考的題目。

六、觀察的焦點（評鑑規準）和工具：

1. 觀察焦點（評鑑規準）：A-2-2清晰呈現教材內容，協助學生習得重要概念、原則或技能。
2. 觀察工具：運用教學觀察表記錄教師的教與學生的學，以及師生互動、生生互動情形。

七、觀察後回饋會談時間和地點：

104.3.10下午16:30於會議室。

肆、觀察前會談的注意事項

國外學者Acheson, K. A.與Gall, M.D.認為，觀察前會談能提供溝通教室情境與教學方式，以及共享經驗的機會（引自林春雄、陳雅莉、王新華、胡俊豪、詹婷姬、胡允麗譯，2007），所以成功的會談是重要的。為了讓觀察前會談順利進行，評鑑人員應注意以下事項（張德銳等人，2010）：

1. 評鑑人員與受評鑑教師若具相同學科領域專長，當更能發揮共同備課之功。

2. 安排觀察前，務必要建立信賴合作的關係。

3. 第一次安排需時較長，隨後僅需5-10分鐘。

4. 安排會談最好在中立、溫馨、舒適的場所。

5. 選定一個雙方都方便的時間進行觀察。

6. 選擇的課堂應讓受評教師有機會呈現教師所關注的問題及對關注問題的解決。

7. 通知受評教師後才進入教室，讓受評教師有準備並覺得受到尊重。

會談後，受評教師將會知道：將被觀察的是哪堂課？這堂課他將要做什麼？他所期待的學生行為有哪些？他的關注點和可能遭遇的問題為何？還有他是否同意評鑑人員入班教學觀察？等事項。

第三節　教學觀察的技術與紀錄分析

本節將說明教學觀察技術如何選用，接著介紹教學觀察的質性技術及量化技術要如何記錄與資料分析。

壹、教學觀察技術的選用

良好的教學觀察首重觀察程序與觀察工具，評鑑人員會透過各種觀察工具，入班仔細的蒐集「教師的教、學生的學、師生的互動、以及情境脈絡」等各種資料，再將資料分析以提供受評教師回饋（張德銳等人，2011）。亦即「工欲善其事、必先利其器」，教學觀察要發揮效能，必須

選對適當的觀察工具與技術，並蒐集具體客觀事實的資料，以及注意觀察的相關細節，才能發揮觀察之功。

一、配合教學觀察前會談的觀察焦點，有目的地觀察與記錄

先確認觀察重點，再將觀察重點對應規準並確認觀察的工具，最後再提出觀察重點與規準的表格工具。

每一個教學觀察的情境與目的不同，每位教師教學的關注焦點也不盡相同，所運用的觀察工具技術亦不相同，茲一一加以配合列舉如下：

表4-3　教學觀察重點及觀察技術配合一覽表

想要觀察的行為	可以使用的觀察技術
學生上課的參與情形	在工作中、語言流動
師生互動狀況	在工作中、語言流動、佛蘭德斯（Flanders）互動分析
教師行間巡視、個別化教學	教室移動（教師移動、學生移動）
教師提問類型、學生思考層次	選擇性逐字記錄
教學的風格	佛蘭德斯互動分析
教學活動與班級經營情形	教專評鑑觀察表、廣角掃描（軼事紀錄、錄音、錄影）

資料來源：修改自張德銳、李俊達譯（2002）。

二、蒐集具體客觀事實資料

根據觀察事實，客觀、具體地描述，記錄時要注意資料的非評鑑性、具體性、客觀性，亦即是我的所見所聞，而非我的看法、意見。為了掌握蒐集效率，觀察時可先記下關鍵字，再掌握觀察後黃金時間2小時膳稿。膳稿時需回憶教學的事實，再以完整的句子就教學事實做更完整清晰的描述，將記錄所得資料填入教學觀察紀錄表中。

三、教學觀察的注意事項

1. 正式評鑑觀察時間至少為一節課，必要時可視情形增加次數。
2. 進入教室並選定適當的觀察位置，儘量減低對師生的干擾。
3. 檢查教學觀察工具及視聽設備，再開始進行觀察及記錄。
4. 應徵得受評教師與學生同意後，方得以進行錄影（音）。
5. 可以蒐集學生學習的相關資料（例如：作業、學習單等）。

貳、教學觀察的質性技術

教學觀察的技術可分為兩大類，一是質性觀察技術，二是量化觀察技術。本文介紹的質性觀察技術有教師專業發展評鑑中的教學觀察紀錄表、軼事紀錄、錄影回饋、省思札記、選擇性逐字紀錄等，分述如下：

一、教學觀察紀錄表

評鑑人員可以教專評鑑中的教學觀察紀錄表入班觀察，依據評鑑規準，蒐集具體客觀的教學脈絡資訊、班級情境之觀察紀錄，包括：教師的教學策略、授課內容及學生的學習活動、師生互動或生生互動、成就評量等，以提供受評教師具體回饋、討論及反思之用。

(一) 教學觀察紀錄表的技術

在教學觀察階段，評鑑人員入班教學觀察前，首先要準備與熟悉觀察工具或表格（張德銳，2008）。在進入班級觀課時，以時間順序，將觀察所見所聞之具體客觀事實資料，依照評鑑規準內涵記錄至相對應檢核重點之「教師表現事實摘要敘述」欄內。在記錄過程中若有不確定之相對應檢核重點的觀察資料，就暫時記錄於表格欄位的其他空白處，待觀察後整理資料時再仔細核對。

因為教與學的活動很緊湊，記錄時建議可以先以「關鍵字」記錄，待事後再掌握黃金2小時的時間謄稿。例如以「關鍵字」記錄：比較古今文化、居禮夫人、林懷民、服裝設計，謄稿時再整理為完整語句——在比較過去和現代文化的差別時，教師及學生共同討論舉例說明，例如：女生也可以當科學家（居禮夫人）；男生也可以當舞蹈家（林懷民）；最近的一位服裝設計首獎是男生（吳季剛）。

(二) 教學觀察紀錄表的實例

教學觀察紀錄表參考示例如下：

表4-4　教學觀察紀錄表（105版規準）

受評教師：鄧美珠　　　　　　任教年級：六年級
任教領域/科目：社會　　　　　教學單元：今日世界文化面面觀
教學節次：共6節　　　　　　　本次教學為第5、6節
評鑑人員：莊靜圓　　　　　　　觀察時間：104年3月9日13：30至14：10

層面	評鑑指標與檢核重點	教師表現事實 摘要敘述	評量			不適用
			推薦	通過	待改進	
A. 課程設計與教學	A-2 掌握教材內容，實施教學活動，促進學生學習。					
	A-2-1 有效連結學生的新舊知能或生活經驗，引發與維持學生學習動機。	教師連結學生生活經驗之實例，引起學生學習興趣與動機，並持續參與討論。例如： 1. 在比較過去和現代文化的差別時，教師及學生共同討論舉例說明，例如：女生也可以當科學家（居禮夫人）；男生也可以當舞蹈家（林懷民）；最近的一位服裝設計首獎是男生（吳季剛）。 2. 有關平權思想，學生舉例：韓國對女生的尊重，停車場有專為女性設計的停車格。又有學生問及：這是否又是對男生的另一種不平等？	√			
	A-2-2 清晰呈現教材內容，協助學生習得重要概念、原則或技能。	教師先以十六個由淺入深的問題，複習上一堂課程內容，循序漸進的提示教材內容重點，再依據本單元課程目標提問、小組討論與發表，統整後再進行「牛刀小試」，確認學生都瞭解。整堂課包含正確的知識與技能、且教學內容不偏離主題。	√			
	A-2-3 提供適當的練習或活動，以理解或熟練學習內容。	教師透過問題，提供多次發言機會，例如：請學生比較新舊文化異同的看法，讓學生熟練課程內容。 除透過個別學生對全班發表外，未見小組分組討論或組內、組間發表等其他方式，以形成學習網絡。		√		

表4-4　（續）

層面	評鑑指標與檢核重點	教師表現事實摘要敘述	評量			不適用
			推薦	通過	待改進	
	A-2-4 完成每個學習活動後，適時歸納或總結學習重點。	於學習活動後，利用「牛刀小試」測驗題以歸納課程內容，但未於每個主題結束後統整學習協助學生歸納重點。		√		
	A-3 運用適切教學策略與溝通技巧，幫助學生學習。					
	A-3-1 運用適切的教學方法，引導學生思考、討論或實作。	教師運用觀點差異比較之小組討論、發表，促進學生思考、討論並參與學習。例如：教師在教學過程除講述外，適時採用提問、討論，提供多個議題讓學生思考回應，例如：男生可以玩洋娃娃、辦家家酒嗎？女生可以玩賽車、開飛機嗎？女生可以當科學家嗎？男生可以當舞蹈家嗎？你認為內向或是陰柔的男生正常嗎？外向或是陽剛的女生正常嗎？你覺得現今社會男女平等嗎？為什麼？	√			
	A-3-2 教學活動中能融入學習策略的指導。	讓學生以小組方式（非個人）練習比較異同：過去和現代文化的特點與差異。例如： 文化／特點 過去文化：1.統治者高高在上。2.男性地位高於女性。3.一般人民沒有參與政治的權利等。 現代文化：1.個人主義興起、民主政治普及。2.不同性別、階級、族群、年齡之間開始講求平等。3.平權思想成為現代文化的特色之一。		√		
	A-3-3 運用口語、非口語、教室走動等溝通技巧，幫助學生學習。	教師說話時，有注意音量、速度、咬字、語調；分組討論過程中，教師也有走至組間巡視，並適時提示學生學習重點，但是一直沒有走至第五組巡視。		√		

表4-4　（續）

層面	評鑑指標與檢核重點	教師表現事實摘要敘述	評量			不適用
			推薦	通過	待改進	
	A-4 運用多元評量方式評估學生能力，提供學習回饋並調整教學。					
	A-4-1 運用多元評量方式，評估學生學習成效。	透過提問、小組討論課文圖表中的事實陳述與概念，進行「因果關係」、「比較異同」等分析後，發表看法，但未見個別學生之評量。		✓		
	A-4-2 分析評量結果，適時提供學生適切的學習回饋。	鼓勵發表分析因果關係、比較異同之看法，並即時回應（包括追問為什麼、轉問其他學生意見等）。	✓			
	A-4-3 根據評量結果，調整教學。	教學歷程中，一位學生提到一個性別不平等的例子：男老闆欺負女員工，或女老闆欺負男員工。教師發現學生未瞭解，便及時重新講解說明這是基於位階的不平等，而非性別所造成。	✓			
	A-4-4 運用評量結果，規劃實施充實或補強性課程。（選用）	教師鼓勵學生課後調查男女生對平權的看法，例如：男生同意讓女生在外工作，自己在家帶小孩、煮飯、整理家務嗎？女生願意自己出去上班，讓男生在家帶小孩、煮飯、整理家務嗎？	✓			
B. 班級經營與輔導	B-1 建立課堂規範，並適切回應學生的行為表現。					
	B-1-1 建立有助於學生學習的課堂規範。	教師對於適時且合宜的增強學生在課堂中的正向行為表現，如下： 1. 老師說：「眼睛」，學生接著說：「看老師」，提醒學生專注學習。 2. 利用「聽老師拍掌」學生跟拍，學生立刻安靜下來聽老師講解。 3. 老師提問之後，看到學生踴躍舉手，說：「哇！大家都踴躍舉手，表現很好！」 4. 用計時器掌控時間，最後30秒、10秒會提示。	✓			

表4-4　（續）

層面	評鑑指標與檢核重點	教師表現事實摘要敘述	評量			不適用
			推薦	通過	待改進	
	B-1-2 適切引導或回應學生的行為表現。	教師對於覺察並預防學生負向行為產生之狀況，如下： 1. 有一位學生手玩橡皮筋，老師走到他身旁輕聲提醒要專注。 2. 第六組有兩位意見相左的學生爭吵，老師以眼神暗示學生注意。	✓			
	B-2 安排學習情境，促進師生互動。					
	B-2-1 安排適切的教學環境與設施，促進師生互動與學生學習。	教師對於配合單元目標與教學內容布置教室情境，促進師生互動與學生學習之作為，如下： 1. 教師準備各地文化活動掛圖、教學簡報等教具。 2. 師生共同蒐集世界各地文化活動及曾參與的文化活動影片。 3. 教師展示「臺灣女性就業率超過男性，『家庭主夫』增加」剪報，引發學生討論。	✓			
	B-2-2 營造溫暖的學習氣氛，促進師生之間的合作關係。	師生對於彼此關懷與支持、友善且公平對待、提供正向期望，師生之間展現溫暖的班級學習氣氛及人際關係之展現，如下： 1. 透過問題討論，闡述科技文明對現代生活的影響，並預測科技文明持續發展，對未來人類的生活會有何影響？ 2. 有學生提出各種天馬行空的答案（例如：「機器代替人力後，人類即將被機器人統治」），有同學回應（「胡說八道」），教師仍微笑以對（「任何意見我們都應尊重」）。	✓			

(三) 教學觀察紀錄表的分析

評鑑人員與受評教師可以透過協商和溝通，引導受評教師決定教學表

現，例如，評鑑人員可以說：「現在我們來看看，根據教學觀察得到的資料，有關參考檢核重點A-3-1運用適切的教學方法，引導學生思考、討論或實作，您覺得自己的表現怎麼樣呢？」

受評教師：「我在教學過程中，除講述之外，還採用提問、討論，提供多個議題讓學生思考回應，例如：男生可以玩洋娃娃、辦家家酒嗎？女生可以玩賽車、開飛機嗎？女生可以當科學家嗎？男生可以當舞蹈家嗎？你認為內向或是陰柔的男生正常嗎？外向或是陽剛的女生正常嗎？你覺得現今社會男女平等嗎？為什麼？所以我想我的A-3-1表現還不錯吧！」

評鑑人員：「您能運用觀點差異比較之小組討論、發表，促進學生思考、討論並參與學習，我也覺得您做得真的很棒喔！那我們就在推薦上打勾囉！」

二、軼事紀錄

軼事紀錄是將教室中發生的事件簡短地記錄下來，記錄的是課堂上所發生及所說的事（林春雄等人，2007，頁170）。亦即依時間順序，將教室中所發生的事件簡要地記錄下來，使用時機在當教師不確定要被觀察的行為是什麼的時候，目的在蒐集教師的教、學生的學、以及師生互動情形與環境脈絡。

(一) 軼事紀錄的技術

當教師不能確定要被觀察的行為是什麼時，使用軼事紀錄是很好的技術，它是廣角的，能用於捕捉與記錄大量的教學現象，能夠看到原先未計畫要看的教學現象。但是評鑑人員與受評教師可以決定鏡頭視野要多大，可以是對教師、一個學生、一組學生、全班學生等（林春雄等人，2007，頁171）。

軼事紀錄表格分為三欄，左邊為時間標記，欄位最小；中間為記錄教學事件，欄位最大；右邊備註欄可以記載教學情境或偶發事件，或是作為分析和解釋之用。

1. 依時間順序來記錄，並在教學事件的起始點標示時間。可以時鐘的時刻或是上課所有時間順序。

2. 時間表示用「時分」來表示，如9：42表示9點42分。

3. 記錄的句子要客觀、具體，不具評斷性。例如：用「2個學生打瞌睡、3個學生托腮看窗外」代替「學生很無聊」，用「老師微笑點頭看著學生回答問題」代替「老師親切的與學生互動」。

4. 除了記錄觀察對象外，亦可描述觀察的情境脈絡。例如：窗臺上布置各式各樣的鮮花、上課被廣播聲音打斷。

在記錄過程中，並不是將教學過程鉅細靡遺地記下來，這麼做容易形成記錄教師說和學生答的所有對話之逐字稿。觀察者有責任篩選教學過程中有意義或重要的事件，也就是將40至50分鐘龐雜的教學過程資料，篩選出有用的教學活動資訊，作為回饋會談的材料。若是資料龐雜且未經篩選整理，回饋會談的效果勢必會受影響。

入班觀察時，根據觀察事實，客觀具體地描述。觀察時先記下關鍵字，再掌握觀察後黃金時間2小時謄稿。謄稿時，需回憶教學的事實，再以完整的句子就教學事實做更完整清晰的描述。以下分述三種模式。

(二) 軼事紀錄的實例

1. 軼事紀錄1：師生教與學合併模式

表4-5 軼事紀錄表（一）

受評教師：○○○　　　任教年級：二年甲班　　任教科目：健體
單元名稱：步頻與步幅　　教學內容：認識、分辨步頻與步幅並練習
教學節次：共 5 節　　　本次教學為第 二 節
評鑑人員：鄧美珠
觀察日期：102.3.26　　　觀察時間：09：25至10：05

時間軸	具體客觀事實陳述	備註
09：25	T在行間巡視，體育股長整隊後帶熱身操，全體S一起邊喊口令、邊一起做操（體育股長喊1234、全體S一起喊5678，體育股長喊2234、全體S一起喊5678……）。	T 指 老師、S 指 學生（以下皆同）
09：30	T詢問S：有誰不能跑步的舉手？共有3S說不舒服不能跑。 T詢問S：可以用走的嗎？其中2S說可以。 T留下一位受傷無法跑步的S協助畫格子。其他S跑操場。 T提醒全體S跑回來先喝水、休息一下，並提醒不可以馬上坐下來。	

表4-5　（續）

時間軸	具體客觀事實陳述	備註
09：33	T問S：「還記得步頻與步幅嗎？」S說：「跑步動作動得很快叫做步頻、跨步跨很大叫做步幅。」 T示範「步頻與步幅」動作。S瞭解並說出何者為「步幅」、何者為「步頻」。 T問：「跑步要跑得快，要步頻很快，還是步幅很大？」S說：「兩個都要。」	
09：37	請一位S合作競賽做示範，T故意以「小步幅、高步頻」及「大步幅、低步頻」示範，輸給S，最後再以「大步幅、高步頻」贏了S。 S發現後大笑，說：「這樣太小步了！只有步頻，沒有步幅。」又說：「太慢了！這樣只有步幅，沒有步頻。」S發現跑步競賽要快，必須要步頻和步幅兩者兼具才行。	
09：42	T將S分成兩大組競賽，並說明評分不在速度（快一點不加分），而在當「最佳教練」→指導同組同學做對動作可加分，還有當「最佳裁判」→成功檢舉對方錯誤動作也可加分，並提醒組長要管好秩序。 T請各組每位學生都要做動作，完成後要和T Give me fine，並經T說非常好才算過關，接著將接力棒交給下一位同學。 T不斷鼓勵S出來教同學，當最佳教練；仔細看別組的動作，當最佳裁判。期間也不斷提醒組長要管秩序，每個人要確確實實完成動作。	
10：00	T請S整隊後，問S： 1.你覺得今天和以前的學習有什麼不一樣？ 2.覺得自己有進步的舉手！你覺得誰進步最多？ 3.你覺得最佳教練獎是誰？T宣布是男生。 4.你覺得最佳裁判獎是誰？T宣布是女生。 T請S喝水，並宣布全班表現好，有遊戲時間作為獎勵。	

・軼事紀錄分析：

完成具體客觀的觀察紀錄後，接著可以根據有效教學的內涵或教學流程的脈絡來分析紀錄資料，也可以依據時間序一一分析資料，還有可以依據檢核重點提出詮釋檢核重點內涵的具體證據。分析的方向如下：

(1)可以從課程的邏輯概念分析教師的教學行為，包括教學目標的掌握、教材的選編與呈現、教學方法策略的運用、多元評量與回饋等，瞭解教師課程設計與教學實施情況。

(2)可以從有效教學的脈絡分析，包括分析教師的教學歷程，從引起

動機、教材呈現、教學策略、評量回饋、班級經營等，瞭解教師教學清晰、多樣的行為表現。

(3)也可以配合規準分析，從教學清晰性（A-2）、教學多樣性（A-3）、評量回饋與調整教學（A-4）、班級規範的訂定（B-1）、學習情境的安排（B-2）等指標內容來討論。

具備教學專業的評鑑人員，應篩選有意義或重要的教學事件，而不是記下所有的教學事實。其次，要呈現教學的客觀事實紀錄，提供給教師閱讀和討論。最後，對教學事實紀錄要先分析和解釋，作為討論的腹案。

①由體育股長整隊後帶熱身操，教師巡視每一位學生的熱身動作，運用班級幹部班級經營。

②○○師熱身前詢問學生是否能跑步，雖對學生抱持正向期待，但能提供學生公平彈性的學習機會。

③在教授步頻與步幅時，先複習並示範，作為銜接新學習的基礎。

④○○師於教學活動中提出正面、反面實例，澄清學生迷失概念。

⑤先從提問、示範、再與S合作競賽等過程中，循序漸進地提示步頻與步幅重點。

⑥清楚呈現重要概念，並進一步舉出正確和錯誤動作，幫助學生掌握概念，再讓學生做練習，以精熟學習內容。

⑦教學活動順利進行，90%以上的學生投入學習，將教導的責任還給學生，引導學生思考並參與討論，促使學生更專注學習。另外，鼓勵、讚美學生當最佳教練與裁判，結束前引導學生總結這堂課的重點內容。

2.軼事紀錄2：師生教與學分開模式

表4-6　軼事紀錄表（二）

受評教師：○○○　　　　任教年級：二年級　　　　任教科目：自然
單元名稱：美麗的花朵　　教學內容：辨識花的特徵，認識花瓣、花蕊
教學節次：共2節　　　　本次教學為第一、二節
評鑑人員：○○○　　　　觀察日期：○○○　　觀察時間：○○:○○至○○:○○

時間軸	具體客觀事實陳述		備註
	教師行為描述	學生行為描述	
0：42	T講花的故事。 T以手按住板子，暗示S坐好聽故事。 T說完故事後，拿出一朵天堂鳥。 T拿出詞卡，各寫著顏色、外形、大小、氣味，T一一解釋完語詞後，張貼在黑板上。 T請學生以眼睛看、鼻子聞、手觸摸等方式觀察。 T：3、2、1（時間到）。	S坐在位子上聽故事。 一S手拿大板子要站起來。 S驚呼那是一朵天堂鳥。 每一S各取不同的花朵以眼睛看、鼻子聞、手觸摸等方式觀察。 S放下花朵，坐在位子上。	T指老師、S指學生（以下皆同） 教室窗臺上放著盆栽，黑板左下有各組加分板。 T邊說故事邊在行間走動。
2：55			
4：08	T拿出紙捲，說明各組先看內容後，再出謎題給同學猜：它是什麼顏色？它有什麼特別的地方？外形像什麼樣子？它是大的還是小的？它的味道怎麼樣？…… T覆述：粉紅色的。 還有呢？ 大小呢？ 有沒有什麼特別的味道？ T覆述：香香的。 T也舉出玫瑰花。 T覆述：皺皺的。 大小呢？ 味道呢？ T問出題S對不對？	一S上台出題：「它是粉紅色的，還有紅色的。小的。香香的。」 各組猜出並拿出玫瑰花（有一S拿出白色玫瑰花大聲說：「老師，我的是白色的。」） 另一S上臺出題：「它皺皺的。中的。一點點香。」 各組猜出並大聲說：「康乃馨。」 S打開紙捲是康乃馨。	每組桌上放著一籃不同的花朵

．軼事紀錄分析：

(1)以花的故事引發學生學習興趣與動機。

(2)以花的實物呈現教材，協助學生瞭解學習重點，幫助學生掌握該概念。

(3)教師採用正向的管教策略，覺察並預防學生負向行為的產生。

(4)教學過程能運用發表、觀察、同儕互評等評量方式，蒐集學生學習成效的資訊。

(5)在學生學習完一部分重點後，以小組實作、口頭報告等不同方式，及時檢核學生是否瞭解與學會預定的學習內容。

3. 軼事紀錄3：學習共同體模式（純學生學習模式）

表4-7　軼事紀錄表（三）

題目：小平用正方形、三角形、圓形圖卡描出形狀，可是他沒有描完。請你幫小平畫完，並且圈出圖卡的名稱。

（正方形　三角形　圓形）

甲 這是什麼圖形？	乙 這個圖形不可能是圓形，也不可能是正方形，所以就只剩下三角形了。 可是要怎麼畫出三角形呢？
丙 畫的線是弧線。	丁 幫丙修成直線。

．軼事紀錄分析：

(1)學生反應：甲學生沒有將圖形補完，只回答是何種圖形。乙學生認為第4題的圖形不可能是圓形及正方形，利用刪去法，就只剩下三角形，但是卻又畫不出三角形的樣子。

(2)教師處理：依照學生解題反應，進行差異化教學策略處理，請學生將圖形補完再判斷是哪一種圖形，接著請學生共同討論後，請學生上臺

將黑板上的圖形畫完，第一位學生畫的線是弧線，再請另一位學生上臺修成直線。

(3)教導學生歸納，這樣的三角形（鈍角三角形）也是三角形的一種。

三、錄影回饋

錄影紀錄可廣泛地蒐集教師教學行為與學生學習反應的資料，提供評鑑人員與受評教師共同觀賞，並進行教學行為分析。這是客觀的觀察技巧，可以重複呈現並大量捕捉教室真實互動的感覺，不但可幫助教師改進口語教學技巧，更可提供教師自我學習的經驗（張德銳等人，2011）。

(一) 錄影回饋技術

觀察紀錄時，首先要擁有狀況良好的錄影設備。為了避免干擾上課，需於上課前先架好攝影器材，並觀察環境，儘量擺設在不顯眼之處，再用腳架固定好並檢查收音設備，以能清楚收到師生口語行為為原則。攝影時，用手穩定地移動，保持畫面平穩，並隨時調整焦距與方向。另外，有些教師會太注意自己的儀表，或是對攝影機感到焦慮，可以透過溝通來避免（張德銳等人，2011）。

(二) 錄影回饋實例

表4-8 教學錄影回饋表

評鑑人員：鄧美珠	觀察日期：102.01.08	觀察時間：8：30至9：15
受評教師：歐建榮	任教年級：八年級	任教科目：理化
單元名稱：圓周運動	教學內容：圓周運動	
教學節次：共3節	本次教學為：第一節	

1.我看到的優點或特色是：

這堂課教師以自製教具及圖表解釋圓周運動，並且以學生使用的名稱來稱呼教具（流星錘），接近學生的生活經驗。教師並親身做圓周運動的實驗，以解釋圓周運動的現象，加深學生印象。在學生提出不正確的觀念時，適時給予修正，導正學生的觀念。

教師教學過程流暢，並且與學生適時互動，講解圓周運動相關知識。在實驗前請學生推測實驗結果，之後以實際實驗結果教導學生正確知識，讓學生透過實驗正確建立觀念之立意良好。

表4-8　（續）

2.我覺得可以成長和改進的空間是：
在進行實驗時，可採取與學生互動，或者請學生實際操作的方式，加深學生印象。對於教室後半部的學生，應再給予關注，以避免學生上課時轉筆而分散注意力。可增加行間巡視，增加與學生互動的機會。教師移動範圍偏向教室右前方，可能忽略了教室左側學生，可以嘗試教室兩邊停留時間均等，以照顧全體學生。此外，教師教學上可嘗試增加多媒體輔助教學，讓學生透過生動影片分析，增進對課本新的觀念的理解。與學生語言的互動，多偏向問整體學生，可嘗試點名學生回答，以瞭解學生學習情況如何。

3.我建議成長的構想是：
下次上課時，可以請另一位教師幫忙記錄與學生互動的過程，例如：師生語言互動、學生專心狀況、教師移動方式，這樣可以幫忙檢視自己的上課方式是否合宜，作為教學之參考。如果可以找出與圓周運動的相關影片，可以撥放給學生看，使其對此觀念更加清晰，並且瞭解日常生活中還有哪些東西與圓周運動相關，做理論與實務的連結，增加學生對理化的熟悉度。也可以與相關領域教師互相討論教學方式，使自我教學更精進，也達成最佳的教學效果。

(三) 錄影回饋分析

　　評鑑人員與受評教師就錄影的片段做討論，可以從有效教學的各個面向對談，或是從教學脈絡的清晰性對話（準備活動或結合新舊知識與生活經驗的引起動機、教材的清楚呈現、教學與學習策略的活動實施、提供練習與歸納重點、多元評量等），也可以回應觀察前會談的觀察重（焦）點對話等。

　　評鑑人員與受評教師可就錄影做討論，並與評鑑指標之檢核重點做對照：

> 這堂課教師以自製教具及圖表解釋圓周運動，並且以學生使用的名稱來稱呼教具（流星錘），接近學生的生活經驗。（A-2-1有效連結學生的新舊知能或生活經驗，引發與維持學生學習動機。）
>
> 教師教學過程流暢，並且與學生適時互動，講解圓周運動相關知識。
>
> 並在實驗前請學生推測實驗結果，之後以實際實驗結果教導學生正確知識，讓學生透過實驗正確建立觀念之立意良好。（A-2-2清晰呈現教材內容，協助學生習得重要概念、原則或技能。）

教師並親身做圓周運動的實驗，以解釋圓周運動的現象，加深學生印象。在學生提出不正確的觀念時，適時給予修正，導正學生的觀念。教師教學上可嘗試增加多媒體輔助教學，讓學生透過生動影片分析，增進對課本新的觀念的理解。（A-3-1運用適切的教學方法，引導學生思考、討論或實作。）

與學生語言互動，多偏向問整體學生，可嘗試點名學生回答，以瞭解學生學習情況如何。在進行實驗時，可採取與學生互動，或者請學生實際操作的方式，加深學生印象。（A-3-3運用口語、非口語、教室走動等溝通技巧，幫助學生學習。）

對於教室後半部的學生，應再給予關注，以避免學生上課時轉筆而分散注意力。可增加行間巡視，增加與學生互動的機會。教師移動範圍偏教室右前方，可能忽略了教室左側學生，可嘗試教室兩邊停留時間均等，以照顧全體學生。（A-3-3運用口語、非口語、教室走動等溝通技巧，幫助學生學習。）

　　也可以在回饋會談中，共同觀賞每一教學片段，並作深入分析，目的是忠實呈現教學全貌，提供真實的教學狀況，可以提供評鑑人員與受評教師更清晰的對話依據。

　　四、省思札記

　　省思札記是由教師定期對教學經驗與教學問題做日記式的記錄，它能促進教師反省與成長，教師有決定紀錄內容的自由，可說是一主觀感受的紀錄。其優點是可顯現教師關注的焦點，引導評鑑人員做教學觀察，並於觀察後的回饋會談時，刺激受評教師對省思札記作進一步的檢討與改進（張德銳等人，2011）。

　　(一) 省思札記技術

　　省思札記的撰寫技巧是由評鑑人員引導受評教師將每日教學所發生的問題與困難寫下來，並記下如何解決和解決成效，讓教師的注意力集中在一個特定的教學策略或課程，例如：同儕合作學習、學習共同體等，並鼓勵受評教師持續記錄。記錄時不一定要強調客觀性，教師可記下自己主觀

的信念、感覺、見解等，再由評鑑人員針對受評教師的省思內容，深入瞭解後提出回饋意見，鼓勵受評教師對評鑑人員在日誌上所做的評註做仔細的思考（張德銳等人，2011）。

(二) 省思札記實例

受評教師於課程教學實施後，自我省思寫下札記，提供評鑑人員於觀察後回饋會談之參考。以下是一位閱讀寫作教師於教學後的省思札記。

表4-9　省思札記實例

今天繪本教學時，因為圖畫書繪本太小，看著我的繪本，全班很難看清楚，想發給學生人手一本卻又很難逐頁帶領閱讀，因為學生總是依照自己的閱讀進度翻閱，我想若是事先掃描採用PPT呈現，效果應該會不錯。

從上課整體表現以及學習單之寫作練習，可以看出學生的學習態度認真專注，主動積極勇於發表，不但能有組織、有條理的說出自己的想法、看法，更有許多創意或創見的發表。只是每週只有一節課，較難兼顧每個學生的學習發展和個別差異來設計教學計畫，只好透過個別化評量來瞭解學生程度，隨機給予指導，以彌補不足。

還有，一週一節課的安排，使得教學時間變得支離破碎，經上週與級任老師協商，希望改成隔週連續上兩節課，今天果然較能發揮教學效能，我想未來可以繼續實施。

本學年因所有課程都需自編，加上參加了「閱讀寫作工作坊」的成長研習，許多想法不斷湧出，造成邊教學邊修正的狀況，未來應可在暑假中就將課程規劃設計好，以增進學生的學習效能。

(二) 省思札記回饋

評鑑人員分析受評教師的省思札記內容，瞭解受評老師的關注焦點為何，再與受評教師針對省思的內容做討論並給予回饋，例如提問引導思考：

1. 從教學過程中，你學到了什麼？學生學到了什麼？
2. 對於「你的教與學生的學」，有何感想和心得？
3. 在未來，你會如何運用和成長，以幫助學生學習？

表4-10　省思札記回饋

> 　　從您的省思札記中，可知您是一位備課認真的專業老師。您擔心圖畫書繪本太小，教學時全班很難看清楚，又擔心人手一本很難逐頁帶領閱讀，可見您處處為孩子的學習用心規劃。您提到若是事先掃描，效果應該會不錯，這不失為好方法，可以試試看。
> 　　上課時，您的學生學習態度認真專注，主動積極勇於發表，能有組織、有條理的說出自己的想法、看法，更有許多創意或創見的發表，這應該都是因為您的教學精采，能吸引學生投入學習的緣故。
> 　　您也提到每週一節課，較難兼顧每個學生的學習發展和個別差異來設計教學計畫，加上一週一節課的安排，使得教學時間變得支離破碎，即與級任老師協商改成隔週連續上兩節課，發現較能發揮教學效能，未來可以試著繼續實施。
> 　　有新想法不斷湧出，雖然造成邊教學邊修正的狀況，但只要能增進學生的學習效能，未嘗不是好的教學規劃。

五、選擇性逐字紀錄（以提問技巧為例）

所謂「選擇性」的意義是指，評鑑人員在觀察與記錄之前，先與受評教師協商，一起決定評鑑人員所要觀察、記錄的口語事件，然後在教學過程中將有關此一口語事件一字不漏地記錄下來。它的優點是使教師敏覺自己的教學口語歷程，使教師專注於改善一種行為，從中獲取成就感，也能使教師從客觀不具批判的教師行為紀錄中進行分析，是一實施簡便的技術；它的缺點則是無法掌握教室互動的完整脈絡，還有如選擇不慎，記錄的口語事件可能流於瑣碎，以及教學口語事件十分快速時，將使記錄變得困難。建議可使用簡易的符號或錄音機幫助記錄（張德銳，2015）。

(一) 選擇性逐字紀錄技術

選擇一門師生口語互動頻繁的課程，依序記錄教師的回饋性陳述或分辨回饋性陳述，再分析其問題的數量、種類及特定性，或是觀察受評教師之結構性、指示性與教室規則的陳述，再分析其問題的數量、種類、特定性及清晰性，最好的方式是由整節課之脈絡來探尋（張德銳，2015）。

(二) 選擇性逐字紀錄實例

觀察前由評鑑人員與受評教師協商選定，記錄師生互動中誰說的話，例如：教師的提問、學生的提問、教師正向鼓勵的話等，於教學觀察時逐字記錄。以下選擇性逐字紀錄示例是以提問技巧為例，因此觀察時一一記錄教師提問的內容，以下節錄部分內容。

表4-11　教師提問選擇性逐字紀錄表

單元名稱：　　　　受評教師：　　　　評鑑人員：　　　　紀錄時間：　　　分鐘

序號	提問內容
Q1	你覺得現今的社會「男女平」嗎？你認同「男女平權」嗎？
Q2	為什麼？
Q3	你認為一個「平權家庭」裡的家人是怎麼互相對待的？一個「平權班級」裡的老師和學生是怎麼互相對待的？
Q4	其他人還有不同的想法嗎？
Q5	你心目中的「平權社會」是一個怎樣的景象？

(三) 選擇性逐字紀錄分析

　　觀察後再將教學觀察時所提問的逐字記錄資料做分析，可以設計簡單的符號幫助運用，例如：×代表封閉性問題、○代表開放性問題，↑代表同一問題問完一位學生後，再移轉問其他學生「同意嗎？」「有沒有其他想法？」等，↓代表同一問題問完一位學生後，再追問「為什麼你會這樣想？」「你可以證明給我看嗎？」等，△代表同一問題重複叮念數次後才指名學生作答，◎代表同一問句裡含有多重問題，例如：「太陽從哪邊升起？為什麼會從那邊升起？是誰發現地球是圓的？」再來可以就問題的層次（1.知識，2.理解，3.應用，4.分析，5.綜合，6.評鑑）分析。

表4-12　教師提問選擇性逐字紀錄表

單元名稱：　　　　評鑑人員：　　　　受評教師：　　　　紀錄時間：　　　分鐘

序號	提問內容	分析		
		×封閉 ○開放	↑移轉 ↓追問 △重複 ◎多重	1.知識 2.理解 3.應用 4.分析 5.綜合 6.評鑑
Q1	你覺得現今的社會「男女平等」嗎？你認同「男女平權」嗎？	○	◎	2、4
Q2	為什麼？	○	↓	2、4

表4-12　（續）

序號	提問內容	分析		
		×封閉 ○開放	↑移轉 ↓追問 △重複 ◎多重	1.知識 2.理解 3.應用 4.分析 5.綜合 6.評鑑
Q3	你認為一個「平權家庭」裡的家人是怎麼互相對待的？一個「平權班級」裡的老師和學生是怎麼互相對待的？	○	◎	3、4、6
Q4	其他人還有不同的想法嗎？	○	↑	3、4、6
Q5	你心目中的「平權社會」是一個怎樣的景象？	○		6

以上參考示例分析如下：

1. 五個問題都是開放性問題。
2. 有一個問題問完學生後，有轉問其他學生。
3. 有一個問題有追問發表的學生。
4. 共有兩個問題是多重性的提問。
5. 提問屬於高層次的分析、綜合、評鑑。

參、教學觀察的量化技術

　　量化觀察工具是以座位表為基礎的觀察紀錄，因為教師每天都使用班級座位表，容易解釋記錄、簡便易行且容易實施，它能將焦點集中在班級中某些學生身上，同時也可以觀察全班學生的活動情形，因此能創新符合個別教師的需求。以下分述語言流動、在工作中、教師移動、佛蘭德斯互動分析的量化觀察。

　　一、語言流動：師生語言互動情形

　　語言流動是記錄誰對誰說話的基本技巧，可以確定教師語言的偏好及學生的參與程度，透過記錄教師的提問、學生的回答，教師對學生的正、負向回饋，以及學生的發問等。語言流動雖與選擇性逐字紀錄一樣都是關注師生互動的語言，但是選擇性逐字紀錄注重互動的語言內容，語言流動關注的則是誰對誰說話（張德銳等人，2011）。

(一) 語言流動技術

語言流動紀錄的實施程序是：先畫一張班級座位表，再將學生的姓名和基本資料填寫在空格內，記錄時用箭號表示語言互動的流動，記錄教師對全班及個別學生語言流動情形。對全班的提問記錄在Ⓣ，全班齊答記錄在Ⓢ，對個別學生則記錄在個別學生座位欄內（張德銳等人，2011）。

另外，也可以設計各種符號記錄各種互動狀況，例如：⊠：教師自問自答；N：教師提問沒人回答；○：教師給予正向回饋；×：教師給予負向回饋；？：學生發問。

(二) 語言流動實例

表4-13　「語言流動」觀察紀錄表

教學日期：　　年　　月　　日　　教學科目：

教學單元：　　　　受評教師：　　　　評鑑人員：

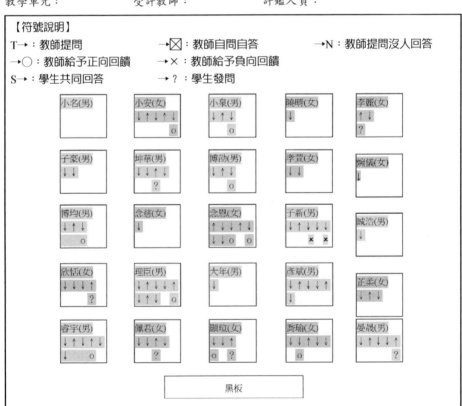

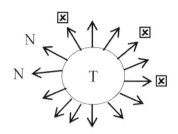

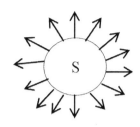

(三)「語言流動」量化分析

語言流動的資料分析，可以分析全班語言流動狀況、個別學生語言流動狀況、參與人數及次數、座位偏向狀況、性別偏向狀況、是否集中少數學生狀況，也可以分析其與教師移動的關係，以及其他教學上的優點與可以調整的地方（張德銳等人，2011）。

1. 性別人數差異度分析：男生33/61，女生28/61。

2. 性別人數特別喜好分析：教師對於男女生雖無特別顯著喜好，但在61次提問中，對男生提問33次，對女生提問28次，教師與男生互動略高於女生。

3. 個別對象特別喜好分析：除了小名外，全班都受到教師語言互動，其中又以念恩的5次最多。

4. 學生座位差異度分析：座位於前方、中央的學生，較受到教師語言互動。

5. 學生座位有特別關聯性：全班座位最中央的學生念恩，受到教師語言關注度最高。

6. 發起對象分析：教師對全班提問共11次（其中3次為無效提問），教師對個別學生提問共51次、正向回饋共10次、負向回饋共2次（都是對子新）、學生主動提問共6次，顯見教師能透過提問與學生互動熱絡，學生主動提問可以再提升。

二、在工作中：學生學習的專注情形

在工作中的技術是在瞭解學生是否專注於學習活動。受評教師需先界定在工作中的行為內涵。典型的在工作中，包括閱讀、傾聽、回答問題、在座位上做作業、合作完成小組工作等。也可以簡化觀察的行為類目為三

種：A.專注認眞，O.非工作中，H.尋求協助。觀察前由評鑑人員與受評教師確認學生行爲類別，觀察時觀察學生3-5秒，記錄學生是否專注於學習（張德銳等人，2011）。

(一) 在工作中技術

評鑑人員記錄的程序步驟如下（張德銳等人，2011）：

1. 準備一份學生座位表，畫出座次圖，可標註姓名、性別等基本資料、以及特殊表現或反應等。

2. 事先與受評教師確定並熟悉行爲的符號系統。

3. 爲了能觀察學生學習是否專注，在教室中前方位置就定位。

4. 每一次記錄都要標出每個循環觀察的時間。

5. 有系統地記錄學生行爲，每個學生觀察3-5秒。

6. 觀察完學生一輪後，再循環重複前4.和5.步驟。

(二) 在工作中實例（At Task）

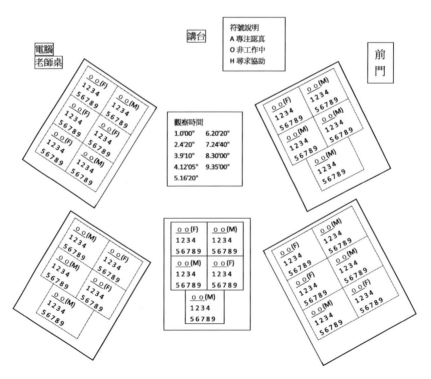

圖4-3 在工作中觀察統計（依個別學生觀察行爲統計）（參考用）

表4-14　在工作中觀察統計（依觀察時間及觀察行為統計）（參考用）

座號	姓名	A專注認真	○非工作中	H尋求協助	專注認真的比例
1	○○	9			100%
2	○○	8	1		89%
3	○○	8	1		89%
4	○○	8	1		89%
5	○○	7	2		78%
6	○○	8	1		89%
7	○○	9			100%
8	○○	9			100%
9	○○	5	4		56%
10	○○	7	2		78%
11	○○	5	4		56%
12	○○	7	2		78%
13	○○	7	2		78%
14	○○	8	1		89%
15	○○	7	2		78%
16	○○	8	1		89%
17	○○	9			100%
18	○○	6	2	1	67%
19	○○	8		1	89%
20	○○	9			100%
21	○○	9			100%
22	○○	7	1	1	78%
23	○○	8	1		89%
24	○○	7	1	1	78%
25	○○	7	1	1	78%
26	○○	7	1	1	78%
27	○○	9			100%
總計		206	31	6	85%

表4-14　　（續）

行為/時間	0'00"	4'20"	9'10"	12'05"	16'20"	20'20"	24'40"	30'00"	35'00"	總計%
A 專注認真	25	26	22	24	26	23	22	19	18	85%
O 非工作中	2	0	5	2	0	4	4	7	8	13%
H 尋求協助	0	1	0	1	1	0	1	1	1	2%
工作時間%	93%	96%	81%	89%	96%	86%	81%	70%	67%	85%

(三) 在工作中紀錄分析

在工作中紀錄分析，可以分析全班學習專注的比例、全部時段學習專注的比例、不同時段學習專注的比例、專注度與教師教學的關係、個別學生學習專注的比例、在性別上的差異現象、在座位上的差異現象、以及其他教學上的優點與可以調整的地方（張德銳等人，2011）。

以上在工作中紀錄分析如下：

1. 學生個別表現

(1)完全專注認真的有7人，其「在工作中」時間比例爲100%。

(2)最沒有參與學習活動的是○○、○○，其「在工作中」時間比例爲56%。

(3)原先老師擔心不專心的兩、三個學生，學習過程都還尚稱專注，其中○○甚至有78%的表現是和老師預期較不同的。

2. 整體學生專注情形分析

(1)全班整體在工作中的比例爲85%。

(2)在9次的觀察中，有2次的觀察在工作中比例低於80%，達90%的有3次。

(3)前20分鐘上課專注情形高於最後面20分鐘。

(4)男生專注比例：84%，女生專注比例：85.9%，男女生的上課專注
　　程度相差不多。

三、教師移動

教室移動係指記錄教師或學生在教室移動的區域和路線，以瞭解教師
對學生的關注或學生在教室中的騷動情形。移動方式係記錄教師與學生在
教室中的移動情形，教師移動的方式會影響班級控制與學生注意力，以及
顯示教師的偏好，學生移動方式則會反應他們是否專注於學習（張德銳等
人，2011）。本文以教師在課堂移動爲例加以說明。

(一) 教師移動技術

評鑑人員隨時記錄受評教師從教室一端移動到其他地方的情況，並
以線段記錄之（可以不同型態、顏色線段記錄不同時間、不同特性的移
動），再以數字標註移動的次數（張德銳等人，2011）。實施程序爲：

1. 先畫出教室座位與擺設的簡圖。

2. 觀察師生移動情形，並以連續的線記錄教師或學生從教室的一端
移動到另一端。

3. 不同的時間可用不同顏色的筆做記錄。

(二) 移動方式實例（Movement Pattern）（教師移動）

日期：102/11/15　　　時間：9：40-10：20　　　地點：○年○班教室
評鑑人員：○○○老師　　受評教師：○○○老師

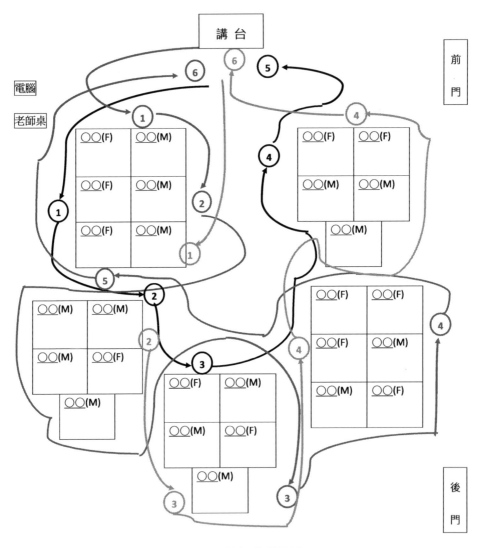

圖4-4　教師移動紀錄

(三) 教師移動紀錄分析

教師移動紀錄資料可以分析教師行間巡視的整體狀況、教師與個別學生的討論次數與狀況、教師移動在座位上的差異現象、教師移動在組別上的差異現象、教師移動是否顯示在教室安全或特殊學生學習需求的回應上等。

表4-15 教師移動紀錄觀察分析

日期：102/11/15　　　　時間：9：40-10：20　　　地點：○年○班教室
受評教師：○○○老師　　評鑑人員：○○○老師

1. ○○老師這節課共巡視了3次。
2. 第一次約3分鐘（黑色路線），第二次約7分鐘（藍色路線），第三次約9分鐘。
3. 每一次巡視都有平均到各組，除第一次時間較短，只看學生答案是否正確，並沒有太多和同學討論，只有一、兩位同學算錯停下來指導說明。
4. 在第二次和第三次巡視，很仔細的和各組討論並指導，立即糾正不正確的地方。尤其畫高時有些同學觀念不清，畫得並不正確，老師馬上指正。
5. 老師在課堂內巡視，各組的專心度明顯增加。
6. 老師看到學生切割平行四邊形，如果同一組都用同樣的方法，會鼓勵學生嘗試用不同的方式切割，讓學生對平行四邊形的面積可以切割再合併成為長方形的概念更深刻。
7. ○○和○○各有一個高畫錯，但老師已到別組去了。

四、佛蘭德斯（Flanders）互動分析：教師教學風格

佛蘭德斯互動分析法系統有兩個主要特徵：師生語言交互作用分類，以及使用分類程序作時間線標記及統計分析。主要透過師生語言交互作用分類，代碼為：1接納學生感覺；2鼓勵學生發言；3使用學生觀念；4提問；5演講／講述；6指示；7批評；8學生被動反應；9學生主動反應；0靜止或疑惑。按照時間序，記錄教師上課時的口語行為，例如：讚美、批評、指示等（張德銳等人，2011）。

表4-16 師生語言交互作用分類

1	2	3	4	5	6	7	8	9	0
接納學生感覺	鼓勵學生發言	使用學生觀念	提問	演講／講述	指示	批評	學生被動反應	學生主動反應	靜止或疑惑

(一) 佛蘭德斯互動分析技術

佛蘭德斯互動分析是依據師生語言交互作用十個分類，觀察受評教師與學生在教學中的表現做紀錄，時間線標記每一欄位代表約3秒鐘記錄一次，時間線標記用以記錄師生互動類型。時間線標記比錄影帶或錄音帶可更快速看出教學類型，也可變換師生互動分類及欄位時間長度，亦可配合電腦科技加速記錄及分析（張德銳等人，2011）。

(二) 佛蘭德斯互動分析實例

表4-17　「佛蘭德斯互動分析：原始數據」彙整表

6	6	6	6	6	6	6	6	6	6	6	6	6	6	6	6	6	6	6	6	6	6	6	6	9	6	6	6	6	6
9	6	6	6	7	7	6	6	7	7	6	6	6	6	6	6	6	6	6	6	6	7	7	7	7	6	6	6	9	6
6	6	6	6	6	8	8	8	8	8	8	8	8	8	8	8	8	8	8	8	8	8	8	8	2	2	6	6	6	6
6	6	6	6	6	6	6	6	6	6	5	5	5	5	5	5	5	4	8	8	8	8	2	6	6	6	6	6	6	6
4	8	4	8	5	5	4	8	6	6	6	6	6	6	6	6	6	6	6	6	0	0	0	6	5	5	5	5	4	8
6	4	8	6	6	6	6	6	6	6	6	6	6	6	6	4	4	8	4	4	4	4	6	6	8	8	8	8	8	8
8	8	8	8	8	8	8	8	8	8	2	6	6	6	6	6	6	5	5	5	5	5	5	5	5	5	5	5	5	5
5	5	4	8	4	8	4	8	1	4	8	3	5	5	5	5	6	6	6	6	6	6	6	6	6	6	6	6	6	6
6	6	6	6	5	5	4	8	7	7	6	4	4	8	6	9	1	4	8	4	4	8	1	4	8	3	6	6	6	5
5	5	5	6	6	5	5	5	5	5	5	5	5	5	5	5	5	5	5	5	5	5	5	5	5	5	6	6	2	2
2	2	2	6	6	8	8	8	8	8	8	8	6	8	8	8	8	8	8	8	8	8	8	8	8	2	7	8	7	7
7	7	6	6	6	6	6	6	4	0	4	9	1	9	9	4	3	3	5	5	5	1	9	9	7	4	4	4	4	4
4	6	6	7	7	6	6	6	6	6	6	6	6	6	6	6	4	6	5	5	5	5	5	5	5	5	5	5	5	6
6	6	6	6	6	6	4	2	8	2	8	3	4	4	5	5	5	5	4	8	3	4	8	3	7	4	4	4	8	2
8	8	3	5	4	4	0	8	4	9	9	6	9	6	6	2	2	2	2	4	9	6	9	7	6	8	4	4	8	8
4	4	4	0	5	5	7	6	4	6	6	6	4	5	5	5	0	0	6	6	4	4	4	8	8	8	4	4	8	8
4	8	1	6	8	8	8	8	8	8	0	6	6	6	6	8	5	5	5	5	5	6	8	5	5	5	5	5	5	5
5	5	5	4	8	4	8	5	5	5	5	5	5	5	0	0	0	0	0	0	0	0	0	0	0	0	0	0	0	0
0	0	0	4	8	4	4	8	5	5	5	5	4	8	4	0	4	4	8	5	4	8	5	5	5	5	5	5	5	5
5	5	5	5	5	5	5	5	5	4	5	5	5	5	4	9	4	4	4	4	4	4	6	6	4	4	4	8	1	5
5	5	5	5	5	5	5	5	5	6	6	6	6	6	6	2	0	0	0	6	6	6	6	6	6	6	6	6	4	8

表4-17　（續）

8	4	4	9	2	8	3	4	8	3	6	6	5	5	5	5	5	5	5	6	6	6	6	6	6	6	0	0	0	0	0
0	0	7	0	0	0	0	0	0	0	0	4	4	8	4	3	4	4	4	4	4	4	4	4	5	6	0	0	0	0	0
0	0	0	6	0	0	0	0	0	0	0	0	0	0	0	0	4	4	5	5	5	5	5	5	5	6	0	0	0	0	0
0	0	0	6	0	0	0	0	0	0	0	0	0	0	0	0	0	0	0	0	0	0	0	0	0	0	0	2			

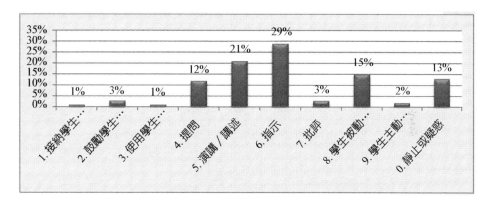

圖4-5　佛蘭德斯互動分析：師生語言交互作用分類統計圖

表4-18　「佛蘭德斯互動分析：分類」結果統計表

代碼	1	2	3	9	4	5	6	7	8	0
小計	7	20	11	16	93	157	213	22	111	95
百分比	1%	3%	1%	2%	12%	21%	29%	3%	15%	13%
合計	7%				12%	68%				13%

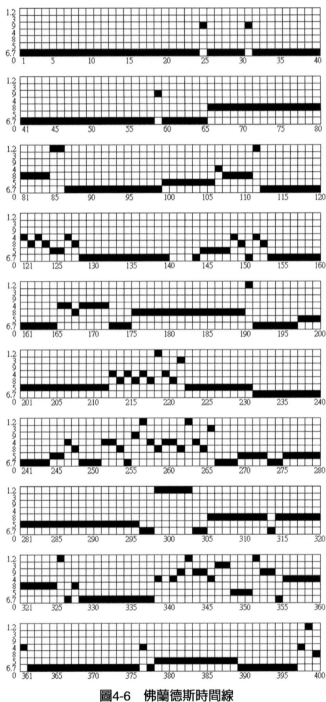

圖4-6　佛蘭德斯時間線

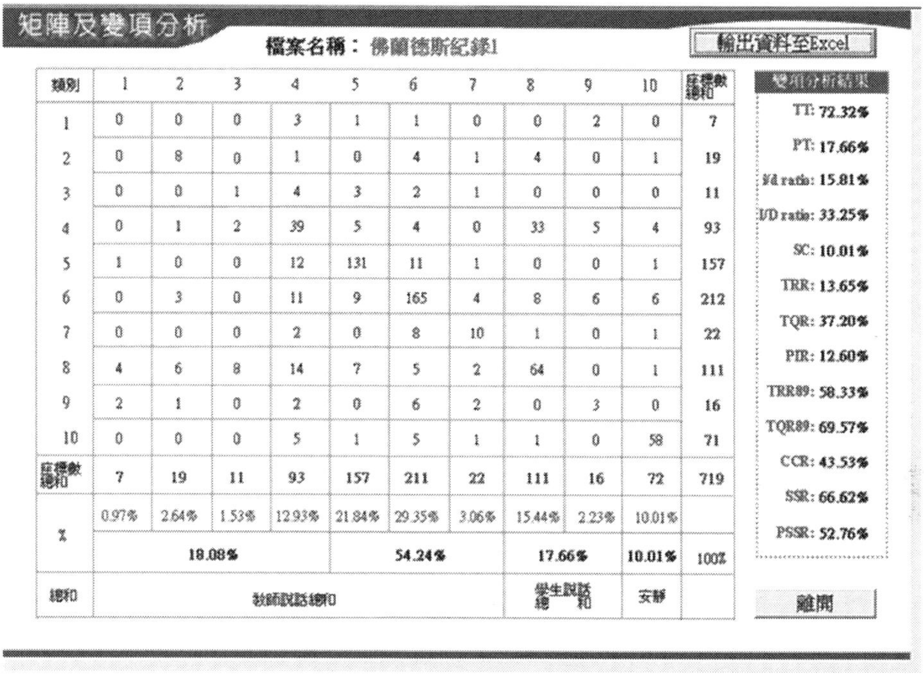

矩陣及變項分析　　檔案名稱：佛蘭德斯紀錄1　　［輸出資料至Excel］

類別	1	2	3	4	5	6	7	8	9	10	座標數總和
1	0	0	0	3	1	1	0	0	2	0	7
2	0	8	0	1	0	1	4	0	1	0	19
3	0	0	1	2	3	2	1	0	0	0	11
4	0	1	2	39	5	4	0	33	5	4	93
5	1	0	0	12	131	11	1	0	0	1	157
6	0	0	11	9	0	165	2	8	6	6	212
7	0	0	0	0	0	8	10	1	0	1	22
8	4	0	8	14	7	5	2	64	0	0	111
9	2	1	0	0	0	6	2	0	3	0	16
10	0	0	0	5	1	5	1	1	0	58	71
座標數總和	7	19	11	93	157	211	22	111	16	72	719
%	0.97%	2.64%	1.53%	12.93%	21.84%	29.35%	3.06%	15.44%	2.23%	10.01%	
	18.08%				54.24%			17.66%		10.01%	100%
總和	教師說話總和							學生說話總和		安靜	

變項分析結果

- TT: 72.32%
- PT: 17.66%
- I/d ratio: 15.81%
- I/D ratio: 33.25%
- SC: 10.01%
- TRR: 13.65%
- TQR: 37.20%
- PIR: 12.60%
- TRR89: 58.33%
- TQR89: 69.57%
- CCR: 43.53%
- SSR: 66.62%
- PSSR: 52.76%

［離開］

圖4-7　佛蘭德斯矩陣圖

（三）佛蘭德斯互動分析

佛蘭德斯互動分析可以分析兩種教師教學風格：直接教學風格——教師中心（5、6、7、8的行為），間接教學風格——學生中心（1、2、3、9的行為），間接教學與促進學生主動學習態度有關。以上例佛蘭德斯互動分析為例：

1.師生語言交互作用類別分析，數據顯示

＊代碼1「接納學生感覺」：本節課共出現7次，占1%之比例。

＊代碼2「鼓勵學生發言」：本節課共出現20次，占3%之比例。

＊代碼3「使用學生觀念」：本節課共出現11次，占1%之比例。

＊代碼4「提問」：本節課共出現93次，占12%之比例。

＊代碼5「演講／講述」：本節課共出現157次，占21%之比例。

＊代碼6「指示」：本節課共出現213次，占29%之比例。

　　＊代碼7「批評」：本節課共出現22次，占3%之比例。

　　＊代碼8「學生被動反應」：本節課共出現111次，占15%之比例。

　　＊代碼9「學生主動反應」：本節課共出現16次，占2%之比例。

　　＊代碼0「靜止或疑惑」：本節課共出現95次，占13%之比例。

　　依據上述數據以及評鑑人員側記發現，本節課合計有50%（約二分之一）的時間，主要是以教師之講述課程、指示學生配合進行活動任務為主。

　　2. 變項分析意義與常模對照

　　(1) 教師話語時間占全部教學時間的比例為72.32%，表示上課時，教師講話的比率稍高。常模約為68。

　　(2) 學生話語時間占全部教學時間的比例為17.66%，表示上課時，學生講話的比率稍低。常模約為20。

　　(3) 安靜及混亂的時間占全部教學時間的比例為10.01%，表示師生間的語言互動「質量」趨近常模。常模約為11或12。

　　(4) 教師採用間接影響的話語時間與採用直接影響的話語時間共93次（比率33.25%），表示教師採用間接影響的話語時間小於採用直接影響的話語時間。

　　(5) 教師對學生的觀念和感覺加以反應的話語時間，占教師與教學無直接相關的話語時間（即教師話語時間扣除發問與演講的時間）的比率為13.65%，表示教師較缺乏回應學生的觀念和感覺。常模約為42。

　　(6) 教師發問時間占教師與教學有直接相關的教學時間（即教師發問與演講的時間）的比率為37.20%，表示上課時，教師常利用發問來進行教學。常模約為26。

　　(7) 學生主動引發的話語時間占學生話語時間的比率為12.60%，表示學生較少勇於主動表達自己的意見。常模約為34。

　　(8) 當學生停止說話，教師立即稱讚或統整學生觀念和感覺的話語時間，占教師立即以與教學無直接相關的話語回應學生的話語時間的比率為58.33%，表示教師尚能立即以間接教學風格來回應學生的話語。常模約為60。

(9) 當學生停止說話，教師立即使用發問的方式以回應學生的話語時間，占教師立即以與教學有直接相關的話語（發問與演講）回應學生的話語時間的比率為69.57%，表示教師能即時追問學生的話語。常模約為44。

(10) 教師以與教學有直接相關的話語（發問與演講），接續前一話語或銜接後一話語的時間，占全部教學時間的比率為43.53%，表示師生的語言互動稍能以教材內容的發問及講授為重心。常模約在55。

(11) 師生言談停留在同一話語類別達3秒以上的話語時間，占全部教學時間的比率為66.62%，表示師生間的交談互動很穩定。常模約在50。

(12) 學生說話持續達3秒以上的話語時間，占學生話語時間的比率為52.76%，表示學生的言談風格很穩定。常模約在35或40。

3. 師生語言交互作用整體分析

每一欄代表3秒鐘，本節課一共記錄了745次，語言內容為4者表示中性，占了93/745次（12%）；語言內容為1、2、3、9者表示間接教學，占了54/745次（7%）；語言內容為5、6、7、8者表示直接教學，占了503/745次（68%）。數據顯示，教師本節課以直接教學風格為主。

依據本次觀課數據所獲致師生語言交互作用之整體分析發現，教師本節課以直接教學風格為主，故建議受評教師可再深化提問教學策略，設計更多能引發學生思考與討論的教學情境，期能改善以教師直接教學為主之風格。

第四節　觀察後回饋會談的目的與內容

分析完觀察紀錄後，就要進行回饋會談。本節我們將分別介紹觀察後回饋會談的目的與內容，以及回饋會談的進行與紀錄。

壹、回饋會談的目的

教學觀察技術固然重要，但是會談技術更是重要，尤其是觀察後回饋會談。也就是說，教學觀察後若不能提出教學事實，引出受評教師的感受、推論、省思、以及後續的教學應用和專業發展，這樣的教學觀察對於教師教學的幫助是相當有限的。也就是說，回饋會談是教師感受教學觀察

有效與否的關鍵活動。

前已提到，教學觀察主要需發揮三項功能：一是反應教師的教學實際狀況，二是給予教師肯定、讚美或鼓勵，三是促進個人化專業成長。換言之，回饋會談有下列目的：

1. 針對觀察前會談，提供客觀觀察紀錄給予回饋。
2. 肯定受評教師的教學表現，鼓勵持續專業成長。
3. 彼此對話澄清問題，引發受評教師反思教學。

貳、回饋會談的內容

教學觀察後要整理好觀察紀錄，儘量在三天內召開觀察後的回饋會談會議，會談時要引導被觀察者瞭解教學優勢與建議改進方向，並進行分析與省思（張德銳等人，2011）。

1. 先請受觀察者談整體的感受，或是依照教學脈絡談教材準備、教學活動、教學評量、班級經營等，也可以針對觀察前會談時的焦點談。重要的是引導受評教師思考需要調整或改變的方向與內容。

2. 以客觀觀察資料提供教師回饋：使用硬性資料，避免軟性資料（主觀、不正確、不相關）。展開會議的好方式是：「現在我們一起來看看我們所觀察或蒐集的資料……」，接著是分析，即簡要而無價值判斷地描述說明紀錄資料所代表的意義（最好由受評教師主導），說明資料包括找出觀察所得的可能原因、可能結果或其他選擇方案。

3. 引出教師的意見、感受及推論：導引教師對資料的反應需要技巧與耐心，以不具威脅性的態度，配合下列問題：「你看的紀錄資料裡面，再教學時，你會重複使用那些？」「再教學時，你會考慮改變什麼？」「再教學時，你打算怎樣使學生學得更成功？」並善用行為改變的三明治技巧（讚美、建議、增強）。

4. 鼓勵教師考慮選擇替代方案：當教師必須做改變時，鼓勵教師從幾個可行方案中選擇有把握的方式，並預測可能發生的情況加以因應。對教師所選擇的替代方案，應立即給予適度的增強，例如，評鑑人員可以說：「這些想法聽起來不錯，何不試試看？」

5. 給予教師練習與比較的機會：為教師提供教室裡一些特殊的方法或技巧、教師彼此相互觀察、以小組團隊的方式相互分享教學、可藉助錄音或錄影得到更多回饋、請助教或同事當觀察者提供回饋。

6. 討論教學觀察結果：例如，「根據教學觀察得到的資料，有關參考檢核重點A-3-3（依實際狀況更換），我並未發現。不知道您的想法是什麼？有沒有要補充的？」「在指標A-3（依指標逐條討論），我看到幾個事實，覺得您在這方面表現……，不曉得我有沒有誤會您的意思或是您同意我的看法嗎？」

7. 引導教師提出專業成長方向：例如，「對於這次的觀察結果，您覺得最想改變或精進的指標是什麼？」「針對您想改變或精進的指標，您認為有哪些可行的方法？」「您會運用哪些途徑，達成專業成長的目標？」

8. 有效回饋原則：運用描述性語言，提出具體明確的教學事實。顧及評鑑人員和受評教師雙方的需求，針對受評教師可改變的行為提問，並讓受評教師能接受。澄清問題、傾聽想法、確認理解受評教師的表達。

參、回饋會談的紀錄

評鑑人員在與受評教師進行回饋會談前，應準備的工作：一是整理觀察的教學事實敘述，並應先進行統計分析，提供必要的質性描述或量化數據；二是評鑑人員先對教學事實或統計數字做分析和解釋；三是預先想好受評教師可能的專業成長需求，準備必要的教學資源或訊息（呂錘卿，2016）。

回饋會談原則：(1)多聽少說，避免直接忠告；(2)少用「改進」字眼，多用「希望如何改變」、「調整」、「更精進」字眼；(3)運用三明治技巧，即：讚美、建議、增強；(4)以自我省思引領自我成長；(5)必須先建立信心，再做實質回饋；(6)和受評教師共同判斷表現；(7)和評鑑人員一起討論專業成長方向（呂錘卿，2016）。

丁一顧、張德銳（2006）指出，在融洽技巧上，要注意姿態、手勢、聲調、措詞、呼吸等，以營造融洽、信任的關係，藉以鼓勵教學者自由表

達與思考；在引導式提問技巧上，可運用複式形式的問題語調、探究式措詞、正面的假設、鼓勵的聲音等，藉以引導教學者思考；在非判斷性回應上，不對教學者的教學進行任何價值判斷，而是善用停頓、重述、探究、口語及非口語、提供資料和善用資源等行為，藉以釐清並提高教學者認知改變。

Alseike（1997）指出，透過認知教練的實施，激勵教師思考，以進一步形成新的理解，並成為較佳的決策者（引自丁一顧、張德銳，2006）。所以，進行觀察後回饋會談時，評鑑人員要引導與協助受評教師運用下列技術，引導受評教師省思自己的教學，再透過具體客觀的觀察紀錄分析資料，引出受評教師的意見、感受及推論，並鼓勵受評教師考慮選擇替代方案，進而自主的調整、改變、精進教學專業。

1. 非價值判斷回饋技術：透過探討、釐清、重述的回答技巧，協助受評教師作更詳細具體的探求。

> 評鑑人員：謝謝您讓我進到您的班級觀課，我學習到很多！首先，請您先談談，您覺得自己上完這節課後，最滿意的地方是哪些？（釐清、探討）
>
> 受評教師：今天是本單元的第一堂課，是要學生會念、會認、會指出單字和運用句型對話，學生可能是受到鼓勵，表現得還不錯。
>
> 評鑑人員：我看到40分鐘裡每個孩子都投入學習，尤其是您——與學生對話，學生對單字和句型是真的會念、會認、會指出，對話很頻繁而流暢。（釐清、重述）
>
> 受評教師：謝謝鼓勵。
>
> 評鑑人員：您覺得這節課有哪些是您原先規劃學生要學會的、但卻不如預期的地方？（引導省思）
>
> 受評教師：流程在我腦海一直有Ran過，還算流暢，只是字卡貼的方式因為只有兩塊白板不夠貼，有些亂！我本來希望採用心智圖去完成字卡張貼，可惜未完成。另外，有一位男生今

天心情不好，影響學習，還有兩位女生的學習未跟上，令
我擔心。

評鑑人員：我也有發現這三位學生的狀況，不過，後來這位男生就跟
著班上學習了，我也看到那兩位女生勇敢向您求援！您覺
得今天的「小組教學」如何？（非價值判斷、探討）

受評教師：我覺得小組討論不錯，比我原先預期還好。

評鑑人員：您從哪些地方看到小組討論不錯？（更詳細具體的探討）

受評教師：我讓學生兩兩互相指圖練習認念完單字，可以確認每個人
念對了才交換練習，學生不會草草念完就沒事做。

2. 授權技術：透過對話，引導受評教師回顧教學歷程；自我評估教
學效果；回想教學過程的真實事例；協助受評教師自我選擇變通；引導其
承擔責任；幫助其更精確地思考；將省思所得的新知或發現，規劃應用於
未來的教學。

受評教師：有一位男生今天心情不好，影響學習，還有兩位女生的學
習未跟上，令我擔心。

評鑑人員：這是偶爾發生，還是常常發生的狀況呢？

受評教師：這位男生心情常常起伏不定。

評鑑人員：您回想看看，之前發生同樣狀況時，您曾有過哪些作法可
以解決這問題呢？（利用先前類似經驗）

受評教師：嗯！我及時讓他發表，問他：「如果是你，你會怎麼
做？」並採用他的意見，他很快就投入學習。

評鑑人員：讓學生參與討論，能啓發高層次思考。（從學生觀點看事
情）

評鑑人員：請教您對於班上學習兩端的學生，是否有實施差異化教
學？

受評教師：目前沒有！我暫時還沒有實施。

評鑑人員：您說過平常規劃一個單元的教學時間分配是：第一節教單

字：第二節教單字和課文；第三節教單字並複習課文；第四、五節除教單字和課文外，主要是教發音；第六節則是彈性運用。您有沒有考慮在彈性運用這節課，規劃一些差異化教學設計呢？

受評教師：我想可以將全班依照程度分成三組，為學習超前的孩子準備繪本故事，請他們閱讀後用說、演給全班聽、看；跟上進度的中等程度學生，給他們練習簡單對話（例如：活用課本上的對話），再說給同學聽。當你各給他們任務後，就可以為進度落後的這一組進行補救教學。（從行動結果的考慮）

評鑑人員：聽起來似乎可行，可以試著做做看。您打算怎麼做呢？（幫助教師更精確地思考）

受評教師：我需要先找到合適的英文繪本，也打算和同事協同合作，也許可以有更多發想呢！（引導教師承擔責任）

表4-18　回饋會談紀錄表

評鑑人員：鄧美珠　　　　受評教師：莊靜圓　　　　會談時間：104.3.11
教學時間：104.3.9　　　　教學年級：六年級
教學單元：1-3今日世界文化面面觀　　教材來源：翰林

一、受評教師已達成評鑑規準（焦點）的具體教學表現：

1. 從教學簡報內容得知，受評教師充分準備上課教材，對於課程內容瞭若指掌，因此對於教材的呈現順序相當有條理。
2. 不僅受評教師能掌握課程目標，也明列課程目標於簡報上，使學生清楚自己所學內容的重點。
3. 藉由設計各種情境問題營造學生學習氛圍，熱絡學生同儕間的討論，增添學生思考及對話的機會。
4. 提問的設計由淺入深，清楚呈現教材內容，引導學生循序思考。
5. 教師對學生的討論內容及用字相當敏銳，可適時回饋並澄清學生觀念。
6. 受評教師生活經驗豐富，可以協助學生將課程內容與社會時事、多元生活做連結，增添課程活潑、趣味。
7. 受評教師重視學生的發言，利用個人及小組加分，鼓勵每位學生在每堂課上至少要發言一次。

表4-18　（續）

---

8. 受評教師強調社會教學的重點應是引發學生思考，使學生富有探究精神，而非直接傳授知識，重視學生高層次的思考。

9. 受評教師準備多則新聞報導，藉由報導內容與課程內容連結，增添教學內容豐富性，有助於學生理解，亦提供學習情境啟發學生思考，相當用心。

10. 受評教師製作的教學簡報內容清楚呈現教材內容，並搭配課程內容架構圖，學生更能掌握本單元重點。

11. 對於課文中的專有名詞，受評教師於課堂上帶著學生使用網路資源探查答案，樹立良好的學習態度模範，也有助於清楚解說重要概念。

二、受評教師未達成評鑑規準（焦點）的具體教學表現：

1. 受評教師可以藉由歸納統整活動，清楚講解重要概念或原則，使一些較弱勢或上課不專心的學生，至少在最後獲得一些明確的學習。

2. 受評教師可將每一個單元內容切成幾個重要概念小節，在該小節先做歸納，適時予以學生小範圍的重點整理機會，在最後整個單元結束後另再做大範圍的歸納整理。

3. 各小節重點歸納可試著由學生來做並分享，甚至由小組歸納後發表，如此可確認學生是否吸收，也可以藉此轉化教學方式，提升學生專注力。

4. 除透過課堂的提問回答及最後統整活動的牛刀小試讓學生熟練學習內容，也可以設計課堂活動單，甚至角色扮演等，加深學生的學習印象。

三、經討論後，對受評教師的具體成長構想：

1. 於下個單元教學前，先將該單元課程內容切成幾個概念小節，標註於此做重點小結，並邀請同儕教師入班觀察記錄。

2. 於下個單元的各小節重點歸納由學生來做，並觀察學生是否能正確歸納重點，也可以邀請同儕教師入班觀察記錄。

3. 設計學習活動單，讓學生熟練學習內容，再分析學生作答情形，瞭解學生的學習成效。

肆、回饋會談的注意事項

1. 評鑑人員可依據受評教師的專業成熟度或信任程度，採取不同的會談風格，例如：鏡子式風格僅提供教學事實資料；合作式風格以事實呈現並引導其省思；教練式風格則是除了以事實呈現並引導其省思外，更進一步提出想法與建議。

2. 評鑑人員應放下主觀判斷，宜透過具體客觀的觀察紀錄分析資料，引導受評教師自我省思自己的教學表現。

3. 評鑑人員應善用行為改變的三明治技巧（讚美、建議、增強），

先讚美其教學特色，再引出受評教師的意見、感受及推論，並鼓勵受評教師自主的調整、改變、精進教學專業。

　　4. 評鑑人員除鼓勵受評教師自行提出改進目標、方法及策略，必要時亦可提供建議，並與受評教師共同協商判斷其教學表現。

劉榮嫦

第五章

教學檔案製作、評量與運用

　　教師素質良窳，關係教育經營的成敗。爲讓學生有更好的學習成效，每一位教師莫不希望在專業上持續精進與發展，甚至創新轉型，爲教育新世代人才負起績效責任。教學檔案就是促進教師專業發展的有效工具。如果「教育」是每位教師一生的堅持，那麼我們應該將自己不斷邀約學生來學習的教育歷程，留下點滴的紀錄，透過不斷的省思來改進教學，並做自我知識的管理，這就是「教學檔案」，也是教師的教學行動研究，述說著生命中一篇篇眞實動人的故事。

　　本章分爲四節，第一節說明教學檔案的意涵，包括意義、目的、類型與呈現方式；第二節敘述教學檔案的製作模式與內涵；第三節探討教學檔案的評量流程、原則與工具；第四節介紹教學檔案的交流形式與運用途徑。

第一節　教學檔案的意涵

　　教師是專業人員，唯有重視教師專業發展，並就教師專業發展做長期而深入的耕耘和努力，才有可能造就專業的老師，進而提升學生的學習品質（張德銳等人，2014a）。教學檔案有部分內容在課堂中是看不到的，例如：教師的口語行爲、提問技巧及師生互動等，但可以將教學觀察後的事實性紀錄放入檔案中，展現教師專業發展的所有歷程與全貌。而檔案的製作就是教師面對眞實的教學情境，做自我教學的反思與內心的對話，更有自我肯定與自我療癒的功能。

壹、教學檔案的意義與目的

　　教師爲瞭解自己整體的教學表現，提升自己的專業能力，主動蒐集選擇教育現場事實性的資料，並透過自我省思與同儕對話的歷程，在學習社群中專業成長。因此，教學檔案不是資料文件的堆砌，更不是將教學資料分門別類放進一個個資料夾中，而是依據課程綱要、教師有效教學的各種面向、教師專業標準指引、專業發展的規準指標、創新議題的探討研究、學校發展的願景特色或自我成長的目標主題等方面，做系統性的蒐集、選擇、組織與建構。

一、教學檔案的意義

教學檔案係指一套有目的、有組織、有系統、有結構地蒐集教師各項課程教學、班級經營與專業發展資料所組成的文件紀錄，是教師個人教學生涯的事證，更可以顯示教師在某一段時間內所達成的教學專業表現與歷程紀錄（張德銳等人，2014a）。

教學檔案的意義在於它不但是教師個人教學歷程的真實紀錄，更要對自我的教學表現和學生的學習結果做深入省思，並與同儕專業對話，釐清自己教學的盲點，藉由檔案文件的內容，不斷的反思、回饋、修正與再教學，以增進自己的課堂教學能力，促進自我的專業發展，進而提升學生的學習成效。

二、教學檔案的目的

教師製作教學檔案的目的非常多元，例如：檢視教學成效、瞭解學習結果、促進師生互動、社區資源統整、專業成長進修等，但最主要的目的是冀望藉由教學檔案製作、評量與運用的歷程，提升專業知識與技能，進而改善並精進教學技巧，提供精緻又高品質的教育，成就每一位莘莘學子。

教學檔案建立的目的，不在於呈現亮麗豐厚的外貌，更不在於證明教師自己有多優秀，而是教師自發性的製作，以展現教師的專業知能，並找到適合評量自己的工具，界定自己想要成長的方向，建置最符合自我需求的教學檔案，更能因此而獲得專業肯定，找到自信與尊嚴。

因此，教學檔案之目的在於：(1)促進教師專業成長；(2)提升學生學習成效；(3)促使教師負起績效責任；(4)作為教師甄選或生涯進路的人事決定依據等。

三、教學檔案的功能

教學檔案必須對所有教學資料做目的性且邏輯性的蒐集與選擇，在不斷檢視檔案資料後，進行深度的省思，因此這是一種後設認知的行為，也是教師專業成長的重要歷程。透過教學檔案的製作，教師可以有系統的執行課程教學與班級經營、研究發展與進修，以提升敬業精神與態度，落實專業精進與責任。本文作者歸納教學檔案有以下四種功能：

(一) 匯集經驗展現專業

教學檔案是用書面或數位等方式，有效蒐集教學歷程中具體事實的資料，讓自己的教學經驗留下紀錄，例如：教學活動設計、多元評量內容、學習成效分析、班級經營計畫、親師互動過程及專業成長進修等的事實證據，再輔以教學觀察三部曲（觀察前會談、教學觀察及觀察後回饋會談）等相關資料，匯集教學的實踐智慧與經驗，整合教師的「教」與學生的「學」，如此見樹又見林，具體且客觀地看見一位教師專業行為表現的全貌。

(二) 累積素材分享心得

教師為了讓學生聽懂並學會，認真設計學習活動、製作教具媒材、學習單、多元評量作業等素材輔助教學，而這些素材均可放入教學檔案中。教師們甚至可以組成專業學習社群，進行課堂教學研究三部曲（共同備課、公開授課及觀課、集體議課），同步提升教師教學效能與學生學習成果。教學檔案正可以讓教師們有系統、有組織地整理累積這些素材，並在社群中與同儕分享心得，激盪出教學的火花，透過分享，將教師專業經驗擴大，讓同儕間彼此共學、共好、共榮、共成長。

(三) 自我省思精進教學

教學檔案在蒐集「教師的教」與「學生的學」，這個過程就是一種專業成長。若參加教師專業發展評鑑計畫（教育部行將之轉型為「教師專業發展支持系統」），透過自評與他評的「教學觀察紀錄表」和「教學檔案評量紀錄表」等內容，最後再匯入綜合報告表時，就可以看見自己教學的全貌，進而多面向找出教學的盲點和需要改善的項目，開展教師反思的歷程，並研擬專業成長計畫，持續精進自己的專業知能。如此經過計畫、教學與省思的循環模式後，增強自己的課堂教學能力，進而提升學生的學習成效，更可據此建立教師評鑑的典範，促進教師專業發展。

(四) 指導學生學習檔案

學生的「學習歷程檔案」內容包括：學習情形、專題研究、作品作業、競賽歷程、參與社團和公共服務等學生在校的各種表現紀錄，也是多元評量的一環。教師藉由建置教學檔案的各項經驗，據此指導學生製作學

習歷程檔案，並有助於實施學生的檔案評量、激發多元智能、培育核心素養與落實生活經驗。所以，作為指導學生學習歷程檔案的前置經驗，也是教學檔案的一項功能。

綜上所述，教學檔案不但可以呈現教學內容，累積教學素材；更能省思教學結果，分享成功經驗；進而展現專業能力，指導學習檔案製作。因此，教學檔案能幫助自己和同儕成長，更能幫助學生有效學習。這正足以展現教學檔案具有結構性、發展性、省思性與分享性的專業特色。

四、教學檔案的限制與突破

教師單獨在教室工作，日復一日、年復一年，往往對自己的教學習焉不察，所以在製作教學檔案時，對於適切資料的蒐集、教學活動的設計、省思能力的培養和進修研習的參與等有效作為，常感到孤立無援，亟需同儕的關注與陪伴。因此，若能建立和諧友善的夥伴關係，並組織高效能的專業學習社群，彼此對話分享、省思回饋，甚至行動研究，將有助於教學檔案品質的提升。

教學檔案是促進教師專業發展的有效工具，有其功能與價值。但在教學的現實面上，還是有許多限制與困境有待突破。

(一) 耗時耗力耗紙

建立教學檔案需要投入大量的時間蒐集、選擇、整理與歸納文件資料，在教學工作日益繁忙的現場，的確需要投入許多時間與心力來製作，且大量印製也需要紙張，故有不環保的限制與困擾。

但目前有許多教師積極投入資訊素養的研習，改以數位化方式呈現教學檔案，並連結與教學相關的資源網站，討論分享且存取方便。深信只要對教師教學和學生學習有益的事，就值得投入時間與心力自發性、持續性地去製作，也漸漸能在教學檔案中看見自己的專業發展。

(二) 流於表面效度

由於教學檔案採自發性、開放性製作，因此較為主觀，充滿強烈的個人色彩，故在製作與評量時，容易受到設計精美的表面效度所影響，例如：美工精緻、插圖活潑、表格創新或成本昂貴等，讓人第一眼就覺得精美亮麗，閱讀性高，因而忽略了教學檔案製作應有的要件與省思功能。雖

然目前教育部及各縣市主辦的教學檔案徵選競賽，都規定以電腦檔案掃描上傳的方式寄送相關單位，但依然免不了受排版工整、插圖精美的表面效度所影響。

為力求公平起見，可考量建立客觀一致的評量準則，加強評鑑人員的訓練或輔以其他多種的評量方式，這樣在評量教師的教學檔案時，才能避免表面效度，並有更客觀的評量依據。

教學檔案雖然有其限制與困境，但都可以逐一克服。學校應積極營造協助教師製作教學檔案的環境，加強資訊網路系統，提供數位化檔案建置的操作平臺。鼓勵更多的協作夥伴，並組成教學檔案的專業學習社群，安排共同的時間，提供製作、研討、分享、觀摩與學習的機會，甚至邀請校內外有經驗的專家學者給予充分的指導，解決教學現場的問題，減少抗拒的心理。甚至可以辦理校內外的教學檔案競賽，建立客觀、公平、公正的評量規準與評分方式，藉由教學檔案的製作與分享，形塑優良的教師文化，達到教學專業提升的目的。

綜合上述，當我們瞭解教學檔案的意義、目的與功能，並突破教學檔案的限制與困境之後，更應努力做好自己的知識管理，為自己的教學生命故事留下完整的紀錄。雖然製作教學檔案的關鍵在於教師本身的意願，也唯有主動積極、攜手同心，一起邁向專業，才能讓教師彰權益能，發揮最大的教育功效。

貳、教學檔案的類型與呈現方式

教學檔案使教師在教學歷程中，扮演教學者和學習者的雙重角色，且在一段時間的教學後，對課程設計、班級經營、評量方式與研究發展等面向，有不同的體會與改進，所以教學檔案會因目的、結構、歷程、主題、特色等差異，呈現出不同的樣態。

一、教學檔案的類型

教育就是人創人、人教人、人感人的志業，志業良師就是自造者，就是創客（Maker），教學檔案就是創客創新的作品。本文作者依照教學檔案不同的建置目的，進行分類如下：

(一) 歷程型檔案

教師於教學過程中，選擇一段時間實作教學檔案，運用「計畫」、「教學」及「省思」的循環歷程，逐步逐項蒐集並選擇檔案資料與學生作品。「歷程型檔案」就是教師在教學歷程中有系統、有組織、有目標地留下真實性的教學資料與學習證據，逐步建置而成的教學檔案。

(二) 結果型檔案

教師在教學時，選擇一段時間，藉由「蒐集」、「選擇」及「省思」的模式，將最終的成果或作品等教學證據展現出來，就像藝術家或攝影師所呈現的展覽會或作品集一樣，教師將最佳的績效透過「結果型檔案」展示出來，這也是教師某一段時間的教學成就。

(三) 展示型檔案

教師自歷程型檔案或結果型檔案中，依某些特定目標，選擇最能反應課程教學或班級經營等面向所要求的資料證據。例如：為了教學評鑑、甄選績優導師、某向度表現優異的特殊教師、績優社群或優良檔案競賽等所製作出來的參賽資料，就是「展示型檔案」。

芬蘭教育世界第一，教育已成為芬蘭最成功的出口產品，所以標榜「教師是點亮國家名譽的燭光」。而在臺灣的教育中，「教師是引航學生學習的燈塔」。如果教育是教師一生的邀約，那麼教學檔案將是一本學習食譜，教師據此親自料理學習佳餚，誠摯歡迎學生來品嚐，讓新世代擁有國際競爭力，打造扎實的學用基礎，因此，我們樂見杏壇中，一本本充滿特色料理的「創客食譜」應運而生。

二、教學檔案的呈現方式

教學檔案不是將所有資料隨意堆砌於資料夾中，而是有目標、有組織、有系統、有結構，逐步去蒐集教學歷程中的脈絡、媒材、對話、省思與紀錄等文件，藉此可以顯示教師在某一段時間內所達成的教學成就，協助教師掌握整體的教學表現，反思自己的教學歷程，精進自己的課堂教學能力。所以，教學檔案要有效的蒐集、選擇與省思，適時調整修正，按照步驟慢慢製作，先求「有」再求完整與精緻。教學檔案呈現的方式大致有三種：

(一) 紙本教學檔案

這是一般教學檔案最主要也最常見的呈現方式，教師可至坊間購買三或四孔的空資料夾，放入透明且材質較厚的活動內頁，然後將課程計畫、學習活動設計、活動照片、學習單、教具教材、班經資料、補充講義、數位媒材和研習進修等書面資料，參照教育部或校本規準，依序放入其中，可以隨時更新或抽換，並加上書背、目次、隔頁及側標等附件，易於尋找與參閱，就像一本本手作書籍一樣。紙本檔案的好處在於一目瞭然，隨時可將最新的教材資料放入，利於教學創新。而手機的Line和FB等通訊資料，都可藉由螢幕截圖方式放入紙本檔案中，相當方便。但紙本的缺點在於攜帶保存不易，極占空間且不環保。如圖5-1、圖5-2。

圖5-1　劉榮嫦老師的紙本教學檔案封面

圖5-2　劉榮嫦老師的紙本教學檔案內頁

(二) 網頁教學檔案

又稱為「多媒體檔案」或「數位化檔案」，此種電子化檔案結合了多種數位媒體，可將錄影、錄音、動畫、網站等多媒體教材連結於此。坊間有許多製作網頁教學檔案的軟體可供利用，只要對電腦操作技術嫻熟者，均可依系統化及結構化步驟自由設計，環保又不占空間。尤其現在手機上網非常普遍，只要網路暢通，隨時可以點閱參考。新北市格致中學數學科黃俊誠老師製作的網頁教學檔案，內容豐富多元，包括授課過程錄影帶、學習講義、補充教材、試題研討、數學遊戲、TRML培訓、差異化教學分析、數學工作日誌及校外競賽指導社群等項目，值得參閱學習。如圖5-3。

圖5-3　黃俊誠老師的網頁教學檔案首頁

資料來源：http://203.72.198.200/podcasts/171?locale=zh_tw

(三) 部落格教學檔案

這也是數位化多媒體檔案的一種，由教師依個人的編排順序，放入跟教學有關的檔案文件和照片即可。坊間有已建置好版面的部落格模式，教師可依個人的資訊專長與需求方向自行申請運用，現今有不少教師建置

教學檔案採多元多樣的部落格形式。新北市安康高中物理科朱晉杰老師的
「杰師悟理」部落格教學檔案就非常精采，裡面將各種文章分類，有教學
生涯記事簿、資訊融入教學輯、物理就要好好學、教師甄試收藏櫃、教專
評點滴記事等檔案資料，值得慢慢點選閱讀、細細品味參考。如圖5-4。

圖5-4　朱晉杰老師的部落格教學檔案首頁

資料來源：http://blog.udn.com/epig/article

　　無論是傳統紙本的教學檔案或數位化教學檔案，都必須蒐集、選擇、
歸納與整理自己的教學資料，並加入省思後所呈現出來的事實性證據。兩
者不同的地方在於，數位化的檔案易於檢索、連結、複製與保存。但對多
數的教師而言，礙於資訊能力與周邊設備的不足，傳統紙本的教學檔案還
是較容易被接受。

　　為符應環境永續理念，減少紙本作業，教育部自105年起建置「精緻
教師專業發展評鑑網」（https://atepd.moe.gov.tw），這是全國教師的教學
支持系統與資源平臺，網站強化中小學教師專業發展之服務功能，相關
流程及表件內容均以「專業、簡明、可行、E化」為目標。在教學檔案部

分，E-portfolio（檔案數位化）的建置，更提供平臺讓每位教師都可將自己的教學檔案上傳網站，存取方便且可以自由運用。

綜上所述，有結構性的教學檔案（teaching portfolio）與資料堆砌性的檔案夾（file），在觀念與製作上有很大的差別，本文作者所撰寫之教學檔案屬於前者。

第二節　教學檔案的製作

良師興國、教育救國，在現今講求「三創」的時代，教師更是創意、創新的教育創業家，擁有「自我創化」的動能。教師專業發展就是教師自我創化的過程，「製作教學檔案」就是教師自我創化歷程中最具體的展現方式。

壹、教學檔案的製作模式

教學檔案的製作模式很多，其中有兩種比較常用的模式：一種是「歷程檔案模式」，採用「計畫、教學、省思」三階段的專業成長歷程來建構；另一種是「結果檔案模式」，透過「蒐集（collect）、選擇（select）與省思（reflect）」三T線性模式來製作教學檔案，只要教師能將教學過程的各種事實性資料，加以蒐集、選擇與省思即可，相較於歷程檔案模式較為簡單易操作，故本文作者採用「三T線性結果檔案模式」來製作教學檔案。

一、蒐集（collect）

每位教師在教學過程中，能將課程設計、教學活動、多元評量、班級經營與研習進修等文件資料，隨時隨地隨手保存，並依據教師專業發展評鑑的規準或校本規準，分門別類廣為蒐集，以便隨時選擇、修改、整理與運用。

二、選擇（select）

隨著韶光荏苒，蒐集的資料與日俱增，因此在製作教學檔案時，必須選擇某一段時間的教學內容，有組織、有系統且有代表性地將適合的資料選擇出來，也就是檔案內的文件必須彼此有關聯性及邏輯性，而這些都是教學歷程中事實性的證據。

三、省思（reflect）

對於每一個教學步驟和每一份教學紀錄，都必須澈底深入做優缺點的評估分析，並省思檢討，可以分為每個文件的小省思、某個教學階段或層面指標的總省思等。這是教學歷程的內在檢視，也是教師與自己做專業對話。省思的過程是以客觀具體的事實性資料，藉由反思與回饋，修正自己的教學內容與呈現方式，充實自己的專業知識，進而建構教師的實踐智慧，以提升學生的學習成就。

教學檔案的製作模式，無論是採用「歷程檔案模式」或是「三T線性結果檔案模式」，均可依據教師本身的習慣或主題的不同，彰顯個人的風格與特色。還可以和教師專業發展評鑑的教學觀察三部曲與專業學習社群相結合，更能協助教師落實專業發展的精神，幫助學生有效的學習，甚至進行行動研究，藉由行動研究來改善與精進教學內涵，更可以精緻與深化自己的教學檔案。如此一來，自我實現加上夥伴協作，共同提升教學品質，讓教與學都成功。

貳、教學檔案的製作內涵

教學檔案的製作內涵可分為「認識自己與環境」、「課程設計與教學」、「班級經營與輔導」、「專業精進與責任」和「檔案省思與成長」等幾個部分，如圖5-5。本文作者並以新北市新和國小廖淑妙老師的教學檔案作為實例加以說明。

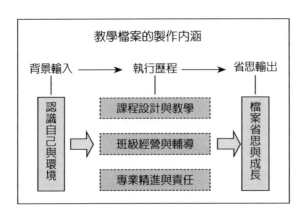

圖5-5　教學檔案的製作內涵

一、認識自己與環境

這是教學檔案製作的第一部分，呈現教師個人資料、教育理念、班級學生資料及學校社區環境資源與照片等內容。

(一) 教師個人資料

教師個人基本資料包括：姓名、性別、學經歷、專長、著作、任教科目與同儕教師等項目。在教育理念的撰寫上，可以朝向教育目的、授課專長、課程內容、有效教學、評量方式、學習環境、師生關係、學生學習、人格特質與教育願景等幾個方向去思考。另外也必須填寫協助成長的同儕教師姓名，讓夥伴關係更緊密，彼此可以共學、共好、共成長。教師個人資料表詳見表5-1。

表5-1　教師個人資料表

教師姓名：廖淑妙　性別：女　出生日期：02.10
最高學歷：臺北市立師範學院　教師類別：國小合格教師
教師證書字號：010475號、9308418號
服務年資：16年　服務學校：新和國小
現任職務：級任導師　任教年級：五年級
任教科目：國語、數學、社會、綜合、閩南語
同儕教師：林碧慧老師
專長：課程教學、教案設計、班級經營、輔導、舞蹈、結藝等
經歷：
（一）81年8月：甄試分發清和國小擔任低年級導師三年
（二）84年8月：調校至新和國小
（三）85年8月：教師兼任主計
（四）86年8月：教師兼任人事
（五）88年8月：教師兼任設備組長
（六）90年8月：教師兼任資料組長
（七）92年8月：擔任中年級導師
（八）94年8月：自然科任教師
（九）96年8月：擔任高年級導師
（十）98年8月：教師兼任教學組長
（十一）101年8月：自然科任教師
（十二）102年8月：自然科任教師

表5-1 （續）

教育理念：

有怎樣的老師，就有怎樣的學生！

德國名教育家福祿貝爾說：「教育無他，唯愛與榜樣」，因此除了豐富的學識，我會身教與言教並重，展現良好的品德與風範，建立愛與關懷的環境，放下身段傾聽孩子的心聲，面帶笑容來寬容接納孩子，深入淺出讓孩子快樂學習，我要成為孩子生命中的重要貴人！（教育的目的）（人格特質）

孩子有無限的潛能，我會堅持永不放棄，多獎少罰，給予讚美與鼓勵。我相信「要怎麼收穫，先怎麼栽」，我會用愛心、耐心、歡喜心，為孩子營造安全、快樂、優質的學習情境，發揮教師專業與熱忱、充分溝通互敬互愛，共創校親師生四贏。（師生關係）（學習情境）

孩子難免犯小錯，耐心規勸引導孩子改過遷善，存好心、說好話、做好事，學習愛、欣賞與自我反省的能力，擁有感恩、惜福、善解、關懷與寬容的心，培養正向樂觀的行為與主動積極、認真負責的態度，激發學生學習的潛能，把學習的權利還給孩子，提供孩子多元智能學習課程。（課程的內容）

快樂的教，也要孩子快樂的學，學習思考、學習生活、學習做人做事。我希望孩子能擁有良善的品格與價值觀，能將所學轉化為生活的能力、內涵及人格的特質，成為健全有用的人。（價值觀）

～有妙妙老師，就有妙妙學生～

(二) 班級學生資料

教學檔案要呈現班級學生的座號、姓名、學習狀況與特殊需求。若全班學生人數太多，可就學習表現低、中、高的學生中，平均選擇數名作為代表。另外找出程度較佳及程度較差的焦點學生各一名，並說明選擇他們當焦點學生的原因和學習狀況，以便瞭解教師教材教法對不同學生學習的變化，為調整教學做準備。學生姓名在呈現時，必須留意個人資料的隱私權，建議採用化名或以「○○」表示。請參考表5-2班級學生資料及焦點學生選擇表。

表5-2　班級學生資料及焦點學生選擇表

新和國小○學年度班級學生資料及焦點學生選擇表

【說明】：請就你指定的學科或領域【數學】與班級【五年○班】完成表格。

座號	學生姓名	學科上學期學習成績					學習狀況與特殊需求
		優	甲	乙	丙	丁	
1	黃○○	✓					易分心，常出神；但數學理解力快，數學表現佳。
2	李○○		✓				多話，不求甚解；常只是在應付作業，缺乏練習演算。
3	李○○			✓			理解力夠，但被動、訂正功夫不澈底，需要叮嚀與提醒。
4	孫○○		✓				愛說話、易分心；理解力不錯，但學習較被動，數學表現尚可。
5	陳○○				✓		易出神、愛說話；運算能力較慢，宜多練習演算，並隨時提醒專心。
6	蕭○○		✓				愛插嘴，自我中心，練習能按部就班，再安排小組長協助檢查，就會表現不錯。
7	馮○○	✓					對題意理解力強，數學成績良好；上課話多，太過自我。
8	王○○				✓		易發呆，運算能力較慢，宜多練習演算，需要經常督促專心。
9	何○○				✓		被動、依賴，應用題題意若解說三次以上，就可以完全做對。
10	許○○		✓				運算慢，只要改變題型就無法解題；但學習意願尚高，鼓勵多做練習。
11	劉○○		✓				對題意理解力較差；但練習能按部就班，數學表現還不錯。
12	賴○○	✓					勇於發問，熱愛數學演算，學習主動，數學表現很不錯。
13	林○○		✓				多話，不求甚解；常需再次澄清數學觀念，需要多元題型討論並練習。
14	李○○				✓		敷衍、被動，雖在校外補數學，但效果不彰；安排小老師協助訂正與討論。

表5-2　（續）

座號	學生姓名	學科上學期學習成績					學習狀況與特殊需求
		優	甲	乙	丙	丁	
15	高〇〇					✓	學習障礙；與資源班教師合作，教材內容以低年級基礎數學為主，無法學習五年級數學課程。
16	林〇〇				✓		對題意理解力較差；但學習意願尚高，將在午休安排補救教學。
17	吳〇〇					✓	學習低成就；九九乘法未背好，理解力差，安排小廷當小老師協助討論與訂正。
18	徐〇〇				✓		數學理解力較差；運算能力較慢，宜多練習演算。
19	董〇〇		✓				嗓門大，勇於表達；數學理解力夠，但較自我。
20	連〇〇		✓				多話，不求甚解；常在應付補習班作業。

焦點學生名單：請依據上面資料，選擇出兩名程度不同的學生，作為建立檔案的焦點學生。
（其中一位程度較佳者稱為學生甲；另一位程度較低者稱為學生乙。）

學生甲姓名：賴〇〇	學生乙姓名：吳〇〇
建立日期：10.15	建立日期：10.15
選擇理由： 　　賴〇〇數學理解力強，且勇於發問、對數學概念力求甚解，解應用題的技巧有獨創性及思考性；偶有一些發呆出神的狀況，需要隨時提點；有時與同學討論，過於自信、自我與自傲，以致有不愉快產生。 　　期待一個以學生為主體的教學設計，讓賴〇〇有展現主動學習的機會，同時透過合作學習的歷程，讓他練習與同學正向互動，發揮互助合作與分享的精神。	選擇理由： 　　吳〇〇的父母只要孩子乖乖的就好，她平日就呈現依賴、被動而且自信心不足，讓人覺得她學習意願不高；九九乘法未背好，理解力差，學習低成就。 　　我想給她一個「改頭換面」的機會，藉著以學生為主體的教學理念，利用小老師引導她參與，運用小組團隊動力來激勵其投入學習，同時透過合作學習的歷程，讓她練習與同學互助合作，希望激發她努力向學的精神。

(三) 學校社區環境資源

　　學校和社區的資源統整與整體經營，也是教師教學與班級經營需要考量的地方。學校條件優劣勢的SWOTS分析也可以附上。這個部分要呈現學校的教育願景、對自己教學理念的影響、學校附近的生活環境、對學生學習的影響、社區家長對學校的期望、對學校辦學的影響及校園環境照片

等資料。詳見表5-3。

表5-3　學校與社區環境資源表

新和國小○學年度學校與社區環境資源表	
1-1 學校的教育願景： 　　以培養健康快樂、生動活潑、勤學創新、溫和有禮的新和兒童為目標，全力營造一個饒富生命力與創造力的校園文化。 　　以溫馨的永續校園的理念規劃學校建築，透過學習空間的連續延伸，促發教育變革的無限可能。 　　以總體營造的觀念建構學校課程，透過總體課程的實施，培養孩子人格的統整發展，並重視孩子的個別差異，提供彈性而多樣的教學方式。	**1-2 對自己教學理念的影響：** 　　創校之初就參與校長領軍的工作團隊，對校長辦學理念及新和的教育願景深表認同，十三年來，新和國小一直是我成長的環境，所以自己的教學理念深受影響。以下僅就影響較深的部分說明： 1.學習情境：教室套房式設備，教學設施齊全，空間的開放延伸，讓學習情境可以更多元、更豐富。 2.課程內容：校本總體課程讓課程更適性、更多樣。 3.評量方式：課程設計更富創意，故採多元評量方式。
2-1 學校附近的生活環境： 　　學校位於住商混合的住宅區，緊臨興南觀光夜市，生活便利、多元。周圍三公里內有溪、橋、廟、園、捷運站等，環境資源豐富，可運用於學校本位課程的推展。但附近欠缺公共文教機構，又屬新店市邊陲地帶，形成管理與公設死角。	**2-2 對學生學習的影響：** 　　小家庭及雙薪家庭的生活環境，學生放學後多在安親班或才藝班學習（每班平均有二分之一以上）。大部分的孩子入學後在各方面的表現都很傑出，創意更是源源不絕。但部分因家庭因素，學習態度稍顯被動，學習成就明顯低落，而挑戰困境的堅毅態度以及團體人際互動技巧仍需要教師的指導。
3-1 社區家長對學校的期望： 　　家長對學校教育也很關切，對學校辦學十分肯定，願意主動幫助學校，家長志工成了新和辦學最得力的協助者。家長對新和的期待是： 1.教育方法的突破：改善教學方式、擴大學習空間、啓發式教育等。 2.注重安全教育：加強危機意識及問題處理能力。 3.多元智能展現：學生個別優勢能力與潛能發揮，有賴學校協助規劃。	**3-2 對學校辦學的影響：** 　　學校是孩子學習的地方，也是孩子生活的場所，教師應配合學校願景與目標營造學習型的環境、搭建合作學習的鷹架、協助引導解決困境的策略、培養健全人格的學生。 　　孩子在一個安全的校園中可以嘗試錯誤、找尋自我、尋求綜合能力的培養與個性、潛能的無限發展。 　　依照學生興趣與優勢能力，學校也規劃了多元的社團活動，如：合唱、直笛、國樂、合球、田徑等。

表5-3 （續）

巍峨的校舍一角

溫馨的套房式設備－班班有廁

創新樓前景

開放延伸的教學場域－綠園

　　「知己知彼，百戰百勝」，教師教學必須先瞭解學生家庭背景、校內外環境、社區文化特色等因素對自己教學的影響，因此，「認識自己與環境」是教學檔案製作的第一步，教師可以採用上述方式呈現，也可以依據自己的創意，設計表格來介紹自己與環境，藉此讓閱讀者很快地從教學檔案中認識檔案的製作者。

　　二、課程設計與教學

　　課程設計與教學是學校辦學的核心，教師依據教學目標勾劃出教學藍圖，再依此藍圖設計活動、安排脈絡與實施評量，並根據有效教學面向或教育部教師專業發展評鑑105年版（精緻版）規準內容進行課程的規劃。也可以依據教學實施的流程，依序放入學校總體課程計畫、教學進度表、教學活動設計（教案）、教學媒材、學習單、教學觀察表、多元評量內容、學習成效分析與同儕專業回饋等教學資料。所呈現的文件資料要有明

顯的標題與內容，並對此文件實施後做省思，以便調整教學。如表5-4環
境教育主題教案設計。

表5-4　環境教育主題教案設計

環境教育主題教案設計					
教學年級	高年級	單元名稱	親親溼地——水水新和		
教學節數	6節	教材來源	自編	設計者	廖淑妙
關鍵字	水環境、溼地生態、水質監測、環境保護、水資源、永續校（家）園				
設計理念	水資源維護及生物多樣性是全球環境的議題，而校園裡的溼地生態資源提供許多動植物棲息的環境，這樣的人工溼地也形成一個生態繁複的系統，深具生命與教育的意義。因此特別配合世界水質監測日活動設計延伸課程，結合學校資源、社區資源等本土生態融入環境教育學習。 　　透過教學影片、簡報和網站等，引導學生認識我們的水環境，瞭解環境保護的重要及水質監測的意義和方法，指導學生實地檢測校園生態池內的水質，並進行校園溼地生態的觀察記錄和行動體驗，之後前往流經家鄉社區的新店溪實地去檢測水質、觀察與清理水環境，體會生活周遭溼地與水環境的現況，讓學生能多一分瞭解、多一分付出，一起找回健康河川和自然溼地，知水、親水、愛水，將能力和態度融入日常生活中，能具有隨時隨地關心環境保育的意識和行動力，愛護環境，珍惜資源，尊重自然。				
教學活動					
學習領域	自然與生活科技	教學時間	240分鐘		
主題	親親溼地				
子題	水水新和				

表5-4　（續）

能力指標	*自然與生活科技1-3-1-1、1-3-4-2、1-3-4-4、1-3-5-4、1-3-5-5、5-3-1-1、5-3-1-3 5-3-2-3、7-3-0-2 *環境教育1-2-2、2-2-1、2-3-1、3-2-2、3-3-1、3-3-3、3-3-4、4-2-4、4-3-5、5-2-1、5-3-2
教學目標	一、能瞭解溼地生態與水環境的現況和面臨的危機。 二、能認識水質監測的項目和方式，並瞭解其意義和重要性。 三、能學會水質檢測的方法進行檢測，並瞭解檢測數據的意義。 四、能瞭解校園、社區溼地環境，及環境與生物間的關係，並萌生保護溼地環境之情。 五、能動手護水淨岸，養成關懷並愛護溼地環境及水資源的態度和行動力。 六、從保護校園溼地生態池、家鄉溪流河川的活動，體會保育環境的重要，進而有飲水思源、尊重生物、愛鄉護水、永續校（家）園的觀念。
教學步驟說明	★活動步驟一（120分鐘） 一、準備活動： 　（一）教師事先備妥教學影片、簡報、學習單以及水質檢測工具、藥劑等。 　（二）學生：各組準備膠鞋、塑膠手套。 　（三）全班進行分組：每組約六人。 二、引起動機： 　（一）教師播放：《苦蛙流浪記》卡通教學短片欣賞。 　（二）連結舊經驗，共同討論水環境的重要性，引發認識水環境及保護溼地生態與水資源的活動。 三、發展活動： 　（一）認識我們的水環境 　　1.播放自製教學簡報「我們的水環境」，指導認識水環境的問題、水資源的重要，並瞭解目前水環境營造的現況。 　　2.利用網頁教學——認識「世界水質監測日活動」，以及監測方法與指標。 　　3.學生進行問題討論與心得分享。 　（二）校園生態池水質檢測 　　1.示範並說明水質檢測的採水標準及藥劑的使用。 　　2.指導學生分組在校園的溼地生態池進行觀察及水質檢測活動，完成紀錄。 　　3.各組報告生態池檢測結果並分享心得。 　（三）校園生態池守護天使 　　1.全班師生進行校園溼地生態池的植物生長分布規劃討論。 　　2.指導學生穿著裝備，安全進入校園生態池整理溼地水池環境。 　　3.學生將膠鞋等裝備清洗乾淨歸位，再進行分組討論並分享心得。 四、綜合活動： 教師歸納： 　（一）教師說明生物多樣性及水資源維護議題，尊重生物、知水護水、永續校（家）園，珍惜與愛護我們生存的環境。

表5-4　（續）

	（二）引導學生體會保護水環境與溼地生態的重要。 （三）指導書寫學習單。 ★活動步驟二（120分鐘） 一、準備活動： 　　（一）教師事先備妥簡報、學習單以及水質檢測工具、藥劑、器具。 　　（二）學生：各組準備膠鞋、塑膠手套、垃圾袋。 　　（三）全班進行分組：每組約六人。 二、引起動機： 　　（一）教師展示：「淡水河水系圖」簡報說明及欣賞。 　　（二）連結生活經驗，介紹流經社區的溪河──新店溪及五重溪。 三、發展活動： 　　（一）新店溪水質檢測 　　　　　1.帶隊前往流經社區的溪河──新店溪，進行沿岸溼地生態環境觀察紀錄。 　　　　　2.指導學生注意安全，分組進行水質檢測活動。 　　　　　3.分組報告河流生態檢測結果，完成學習單並討論分享心得。 　　（二）不要讓家鄉的河流哭泣 　　　　　1.指導學生進行親水淨岸競賽活動：撿拾垃圾、整理環境，並予獎勵。 　　　　　2.運用溼地公園環境設施，指導學生安全進行各種體能活動。 　　　　　3.收拾物品、安全返校後，分組報告河流生態檢測結果，並討論分享心得。 四、綜合活動： 　　教師歸納： 　　（一）教師說明身處自然環境中的我們，應具有隨時隨地關心環境保育的意識和行動力，愛護環境，珍惜資源，尊重自然，永續校（家）園。 　　（二）透過實地去檢測水質、觀察與清理水環境，體會生活周遭溼地與水環境的現況，能多一分瞭解、一分付出。 　　（三）指導書寫學習單。			

	標題	檔案類型	說明
教學檔案	我們的水環境	簡報	利用簡報讓學生認識水環境的現況與問題。
	淡水河水系圖	簡報	利用簡報讓學生認識流經社區的溪河──淡水河水系。
	校園生態池水質檢測紀錄單	學習單	利用紀錄單引導學生進行校園生態池觀察及水質檢測活動。
	校園生態池守護天使	學習單	利用學習單引導學生進行觀察並幫植物們規劃重整家園。
	不要讓家鄉的河流哭泣	學習單	利用學習單引導學生實地去檢測水質、觀察與清理水環境。

表5-4 （續）

	標題	類型	來源
相關資源與網站	自然與生活科技	書籍	康軒出版社
	苦蛙流浪記	影片	臺北市立動物園
	世界水質監測日活動網站	網站	http://wwmd.hy.ntu.edu.tw/index_tw.php
	荒野保護協會	網站	http://www.sow.org.tw/
	新北市永續環境教育資源網	網站	http://163.20.68.132/

教學省思與展望：

　　教學方案實施以來，在師生共同努力下，豐富了校園溼地生態，融入各領域教學，獲得家長的肯定和參與，未來期望延伸至社區與近學校的新店溪左岸溼地生態場域，讓親師生齊力打造──美麗溼地、水水家園。

　　此教學方案將環境教育融入課程教學，結合校園、社區本土生態發展課程，希望透過教學影片、簡報和網站等，引導學童認識我們的水環境，瞭解環境保護的重要及水質監測的意義和方法，指導學童實地檢測校園生態池水質，並進行整理校園溼地生態的觀察記錄和行動體驗。過程中將強勢植物另缸培植提供觀察學習，魚蛙盡量撈起，但無法顧及有無魚蛙卵附著在植物的根莖中，弄濁池底泥土干擾魚蛙棲地實非得已，期望之後每年的守護活動只需撈除過多的植物即可。

　　之後前往流經家鄉社區的新店溪實地去檢測水質、觀察與清理水環境，體會生活周遭濕地與水環境的現況，讓學童能多一分瞭解、多一分付出，一起找回健康河川和自然溼地，具有關心環境保育的意識和行動力，愛護環境，珍惜資源，尊重自然。

　　在教學活動進行的前中後期，教師可以設計實施多元評量，並做評量結果的分析與回饋，進而修正及充實教師教學的認知、技能與情意，進而建構教師的實踐智慧，讓教學更精進，學生學習更有成效。詳見表5-5評量結果分析。

表5-5　評量結果分析

新和國小○學年度第○學期五年級各班自然與生活科技領域
第一次定期評量成績分析表

一、五年級各班平均成績分析：

應試人數	27	25	23	26	26	26	26	24	26	26	27
缺考人數	0	0	0	0	0	0	0	0	0	0	0
實測人數	27	25	23	26	26	26	26	24	26	26	27
平均分數	90.05	92.07	92.44	91.13	89.83	90.15	90.74	95.47	91.26	92.56	90.14
標準差	6.8	4.63	5.46	6.37	9.06	7.81	7.99	3.63	8.64	6.24	6.65
頂標	96.04	96.76	98.28	97	98.04	97.28	98.04	98.7	98.4	98.3	97.5
前標	94.6	95.56	96	95.5	95.88	95.56	95.64	98.2	96.6	96.7	95.4
均標	91.24	93.68	93.84	92.1	93.08	92.12	92.88	96.4	92.1	93.5	92
後標	89.04	88.36	91.44	87.5	85.96	87.72	88.52	93.6	86.9	89.5	83.4
底標	86.32	84.92	88.48	85	76.8	75.8	77.28	90.3	82.5	82.6	80.6

二、五年級各班分數級距分析：

100分人數	0	0	0	0	0	0	0	0	0	0	0
99～90分人數	17	17	19	17	18	19	18	22	18	20	16
89～80分人數	8	8	2	8	3	3	4	2	7	5	9
79～70分人數	1	0	2	0	4	4	4	0	0	1	2
69～60分人數	1	0	0	1	1	0	0	0	0	0	0
59～50分人數	0	0	0	0	0	0	0	0	0	0	0
49～40分人數	0	0	0	0	0	0	0	0	0	0	0
39～30分人數	0	0	0	0	0	0	0	0	0	0	0
29～20分人數	0	0	0	0	0	0	0	0	0	0	0
19～10分人數	0	0	0	0	0	0	0	0	0	0	0
9～1分人數	0	0	0	0	0	0	0	0	0	0	0
0分人數	0	0	0	0	0	0	0	0	0	0	0

表5-5 （續）

三、五年各班成績分布圖：

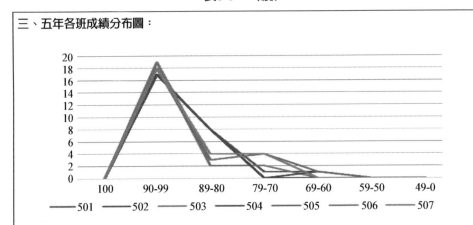

四、評量後省思：

1. 將我任教的各班自然領域成績進行列表分析，發現各班成績都呈現常態分布，高峰都在90分，兩端的學生數較少，已達成教學目標。

2. 編製試卷總期望能測出學生個別差異，彰顯出學生的能力，並非要考倒學生，因此命題時力求各單元各題型配分適當、難易適中，題意和作答說明清楚明確。

3. 第一次評量全學年無100分，也讓我瞭解學生的學習困難點，作為我進行補救教學及未來調整教材教法的參考。

　　「課程設計與教學」是教學歷程中最重要的部分，教師藉由教學檔案的製作，瞭解自己的教學成效。更可邀請同儕教師入班觀察自己的課堂教學表現，並從教學觀察紀錄表、軼事紀錄、選擇性逐字紀錄、教學錄影回饋表或省思札記回饋表等事實性的資料中，反思自己教學的清晰度與多元性，並調整教學的計畫、方向與步驟，進而精進教學技巧。所以，教學檔案可以勾勒出教學的藍圖，輔助教師瞭解課程設計與教學歷程的全貌。

三、班級經營與輔導

　　教師是班級天氣的製造者，上課氛圍如陽光般溫暖，還是像風雪般冷冽，端賴教師的情緒管理與專業素養。而教室是師生互動、學習成長的主要場所，在學校教育中，舉凡校務經營、行政管理、教學品質、輔導功能、學生學習等實務是否運作順暢，均奠基於教師有效的班級經營。因此，無論是導師或專任教師都必須有效處理班級學生上課前中後所發生的事務，例如：班級經營計畫、有效的教室常規與秩序、幹部組織與訓練、

教室物理環境與心理環境的營造、良好的親師生互動、學生個別與團體輔導等資料文件，都可以呈現在教學檔案中。

　　教師可依據教育部教師專業發展評鑑105年版（精緻版）規準的層面、指標與檢核重點，依序放入「班級經營與輔導」的相關文件，並加以省思班級經營的結果，作為教師持續努力與成長的方向。班級經營計畫詳見表5-6。

表5-6　班級經營計畫

新和國小○學年度五年○班班級經營計畫

級任老師：廖淑妙
學校教育願景：創新、和諧、健康、快樂

一、班級經營五心：愛心、誠心、決心、耐心、歡喜心，希望在親師生彼此互敬互愛的互動中，打造一個和諧、充實、成長的學習環境，陪孩子度過快樂而豐富的童年。
二、班級經營理念：思想決定行為，行為決定習慣，習慣決定性格，性格決定命運
　　（一）培養自信健全人格：自我探索、自我悅納、自我超越。
　　（二）啟導開展無限潛能：嘗試、積極、主動、創思、表達。
　　（三）終生品格教育學習：自律、負責、公德、尊重、誠信、關懷、感恩。
　　（四）親師生合作齊成長：真誠、同理、鼓勵、有效的溝通。
三、班級經營目標：好兒童：自信、自立、健康、和諧
　　（一）啟發主動的學習精神，使學生自我肯定→認真、積極、實踐的良好學習能力。
　　（二）增進身心的健康發展，使學生發揮本能→正向、珍惜、關懷、樂觀的生活態度。
　　（三）發展團體的自治自律，使學生言行得宜→負責、尊重、誠信的真優秀好品格。
　　（四）營造積極的班級氣氛，使學生和諧愉悅→合作、分享、和諧、慈愛的人際行為。
四、班級現況：學生有男生十七人、女生十七人，共三十四人；本班各科科任老師如下：自然科王老師（509）、英文科高老師（514）、美勞科張老師（425）、音樂科林老師（525）、體育科鐘老師（101）、電腦科杜老師（517）。
五、班級經營策略：品格教室、健康成長——推行品格贏家系列活動
　　（一）生活常規：團體生活教育的養成
　　　　1.早上7：40到校，準時才能完整學習，養成學生守時的習慣。
　　　　2.午休時間不強迫睡覺，靜息以不影響班級秩序及別人活動為原則，培養尊重、自律的態度。
　　　　3.加強宣導學生安全的觀念，包括：校園安全、遊戲安全等等，並落實於生活中。
　　　　4.保持個人清潔衛生及座位清潔、餐後潔牙、做好分內打掃工作，鼓勵幫忙做家事，養成自動自發、獨立不依賴、負責任的態度與習慣。

表5-6 （續）

   5.以道德教育和生活教育為中心，加強學生禮貌、整潔、秩序的觀念，並確實實踐。

   6.鼓勵學生多運動，強健身體；打掃工作定期輪流替換，讓學生體驗不同的經驗學習。

   7.上課認真，踴躍發表，主動學習；作業習寫完整，錯誤訂正，培養責任感。

   8.座位安排依教學需要隨時調整，希望每個角落都能體驗到，學習兩性及人際互動能力。

  （二）班級自治：全班都是長

   1.期初、期中各由選舉產生班級幹部，全班都是「長」，每位孩子都有輪流擔任幹部，並為班上或組內服務的機會，培養學生領導、自助助人的能力，並學習分工合作、負責與服務。

   2.師生共同制定班規，公平、合理、明確。

  （三）獎懲制度：「日優秀、月傑出」，每天基本優點登記，搭配學校榮譽制度，給予學生鼓勵與肯定

   1.上課正確發表、作業優良、甲上、100分、獎章、熱心服務、打掃認真、工作負責、守規有禮……，每次記優點一個。五個優點記傑出一個，十個傑出換一張榮譽卡，五張榮譽卡可換一張小獎狀，學期末傑出競賽並給予獎品鼓勵。

   2.不守規矩或嚴重功課不寫缺交，每次去除優點一個，下課時間請補寫及反省。

六、班級教學策略：優質教育，快樂學習——各科教學進度內容請參照教學計畫內文說明

  （一）國語領域：聽、說、讀、寫、作，功夫要扎深，課前先預習、課後勤複習

   1.聽、說、讀、寫各方面都會依照教學計畫致力達成目標。

   2.每週四「班級共讀」，並鼓勵參與「新和小書蟲計畫」，增進孩子閱讀理解力。

   3.本學期作文六篇將配合學習單元習寫韻文、記敘文、說明文、應用文。

   4.聯絡簿札記：以短文方式呈現，每週不同主題，提高孩子寫作動機。

  （二）數學領域：專心聽講、多算多問是學習數學的不二法門

   1.為增進對應用題的理解力，指導將題目關鍵詞找出，再進行解題。

   2.每課皆有補充練習題讓孩子多練習，提升思考與運算能力。

  （三）社會領域：情意感受之外，也要著重資料的整理與記憶

   1.以臺灣地理歷史為主軸，搭配影片及圖書等，增加學生對臺灣環境與社會文化的認識。

   2.各單元學習後，為訓練思考與歸納能力，指導整理屬於自己的知識架構圖於社會筆記上。

  （四）綠活地圖：融入各領域教學，指導學生認識新和校園植物，製作植物圖像，植物童詩寫作，全學年合作學習，拼出專屬校園的綠活地圖。

  （五）水水新和：本班配合國語、自然及綜合等領域教學，指導學生認識臺灣水環境，進行校園與新店溪水質檢測，並重整校園溼地水池生態等行動體驗學習後，能知水、親水、愛水，更加愛護環境，珍惜資源，尊重自然。

表5-6　（續）

七、評量方式：採多元評量的方式，如：發表、實作、表演、作業、紙筆等，尊重孩子的多
　　元智慧
　　（一）評量著重意願態度、思考、知識理解、表現應用等四個面向評量學生表現。
　　（二）國、數、社平時分數與定期評量（月考）各占50%，自然平時分數占70%，定期
　　　　　評量（月考）占30%。
　　（三）定期評量（紙筆測驗）時間：期中考11/1～11/2、期末考1/8～1/9。

八、親師交流道：
　　（一）輔導管教：
　　　　1.每個孩子都是父母心中的寶，也是老師的寶，因材施教，給予無私的愛。
　　　　2.重視生命與品格教育，孩子難免犯小錯，老師會耐心規勸，引導孩子改過遷
　　　　　善，存好心、說好話、做好事。
　　　　3.鼓勵智慧存款，多讀好書；下課時鼓勵學生走出教室舒緩身心、多運動。
　　　　4.竭盡所能為孩子們營造最佳的學習與成長環境，當孩子犯錯或違規時，必定讓
　　　　　孩子知道錯在哪裡。
　　　　5.學生之間有衝突或誤會時，請交由老師處理，我的原則是：公平、明確、合
　　　　　理；必要時再請家長出面商量解決之道。
　　（二）聯絡溝通：
　　　　1.平常歡迎透過聯絡簿反應意見或告知聯絡事項。
　　　　2.若有要事需以電話聯絡，請電（02）29400170轉325或0933******。
　　　　3.也可以伊媚兒：a****@ms.hhps.tpc.edu.tw。
　　　　4.對老師有任何意見，基於愛護的立場和快速解決問題的觀點，請直接告訴老
　　　　　師，一定虛心受教。
　　（三）本學期重要活動：(1)9/8家長日；(2)10/18校外教學：○山國小校際文化交流；
　　　　　(3)11/1～2期中評量；(4)11/24校運會；(5)1/8～9期末評量；(6)1/18休業式。
　　（四）家長配合事項：
　　　　1.請每天簽閱孩子的聯絡簿和功課，並督促孩子睡前自己整理書包。
　　　　2.為了孩子的健康及上課精神著想，請儘量讓孩子吃完早餐再到校。
　　　　3.讓孩子多做家事，培養生活自理能力與良好的衛生整潔習慣。
　　　　4.請多鼓勵，多瞭解孩子學習的情形，多發覺問題點並給予指導協助。
　　　　5.孩子若需請假請先通知（電話或聯絡簿），兩天以上假需填寫請假單。

親愛的家長：
　　由衷的謝謝您的蒞臨，您與我是孩子教育事業的合夥人，您的參與和支持將給予我最大
的力量，期望與各位家長共同合作，一起成長，讓孩子能在我們有效的溝通中，健康快樂的
成長，正是我們要努力追求的目標，讓我們共創親師生雙贏！感恩！

　　　　　　　　　　　　　　　　　　　　　　　　　　　　　　導師　廖淑妙敬上　9/8

　　班級用心經營，教室氛圍如沐春風，一片祥和；班級若經營不善，師生劍拔弩張，哀鴻遍野，學習當然不會產生。因此，教師可藉由教學檔案的製作，蒐集班級經營與親師溝通的相關文件資料，經過選擇與省思之後，立即修正或精進，並且持續專業成長，如此才能營造教室裡的春天。

四、專業精進與責任

　　教師就是專業人員，2012年頒布的《師資培育白皮書》中更明確揭示，要培育富教育愛的人師、具專業力的經師，以及有執行力的良師，進而實現「培育新時代良師，以發展全球高品質教育」之願景。因此，教師無論職前或在職，都必須持續針對自己有高品質的教學而不斷省思、精進與成長，這是教師應有的職責與作為，良師才能興國。

　　平時除了課程設計與教學、班級經營與輔導之外，為了精進專業提升品質，更應參與教育研究與進修，並規劃個人專業成長計畫且確實執行。在校內可以從事個人進修、領域共備、公開觀課、共同議課、社群運作、讀書會或行動研究等，甚至參與行政事務，促進學校發展。在校外可以參加學分班或學位進修、研討會、發表會、跨校共備、臉書社群等自發性活動，更可以運用社區資源，落實社區整體營造之理念，建立有助於學生學習的環境，或是透過資訊網絡，交換教學心得、發表研究成果等，都可以在教學檔案中呈現教師善盡專業責任的相關資料。例如：表5-7參與成立濕地教育工作坊檔案文件表、表5-8教學輔導教師方案輔導報告，以及表5-9教師專業學習社群自評表等。

表5-7　參與成立溼地教育工作坊檔案文件表

檔案文件內容說明： 　　參與成立溼地教育工作坊，策劃參加全市溼地嘉年華會，帶領學校教師認識生態池活動，以及擔任實習輔導教師等。

表5-7 　（續）

文件本體（可將相關證據、資料黏貼或複製於本表上）：

參與成立溼地教育工作坊

策劃參加溼地嘉年華會

帶領學校教師認識生態池

實習輔導教師聘書

此檔案文件的小省思：

　　第三次輔導實習教師，心中一直是充滿感恩的，因為在生活中，孩子多了一雙眼的關注、多了一雙手的照顧。而在輔導實習教師的過程中，也從她們對教育的憧憬、對孩子的付出，而肯定自己身為實習輔導教師投入教師專業社群的價值。

　　另外因為學年老師相處融洽，一起討論課程，成立溼地教育工作坊，一起實踐創新課程方案，給孩子多元豐富的體驗學習活動。這些不僅是自助助人，更是促使我更積極的對教育社群進行奉獻，我樂此不疲呢！

表5-8　教學輔導教師方案輔導報告

新和國民小學○學年度辦理教學輔導教師方案
輔導報告

教學輔導教師姓名：<u>　　　　廖淑妙　　　　</u>　　服務對象姓名：<u>林○○</u>

一、輔導活動項目與次數：

輔導活動項目	次數
1. 協助服務對象瞭解與適應班級、學校、社區及教職的環境。	1
2. 觀察服務對象的教學，提供回饋與建議。	5
3. 與服務對象共同反省教學，協助服務對象建立教學檔案。	5
4. 其他教學性的事務上提供建議與協助，例如：分享教學資源與材料、協助設計課程、示範教學、協助改善班級經營與親師溝通、協助進行學習評量等。	8
5. 其他：共同閱讀專書及議題討論、社群團隊進行個案研討、分享參加教師專業發展評鑑的經驗。	3

二、活動內容摘要：
1. 相見歡：三不（不要害怕、不要有壓力、不要無聊）與三要（要有伴、要有用、要有成長）原則。
2. 安排教學輔導時間：找出共同空堂時間（週二、週五），以進行輔導成長活動。
3. 協助夥伴教師瞭解與適應班級、學校、社區等教職環境與文化。
4. 與夥伴教師共同備課，進行教學專業層面之研討對話與經驗分享。
5. 觀察夥伴教師的教學，提供回饋與建議，給予支持與鼓勵。
6. 進行示範教學，並提供教學資源與材料，協助設計課程及提供學習評量建議。
7. 協助班級經營，討論班級教學現況，提供班級輔導經驗做參考。
8. 共同閱讀專業書籍及議題資料，並討論分享專業成長。
9. 分享參加教師專業發展評鑑的經驗，以社群團隊學習進行個案研討，專業對話成長。
10. 協助夥伴教師建立個人教學檔案，進行教學檔案製作。
11. 共同省思教學，分享教學策略與經驗，協助研擬具體可行之成長計畫。

三、對活動內容與過程的省思：
　　夥伴教師為新進之長期代理教師，之前曾在他校擔任資源班代理教師一年，後來休息一年，從未有自然科教學與班級經營等經驗，同為自然領域高年級教師，又擔任自然領域召集人，很希望透過教學輔導教師計畫，增進夥伴教師教學專業，以提升教與學的成效。

表5-8 （續）

　　夥伴教師經由教學輔導教師的協助、支持，能減少摸索與嘗試錯誤的時間，而且藉由共同備課、教學觀察、反省回饋、建議修正，經過不斷的能量加乘、攜手成長專業精進，教育的路將會走得更優質、更長遠。

　　「見賢思齊，見不賢而內自省也」，在輔導夥伴教師的過程中，自己也不斷檢視自己的教學，自己也成長許多。對於夥伴教師的優點給予肯定和鼓勵外，更可相互學習，而輔導歷程中也讓我有許多深思和學習的機會，更加提升自己的專業知能。

四、建議：
1. 對學校的建議：安排兩節以上共同空堂，以利進行輔導成長活動。
2. 對教學輔導教師制度的建議：放寬教學輔導教師儲訓辦法，鼓勵更多資深優秀教師參與，若能形成教學輔導教師專業團隊，深耕教育現場，校、親、師、生之福也。

五、其他：輔導成長活動照片

表5-9 教師專業學習社群自評表

新和國小○學年度教師專業學習社群自評表

教師姓名：廖淑妙　　　　　　任教年級：五年級　　　　任教科目：自然與生活科技
社群名稱：兒童文學讀書會　　檢核日期：○.05.14

檢核項目	自評			備註
	優	良	繼續努力	
1. 對於社群的活動都能積極參與、分擔責任。	■	□	□	1. 主動參與兒童讀書會社群，擔任引言及導讀。
2. 能表現互助合作的態度和行動。	■	□	□	
3. 能積極透過專業對話與交流，進行群體學習。	■	□	□	
4. 協同研發課程、編製教材或設計教法，以符合學生不同的學習需求，提升學習的成效。	■	□	□	2. 設計讀本《再被狐狸騙一次》閱讀教法並分享經驗。
5. 能分享個人的專業經驗、構想或表現成果。	■	□	□	
6. 提出專業上所遭遇的疑難問題，或針對當前重要的教育議題，協同提出解決方案。	■	□	□	3. 目前參與率達80%（4/5）。

表5-9 （續）

檢核項目	自評			備註
	優	良	繼續努力	
7. 積極參與校內外各種專業學習社群成長活動。	■	☐	☐	
8. 能共同學習新的知識、技能與態度，或檢視本身既有的知能、信念與態度。	■	☐	☐	4. 運用閱讀理解及學習共同體策略於自然領域教學，有效提升學習興趣與成效。
9. 專業學習社群之參與程度（優：出席率達90%；良：出席率達70%）	■	☐	☐	
10. 能把在社群中所學習的新知識、新技能、新態度，或所發展的新課程、新教材、新教法、新解決方案等，應用在專業實務工作上。	■	☐	☐	
11. 能對實踐行動的過程與結果進行省思對話，以驗證原本的假設，並深化學習的內涵。	■	☐	☐	
12. 能熱心研討改進本身專業實務或學校發展的議題，並積極嘗試將所學到的觀念或策略付諸行動。	■	☐	☐	
13. 持續檢視學生學習成效或學習態度等的改變情形，據以探究精進的方向，尋求專業成長。	■	☐	☐	

【自評意見陳述】（請就前面勾選結果提供文字說明）：

收穫與省思	參加兒童文學讀書會專業學習社群，不僅提升了自己的專業，更是為了成就學生。透過一本本專書或繪本的閱讀，再至讀書會中與夥伴們專業對話與分享、回饋與反思，不斷地激盪出更多創意思考的火花，如何運用於教學現場，幫助學生有效學習，是最大的收穫與目的。 　　社群聚會上氛圍溫馨、和樂融融，總是在活動中輕鬆充電。社群夥伴們不藏私、合作共好，總是在每次活動後能量滿滿。自己擔任引言及導讀，並設計教材教法、分享經驗，夥伴們肯定與回饋，自己獲益卻是最多。
專業成長構想	目前任教高年級自然，自己在自然教室布置科學圖書櫃已經多年，發現學生主動會去取閱圖書的情形不多，科普閱讀的推展實在尚待努力，期望自己在科普閱讀的推展上能精進成長。因此持續參與讀書會或校外科普工作坊，期待更有能力去做努力。
社群參與照片	

　　教師的專業精進與責任，就是從參與教育研習、進修與研究的個人專業成長活動，擴大到參與教師專業學習社群，持續對話、合作、分享與省思，並積極投入學校事務發展的協作與領導，進而統整校內及社區多元資源，設計教學活動，幫助學生提升學習成效。端賴教師秉持教育熱情與良知，認真精進、善盡職責，積極主動自發性地去實踐，以增進課堂教學能力，為高品質的教學而努力向前，這就是責任良師的典型風範。

　　製作教學檔案就是敘說教師個人專業成長的生命故事，再藉由自評與互評、同儕對話與分享、關懷自我、成就他人，期許自己成為一位立己達人、行為世範的志業良師。

五、檔案省思與成長

　　張德銳等人（2014a）認為，教學檔案開展了教師教學反省的另一個重要途徑，這種省思的過程，伴隨著教師自我專業成長的熱切需求，可成為提升教師專業能力的重要方式。教學檔案記錄教師一段時間的教學全貌與成就，所以教師所省思的內容，不僅只是教學檔案的形式而已，更需要根據有效教學的面向及教育部教師專業發展評鑑105年版（精緻版）規準，澈底省思教學的脈絡與親師生互動情形，方能達到藉由教學檔案省思教學的目的。

　　「自評即省思」，教學檔案的自評就是自我教學的省思。製作教學檔案最重要的目的就是藉由教學的所有歷程紀錄來省思自己的教學，並判斷策略的優劣得失，以決定再教學時所要採用的教學方式及策略。在教學檔案製作的過程中，不斷省思改善與精進之後，更要落實執行專業成長計畫，才能提升教育的品質。因此，教學檔案就是將省思付諸行動的載體，更是讓自我能持續努力成長的推進器。如表5-10教學檔案省思紀錄表。

表5-10　教學檔案省思紀錄表

教學檔案省思紀錄表

教師姓名：廖淑妙　　　任教年級：五年級　　　任教科目：自然與生活科技

層面	指標	教學檔案優點	還可以改善或精進之處
A. 課程設計與教學	A-1參照課程綱要與學生特質明訂教學目標，進行課程與教學設計。	1. 研擬課程計畫、單元教案等清楚詳盡，並對教學做省思改進。 2. 適度轉化教科書內容，製作PPT簡報，自編補充教材和學習單。	可擬定補救教學計畫，以利補救教學後，再次檢核與分析成效。
	A-4運用多元評量方式，評估學生能力與提供學習回饋，並調整教學。	1. 設計及運用多元評量方式，並分析評量結果，提供個別指導。 2. 利用課後時間進行個別性補救教學。	1. 考量特教學生需求，可擬定與運用差異化的評量策略。 2. 調整教學及補救教學後，進行省思與記錄。
B. 班級經營與輔導	B-1建立課堂規範，並適切回應學生的行為表現。	訂定班級經營目標、自然課約定及分工服務表。	可訂定服務成效檢核方式，並附上執行紀錄。
	B-3瞭解學生個別差異，協助學生適性發展。	建立學生資料瞭解差異，並利用省思札記摘錄班級偶發事件及學生特殊事件處理結果。	應該再附上協助特教學生的輔導策略、作為與心得。
	B-4促進親師溝通與合作。	訂定班級經營目標與計畫，與家長保持聯繫。	可多檢附家長協助班級教學活動的成果資料。
C. 專業精進與責任	C-1參與教育研究、致力專業成長。	參與校內外研習進修、社群及領域研討、專業實踐分享與發表，並參加教師專業發展評鑑專業成長。	教育研究成果可參加教案設計或教具比賽。
	C-2參與學校事務，展現協作與影響力。	1. 擔任社群及領域召集人，並進行校內外發表分享。 2. 擔任教專講師、輔導夥伴及教學輔導教師等職務，促進校內外教師專業發展。 3. 製作妙妙紙本教學檔案及數位檔案等，分享及協助校內外同儕展現專業。	教學檔案要不斷省思修正，有發展性，可分享予更多夥伴。

表5-10　（續）

| 教學檔案照片 | 妙妙紙本教學檔案 | 妙妙數位教學檔案 | 妙妙的教學網站 |

　　教學檔案就是一位教師專業成長的歷程，透過認識自己與環境、課程設計與教學、班級經營與輔導、專業精進與責任、檔案省思與成長等內涵的呈現，進而經由「計畫→教學→省思→再教學」不斷的循環歷程，與自己對話、與他人對話、交流分享、學習成長，再創教學高峰，嘉惠莘莘學子。

　　製作教學檔案的目的並非用來競賽或展現優勢，而是透過教學檔案，成就「教師的教」與「學生的學」，讓自己的有效教學方法、策略與成果，分享給校內外的同儕夥伴們；更可以為自己的教育之路留下點滴的紀錄，深信只要有心有力持續做下去，自然很快能看見教學檔案帶來的教學成就與成長喜悅。

第三節　教學檔案的評量

　　教師在一段時間的「教」與「學」之後，運用教學檔案進行系統性教學資料的蒐集、選擇與省思，將原本吸收的內隱知識，轉化為清楚有系統的外顯知識，這些歷程紀錄其實就是教師個人的專業知識管理和教育行為。每個階段的教學檔案製作完畢之後，教師可以運用評量工具來檢核自己在教學觀察中無法呈現的相關資料，藉以瞭解自己教學表現的全貌，並研擬教學精進策略及專業成長計畫。教學檔案可以自我評量，也可以請同儕夥伴協助評量檔案，藉由「計畫→教學→省思→再教學」不斷的循環機

制，增進自己的課堂教學能力。

壹、教學檔案評量的流程

　　教學檔案評量的流程必須在評量前做好各種準備工作，包括取得受評教師的教學檔案、安排評量的時間與空間、備妥評量表格與相關文具等。接著進行檔案內容的評量，教師應依據教育部教師專業發展評鑑105年版（精緻版）規準或校本規準的檢核重點進行評量，並可參考內涵說明、評定等級與行為描述的內容。評鑑人員若有兩人以上，必須先各自評量教學檔案，針對評量結果不一致時，應協商討論，以達到評量結果的共識，或請第三者另行評量。最後進行評量後的回饋與分享，包括完成教學檔案評量紀錄表、給予受評教師回饋意見、協助改善教學檔案內容，甚至鼓勵受評教師精緻自己的教學檔案，並與同儕教師分享教學檔案的製作內涵等。茲將教學檔案評量的實施流程整理如圖5-6。

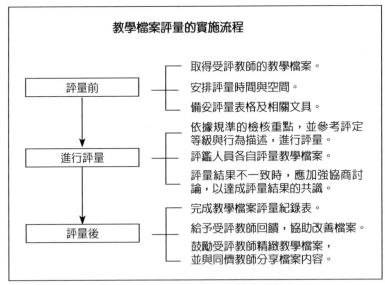

圖5-6　教學檔案評量的實施流程圖

　　教學檔案的製作除了平時教學相關文件的省思之外，最後必須匯集檔案的自評與他評內容，完成量化和質性的綜合報告表，並擬定專業成長計

畫（詳見第六章評鑑結果與專業成長計畫）。受評教師在瞭解教學檔案需要改善的項目後加以修正，評鑑人員更可以鼓勵受評教師精緻與深化自己的教學檔案，並與同儕教師分享檔案內容和心得，如此方能真正達到教學檔案評量，以促進教師專業成長的最終目標。

貳、教學檔案評量的原則

教學檔案依據教育部教師專業發展評鑑105年版（精緻版）規準或校本規準做自我檢核後，發現自己在課程設計與教學、班級經營與輔導、專業精進與責任各方面有待加強之處，則需更新資料或調整教學，並藉由教學檔案互評來提升自己的教學品質。評量教學檔案就像評鑑人員打開窗戶，看見受評者教學的藍天一樣，對評鑑人員而言是一種深度學習。

教學檔案要先求有，再求好，再求精緻。若要檔案更精緻，則需再詳細說明所附資料的標題、內涵、使用時機與省思等內容。在檔案評量時，評鑑人員應就教學檔案所呈現的事實性資料進行評量，即便資料不足或文件不全，也應具體客觀的寫下來，這是證據本位的評量，而非評鑑人員自己想當然耳的主觀推論。在教學檔案評量的過程中，有一些原則，詳細說明如下：

一、檔案評量應與規準結合

製作檔案可採用漸進方式，在初次建置教學檔案時，應該先參考教育部教師專業發展評鑑105年版（精緻版）規準，根據層面、指標及檢核重點來進行自評和互評，而內涵說明、評定等級與行為描述，更可以幫助評鑑者瞭解受評者是否達成教學檔案應有的規範，同時也力求受評者能完整呈現教學檔案的內容。當製作檔案的規準與技巧成熟時，則可嘗試以不同的主題或形式等創意來呈現教學檔案不同的風貌。

二、檔案評量應與教學結合

檔案製作若離開教學，則淪為教師個人興趣或主觀蒐集自己想要的資料，就不能成為真正的教學檔案。因此，評鑑人員需在教學檔案裡看見受評者明確呈現與教學目標、教材教法、課程內涵、多元評量、班級經營、研究進修等相關的資料。而所附計畫、教學與評量等文件紀錄，應為同一

教學單元，不宜隨機挑選資料隨意放入。另外，評量教學檔案時，有些檢核重點無法藉由檔案呈現，必須輔以教學觀察和其他證據，方能對受評者的教學表現做出多元、客觀且全面的判斷。

三、檔案評量應與省思結合

進行檔案評量及交流分享時，評鑑人員應該記下：「我看到什麼？我想到什麼？我的疑問是什麼？我可以學到什麼？我的建議是什麼？」等訊息，先自我省思，想想自己是否有不足之處需向受評者學習？或給予回饋意見（含優點與建議）等，最重要就是協助受評者反思與改進教學，並從檔案互評的對話、分享與協作中，相互觀摩、切磋砥礪，促進彼此的專業學習與教學精進，更可以消除製作教學檔案無助於專業成長的迷思。

一份教學檔案若有多位評鑑人員，則需要在評鑑前建立評鑑者觀點的一致性共識，藉由協商、溝通與討論，給予受評者最有價值且最適切的判斷與回饋。

參、教學檔案評量的工具

教學檔案評量的工具，一般使用「教學檔案評量紀錄表」，依照教育部教師專業發展評鑑105年版（精緻版）規準，所有指標僅參考而不勾選，只勾選檢核重點部分，包括：A-1、A-4、B-3、B-4、C-1、C-2中所有的檢核重點及B-1-1等共七個指標、十八項檢核重點。而指標A-2、A-3、B-2內的所有檢核重點和B-1-2是不用評量的，因為那是在教學觀察中才會呈現的內容。教師可在教學檔案裡面附加教學觀察三部曲的「觀察前會談紀錄表」、「教學觀察紀錄表」與「觀察後回饋會談紀錄表」等評鑑結果文件，俾利瞭解教師教學的全貌。

在評量教學檔案時，可參考規準中的內涵說明、評定等級與行為描述，評定等級分為「推薦、通過、待改進」三等第。另外，評鑑人員需針對受評教師表現的事實證據，提出具體客觀的質性描述，最後給予受評者回饋意見，包括優點與建議，以完成教學檔案的互評工作。詳見表5-11教學檔案評量紀錄表。

表5-11　教學檔案評量紀錄表

新和國小○學年度教學檔案評量紀錄表

受評教師：廖淑妙　　　任教年級：五年級　　　任教領域／科目：自然與生活科技
評鑑人員：林碧慧　　　評鑑日期：○年5月14日

層面	指標／檢核重點	教師表現／回饋意見	評量		
			推薦	通過	待改進
A. 課程設計與教學	A-1 參照課程綱要與學生特質明訂教學目標，進行課程與教學設計。				
	A-1-1 參照課程綱要與學生特質明訂教學目標，並研擬課程與教學計畫或個別化教育計畫。	教師表現： 1. 課程計畫。 2. 教學進度表。 3. 研擬單元教案。 4. 主題式教學活動設計詳盡清楚，包括設計理念、教學步驟、資源網站及教學省思展望等內涵。 回饋意見： 能充分展現課程設計能力，且內容相當完善。	✓		
	A-1-2 依據教學目標與學生需求，選編適合之教材。	教師表現： 1. 轉化教科書內容，自編水水新和校本溼地課程，並與環境教育結合。 2. 自編補充教材和學習單。 3. 配合教材製作PPT簡報。 回饋意見： 能根據學生需求與教科書單元，配合環境教育議題，編選適合的教材，設計用心、教材適切。	✓		
	A-4 運用多元評量方式評估學生能力，提供學習回饋並調整教學。				
	A-4-1 運用多元評量方式，評估學生學習成效。	教師表現： 1. 設計學習單、作業、分組實作等多元評量內容。 2. 能運用校園的生態水池、新店溪陽光運動公園、臺北市社六溼地、大溝溪治水園區電子書及網站等多元資訊評估成效。 回饋意見： 1. 教學流程中運用多元評量，隨時檢核學生學習成效，達成學習目標。 2. 評量內容多元且富創意，但紙筆測驗分量可以再精簡一些。		✓	

表5-11　（續）

層面	指標／檢核重點	教師表現／回饋意見	評量		
			推薦	通過	待改進
	A-4-2分析評量結果，適時提供學生適切的學習回饋。	教師表現： 1.將學生答錯的題目加以量化分析，並請學生逐一訂正於考卷中。 2.對全年級的段考成績進行量化分析，省思教學結果。 回饋意見： 評量方式多元適切，並分析評量結果，提供個別學生的指導。		√	
	A-4-3根據評量結果調整教學。	教師表現： 根據評量結果，教師自製自然課簡介PPT，於課中採用學習共同體分組討論方式思考互學。 回饋意見： 能適時調整教學內容，讓每位學生都能真正學會。		√	
	A-4-4運用評量結果規劃實施充實或補強性課程。（選用）	教師表現： 利用課後時間留校進行個別性補救教學。 回饋意見： 對於充實性課程較少琢磨，建議針對資優學生設計加深加廣課程，例如：上網搜尋相關資料或提供自主學習的機會。		√	
B.班級經營與輔導	B-1 建立課堂規範，並適切回應學生的行為表現。				
	B-1-1建立有助於學生學習的課堂規範。	教師表現： 1.自然課的約定分工服務表。 2.訂定自然課約定，附上學生表現一覽表。 3.自然課班級經營目標概況與布置。 回饋意見： 建議訂定自然課操作實驗時的安全規範，以提醒學生注意實驗室安全。	√		
	B-3 瞭解學生個別差異，協助學生適性發展。				

表5-11 （續）

層面	指標／檢核重點	教師表現／回饋意見	評量		
			推薦	通過	待改進
	B-3-1 建立並分析學生輔導的相關資料，瞭解學生差異。	教師表現： 利用A卡及B卡建置所有學生的輔導資料，並分析學生的個別差異。 回饋意見： 班上的特殊孩子雖然在某些行為上較以往已有明顯的改善，但是仍未達到一般孩子應有的理想表現程度，老師仍有努力的空間，希望對於某些特殊孩子有進一步的輔導工作。	√		
	B-3-2 運用學生輔導的相關資料，有效引導學生適性發展。	教師表現： 利用省思札記，摘錄班級偶發事件及學生特殊事件處理結果。 回饋意見： 有關班級偶發事件處理及輔導，可適時知會班上其他任課教師，共同協助學生適性發展。	√		
B-4 促進親師溝通與合作。					
	B-4-1 運用多元溝通方式，向家長說明教學、評量與班級經營理念及作法。	教師表現： 1. 班級經營目標與計畫。 2. 給家長的一封信，聽取意見並隨時與家長保持聯絡。 回饋意見： 以正向態度處理親師溝通，透過具體的書面資料，有效聯繫親師間的情誼。	√		
	B-4-2 通知家長有關學生在校學習、生活及其他表現情形，促進家長共同關心和協助學生學習與發展。	教師表現： 編輯《親師物語》與家長聯繫。 回饋意見： 以《親師物語》與家長聯繫，可以有效促進親師合作，共創校親師生四贏及教育新局面。	√		

表5-11　（續）

層面	指標／檢核重點	教師表現／回饋意見	評量		
			推薦	通過	待改進
C.專業精進與責任	C-1 參與教育研究、致力專業成長。				
	C-1-1 規劃個人專業成長計畫，並確實執行。	教師表現： 1. 設計研習時數統計表。 2. 個人參加教師專業發展評鑑的專業成長計畫表。 回饋意見： 受評教師擔任教專講師，積極投入自我專業能力的進修。	√		
	C-1-2 參與教育研習、進修與研究，並將所學融入專業實踐。	教師表現： 1. 參加兒童文學讀書會社群。 2. 參與校內外進修研習。 回饋意見： 做了很多的教材研發與分享，充分參與校內外研習進修，並融入教學中。	√		
	C-1-3 分享或發表專業實踐或研究的成果。（選用）	教師表現： 1. 領域會議紀錄。 2. 專業分享統計表。 回饋意見： 除紙本教學檔案之外，還自製數位教學檔案及教學網站，分享和發表自己的專業實踐成果。	√		
	C-2 參與學校事務，展現協作與影響力。				
	C-2-1 參與學校相關教學、輔導或行政事務，建立同儕合作關係。	教師表現： 1. 參加教師專業發展評鑑計畫，進行自評、他評及專業成長活動。 2. 擔任自然領域召集人，並進行領域課程發表，常至校內外經驗分享。 回饋意見： 1. 受評教師積極參與校內教學與行政事務，與學校同仁合作愉快、相處融洽。 2. 建議若有行政人員出缺，可考慮兼任組長或主任要職。	√		

表5-11　（續）

層面	指標／檢核重點	教師表現／回饋意見	評量		
			推薦	通過	待改進
	C-2-2 參與教師專業學習社群，持續對話、合作、分享與省思，促進學生學習與學校發展。	教師表現： 1.擔任教學輔導教師及實習輔導教師等職務。 2.組織讀書會及社群，協助同儕專業成長。 回饋意見： 1.投入多項專業學習社群，例如：兒童繪本讀書會、濕地教育工作坊等。 2.負責閩南語演講種子學生培訓。 3.擔任教學輔導教師，協助新進教師成長，敬業負責，態度良好。 4.擔任實習輔導教師，協助長期代理教師專業成長。	✓		
	C-2-3 發揮教師專業影響力，支持、協助與促進同儕專業表現。	教師表現： 1.製作妙妙紙本教學檔案及數位檔案，分享及協助同儕專業表現。 2.擔任教師專業發展評鑑講師與輔導夥伴，發揮影響力，促進校內外教師專業發展。 回饋意見： 為教育投入心血甚多，榮獲資深優良教師，實至名歸，令人感佩。	✓		
	C-2-4 運用或整合社區資源，建立有利於學生學習的夥伴關係。（選用）	教師表現： 運用校園的生態水池、新店溪陽光運動公園和臺北市社六溼地等多元資源，建立夥伴關係，協助學生多元展能。 回饋意見： 能實際運用社區資源與本身的自然領域專業相結合，有利於學生認識自己的生長環境與自然生態。	✓		

　　教學檔案自評和他評之後的省思很重要，受評教師應藉由教學檔案評量的回饋意見引發反思，並在反思中專業成長，由成長中建立自信，有助於自己課堂教學能力的提升與班級經營技巧的精進。

肆、教學檔案評量的結果

進行教學檔案評量時，評鑑人員若有兩人以上同時評量一本檔案，則必須討論出評量的標準並建立共識。教育部教師專業發展評鑑105年版（精緻版）規準中的內涵說明、評定等級與行為描述，可以具體引導評鑑人員來評量受評者的實際教學表現，並區分出「推薦、通過、待改進」的差異，建立評鑑者評分的效度與信度，達到公平性與客觀性，俾利具體引導受評者可以改進並專業成長的方向，甚至精緻自己的教學檔案，讓內容更創新多元，更有參考價值。

當一份檔案給予不同評鑑者評量時，必須建立教學檔案評量的一致性，目的是讓評鑑者對於檢核重點的認定標準能夠儘量趨於一致。而「一致性係數」的計算，可以用來區分兩人以上評量教學檔案的結果是否達到一致性，計算方式是以「評鑑的檢核重點數目」為分母，「達成一致性的數目」為分子來計算。係數在0.85以上，表示評量結果達到一致性；若係數在0.85以下，則表示評量結果不一致。係數愈高，一致性愈高，但係數的高低僅代表評鑑人員們共識度的高低，並非受評教師教學檔案的優劣好壞。說明如表5-12一致性計算示例。

表5-12　一致性計算示例

評鑑者A師				評鑑者B師				評量結果
檢核重點	推薦	通過	待改進	檢核重點	推薦	通過	待改進	一致性打 ✓
A-1-1	✓			A-1-1	✓			✓
A-1-2	✓			A-1-2	✓			✓
A-4-1	✓			A-4-1		✓		
A-4-2		✓		A-4-2		✓		✓
A-4-3		✓		A-4-3		✓		✓
A-4-4			✓	A-4-4		✓		
B-1-1	✓			B-1-1	✓			✓
B-3-1			✓	B-3-1		✓		
B-3-2			✓	B-3-2			✓	✓

表5-12 　（續）

評鑑者A師				評鑑者B師				評量結果
檢核重點	推薦	通過	待改進	檢核重點	推薦	通過	待改進	一致性打√
B-4-1		√		B-4-1		√		√
B-4-2		√		B-4-2			√	
C-1-1		√		C-1-1		√		√
C-1-2		√		C-1-2		√		√
C-1-3			√	C-1-3			√	√
C-2-1		√		C-2-1		√		√
C-2-2	√			C-2-2		√		
C-2-3		√		C-2-3		√		√
C-2-4			√	C-2-4			√	√

　　表5-12是三個表現等級（推薦、通過、待改進）的計算方式，兩位評鑑人員看法一致的數目為13，檢核重點的數目為18，一致性係數=13/18=0.72，一致性係數低於0.85，表示評鑑者之間的看法不一致，必須再討論對話以形成共識，甚至建議多看幾份教學檔案，以充分瞭解教學檔案評量的內容。

　　教學檔案評量的內容必須依據事實性的資料，給予受評者最公正客觀的評斷，因此在進行檔案評量的過程中，彼此的分享與對話就是教學檔案評量成功的關鍵因素。而教學檔案製作與評量的動態歷程，就是評鑑者與受評者最佳的專業成長模式。

第四節　教學檔案的運用

　　教學檔案是教育部教師專業發展評鑑中重要的評鑑利器之一，也是評鑑人才培育與師資職前教育重要的課程，更是教師職涯專業發展進路中不可或缺的工具。俗語說：「一個人走，走得快；一群人走，走得久。」藉由教學檔案評鑑人員素質的提升，給予受評者專業的回饋，讓教師專業持續發展，更能落實103年11月教育部公布的十二年國民基本教育課程綱要

總綱「自發」、「互動」、「共好」的核心理念。因此，善用教學檔案製作後的評量機制，進行省思、交流、回饋與運用，才能達到教學檔案製作的最終目的。

壹、教學檔案的交流形式

教學檔案評量最可貴的地方就是評鑑者與受評者之間的省思、分享、對話、觀摩與學習，在檔案製作上彼此交流得失經驗，藉由教學檔案的層面、指標、檢核重點、內涵說明、評定等級與行為描述等規準內容，一步步澄清自己在課程設計與教學、班級經營與輔導、專業精進與責任等各層面的疑惑與不足，進而修正並澄清自己教學的盲點。

同儕間的專業分享與對話是激發教師專業發展的動能，在教學檔案評量的過程中，評鑑人員若能多給予受評教師專業的建議，並且建立受評者製作教學檔案的信心，如此將有助於提升教學檔案製作的品質與精緻度，更能形塑學校教與學對話的教師文化。以下介紹幾種現今教學檔案交流的形式，作為教師教學檔案製作、評量與觀摩學習的參考。

一、校內交流

教師教學檔案製作完成之後，在校內可與同事分享交流對話；也可以在校內的社群中發表，讓製作檔案的教師可以得到許多的回饋；更可以舉辦全校性教學檔案競賽，教師們彼此觀摩學習，讓教學檔案製作、評量與運用成為校內專業成長的增能活動。

二、校外交流

當校內教師的教學檔案製作氛圍成熟後，可以與鄰近學校的教師交流分享，舉辦工作坊或觀摩會等研習活動。如果校內有各縣市輔導團成員或者教師專業發展評鑑的輔導夥伴，甚至可以到校外分享，或邀請校外專業的教師到校內分享成果，也是不錯的交流方式。

三、徵件比賽

為鼓勵教師分享教學檔案製作的經驗，協助教師認識教學檔案之功能，以便提供優良教學檔案範例，厚實教學檔案研習課程之內容。中央與地方單位均辦理優良教學檔案徵件比賽，讓教學現場的教師有更多觀摩成長的機會。

(一) 教育部

當教師依據教育部教師專業發展評鑑105年版（精緻版）規準製作與評量教學檔案之後，更可以依據自己檔案的主題或特色，規劃製作個人獨特風格的教學檔案。為強化教師系統思考能力，培養教師有效管理知識之觀念，並引導教師覺察教學問題，體認透過省思改進教學之必要，教育部辦理中小學教師專業發展評鑑優良教學檔案徵選活動，評選規準分為四個面向：形式表現占10%、資料選擇占30%、內容組織占20%、成果省思占40%，這些評選規準可以作為教師製作教學檔案的參考。103學年度中小學教師專業發展評鑑優良教學檔案徵選辦法可以參考「精緻教師專業發展評鑑網」（https://atepd.moe.gov.tw/）或「教專Easy Go！」部落格（http://blog.udn.com/twblog010/62223825?f=lineshare）。

葉興華（2015）提及優良教學檔案的特徵有四：清晰基本的形式表現、展現智慧的資料選擇、呈現計畫的內容組織、問題解決的成果省思。她又從優良檔案的獲獎作品中，分析出主題的選擇、架構的訂定、資料的分析、資料的整理、運用的目的、資料的處理、呈現的技巧與資料的省思等八個不同方向的作品特色。所以，匯集教師智慧，展現教學專業，交織出各式各樣的檔案內容與教學故事，就是一份能夠幫助教師專業成長，進而提升學生學習成效的優良教學檔案。

此次優良教學檔案獲獎的特優作品中，國小組特優李孟柔老師的教學檔案呈現他在一年級數學建構反應題的教學成長歷程，並透過自我、社群、評鑑三類別九階段的研討與省思，將社群活動與教師專業發展評鑑流程相結合。國中組特優翁桂櫻老師的教學檔案是以地理科「教學」與「學教」不斷循環的過程，藉由自我省思、同儕觀課與學生回饋等方式，微調教學、思索學教，走進孩子的學習，並看到孩子的成長。高中組特優曾莉莉老師以教學檔案記錄學思達教學歷程中，發現問題、蒐集資料、選擇資料、教學省思與改變的成長之路。有關優良教學檔案得獎作品的詳細內容，請參閱教育部師資培育及藝術教育司所編的《匯集智慧、展現專業：11位教師精進教學的故事》專冊，以及所附的光碟片。另外可以在YouTube網站中搜尋到三位特優教師作品的製作過程影片，亦可以在「教

專Easy Go！」部落格中，找到更多優良教學檔案得獎作品的製作歷程與心得。

(二) 臺北市政府教育局

臺北市政府教育局為樹立各校教師教學特色，激勵教師自我成長進修，並促進各校教師經驗交流，提供教師真實具體案例，每年都舉辦教師精進教學檔案及學生精進學習檔案比賽暨觀摩展。教師精進教學檔案部分包括：教學主題研究資料、教學活動設計、各種反饋省思、教育經驗分享資料、自編教材、教師自我成長、教師專業能力的展現、改善教材教法實例、多元評量的應用、學習情境的營造、社會資源的運用和教育哲學的實踐等，凡是與教師教學專業成長有關的各項議題，均可提出具體事實的資料來參加比賽。以下呈現圖5-7臺北市104年度教師教學檔案與學生學習檔案比賽特優和優選作品的網路書櫃連結網址，以及圖5-8榮獲教學檔案特優的東門國小柯堪佩老師「輕鬆教音樂、快樂練合唱」的電子繪本封面與目錄的連結網址。

圖5-7　臺北市104年度教師教學檔案與學生學習檔案特優和優選作品的網路書櫃

資料來源：http://ebook.tmups.tp.edu.tw/ebook/main.php?ebk=5

圖5-8　臺北市東門國小柯堪佩老師的電子繪本封面與目錄

資料來源：http://ebook.tmups.tp.edu.tw/ebook/book/tmp/book35/

　　臺北市教學檔案製作的評鑑標準，分為形式、內容與成果三大部分，以符合「清晰性」10分、「統整性」25分、「適切性」15分、「真實性」15分、「創造性」15分和「應用性」20分，並訂有具體的檢核細目。所有特優及優選作品可搜尋臺北市士林區天母國民小學全球資訊網（http://www.tmups.tp.edu.tw/），並點選右上角的「天母圖書雲」按鈕，便可連結103年度和104年度臺北市國小教師教學檔案特優及優選作品的網路書櫃，而且都以電子繪本方式呈現，非常容易翻閱操作並觀摩學習。

　　在現今網路資訊發達的工業4.0時代，教學檔案分享與交流的機會信手拈來，方便迅速，各種數位化教學檔案、教學檔案部落格和優良教學檔案作品等，提供許多教師彼此觀摩與學習的機會，只要願意製作教學檔案，就能為自己的教學生涯留下美好充實的點滴紀錄。

貳、教學檔案的運用途徑

誠如本章第一節所言，運用教學檔案最重要的目的就是促進教師專業成長。只有教師專業成長，才能提升學生的學習成效，進而負起績效責任；也唯有如此，才能作為教師甄試與教師生涯進階等人事決定的依據。

教學檔案參照評鑑規準，經過教師的自評與同儕的他評之後，結合教學觀察評鑑結果，匯入綜合報告表中，再由綜合報告表找到未達標待改進的項目，以及達標且可以更精進的項目，接著與評鑑人員共同擬定專業成長計畫，並落實成長活動，故教學檔案的運用途徑有三種：

一、專業發展

教學檔案最重要的目的就是促進教師專業發展，透過教師認識自己與環境、課程設計與教學、班級經營與輔導、專業精進與責任等內涵的呈現，再經過自評與互評的過程，藉由同儕教師一雙雙善意的眼睛、一句句溫馨的對話及一位位社群同事的攜手同心，陪伴著製作教學檔案的教師走一段專業又永續發展的道路。

二、校務評鑑

在各縣市教育局（處）所辦理的校務評鑑，教師教學與專業發展向度的檢核指標中，唯有教學檔案是最足以呈現教師教學全貌的書面資料，因為它是一位教師教學的事實性紀錄，也是學生學習成效的具體事證，更有助於校務的運作與發展。

三、教師甄試

教學檔案記載著教師的教與學生的學，它督促著教師負起績效責任，因此在辦理教師甄試的口試階段，教學檔案就是教師教學表現最有力的佐證資料，口試委員更可從中瞭解教師在試教時所無法呈現的事實性資料。所以，充實自己的教學檔案在人事決定上有加分的作用。對於身為「首席教師」的校長而言，在遴聘和評選時，也會有實質的助益。

檔案的建立在職前師資培育時，製作「學習成長檔案」；在教學實習時，可以製作「教學實習檔案」，這些都可以作為教師甄試時的佐證資料；而在職後，製作教學檔案，可以作為教學、班經、進修、遷調、升任、行政與評鑑的輔助工具，這些都是教學檔案運用的項目。

　　教師是專業工作者,要成為有專業力的經師、有教育愛的人師,更要是有執行力的良師,而良師才能興國。教學檔案的製作、評量與運用都是針對教師專業成長而來,更呼應107年課綱中教師專業發展的實施內涵與支持系統。「專業是教師唯一的生存發展之道」,而教學檔案就是教師專業成長的具體展現。

康心怡

▊第六章▊

評鑑結果與專業成長計畫

　　「專業發展導向教師評鑑」係以教師評鑑為手段，促進教師專業發展為目的，是一種形成性的評鑑方式，因此，評鑑結果不會是教師評鑑的結束，而是指引教師專業發展的方向，讓教師可以接續進行專業成長活動。教師依循評鑑的結果，可與評鑑人員協商討論改善或精進計畫，積極參與各項專業成長的進修活動，以提升專業知能並增進學生學習成效。此外，學校亦可根據教師評鑑的結果，提供新手教師、能力待精進、自願成長及有經驗教師的專業發展資源，有效符應不同教師的專業成長需求，以鼓勵教師持續進修與研究。

　　為讓讀者瞭解評鑑結果是指引專業發展的方向，本章首先探討評鑑的結果與應用，再論述專業成長的意義、目的與途徑，最後再說明專業成長計畫擬定、實施與檢核。

第一節　評鑑結果的解讀與應用

　　經由「專業發展導向教師評鑑」的自評與他評過程後，受評教師可以看到呈現評鑑結果的綜合報告表；也經由和評鑑人員的專業對話與討論，瞭解自己的教學表現，並尋求適當的回饋和協助。本節將先解讀評鑑結果，再論述評鑑結果的應用。

壹、評鑑結果的解讀

　　「專業發展導向教師評鑑」的評鑑結果彙整於綜合報告表中，參見表6-1。綜合報告表是一份資料分析表，包括教師自評、教學觀察與教學檔案他評的結果。舉凡教師已具備的教學能力與表現、尚需加強的專業知能都會呈現在綜合報告表內，提供教師與評鑑人員診斷分析，對於肯定教師專業表現與教師專業成長的實踐相當重要。以下逐項說明綜合報告表撰寫及解讀的歷程。

一、綜合報告表的撰寫

　　依據教育部推動教師專業發展評鑑的105年版的規準，綜合報告表包含三個層面表現程度的勾選與質性敘述，即：A層面課程設計與教學、B層面班級經營與輔導及C層面專業精進與責任，共計十個評鑑指標、

二十八個檢核重點（含三個選用）。首先請評鑑人員將「教師自評表」、「教學觀察紀錄表」、「教學檔案評量紀錄表」所得到的結果轉錄於綜合報告表相對應的欄位，最後經由協商討論後，評鑑人員在總評意見中，敘述受評教師教學表現的優點、待精進的地方與具體成長的建議。

　　綜合報告表共有四個欄位的資料需要填入，以下分別就各欄位之意義及填寫方法加以說明：

　　第一欄教師自評欄，轉錄「教師自評表」中各項檢核重點的評定等級於表中相對應的欄位；第二欄教學觀察欄，轉錄「教學觀察紀錄表」中評定等級於表中相對應的欄位；第三欄教學檔案，轉錄「教學檔案評量紀錄表」中評定等級於表中相對應的欄位。繼此三個欄位的下方，有「總評意見」欄，經由評鑑人員與受評教師討論後，在此欄補充敘述教師整體表現的優劣得失、專業成長的排序與具體的改進建議。表6-1是任教於幸福國小三年級的許曉欣（化名）老師的綜合報告表。

表6-1　綜合報告表

一、基本資料：

受評教師：許曉欣　　　　任教年級：三年級　　　　任教領域／科目：語文領域

二、填寫說明：

　　請評鑑人員將「教師自評表」、「教學觀察紀錄表」、「教學檔案評量紀錄表」所得到的結果轉錄於表中相對應欄位，然後在各項評鑑項目上，逐一判斷受評教師是否需要改善。最後再經由與受評教師的討論後，在總評意見中，補充說明受評教師整體表現的優劣得失以及具體改善建議。

表6-1 　（續）

層面	指標	教師自評			教學觀察			教學檔案		
		推薦	通過	待改進	推薦	通過	待改進	推薦	通過	待改進
A. 課程設計與教學	A-1 參照課程綱要與學生特質明訂教學目標，進行課程與教學設計。									
	A-1-1 參照課程綱要與學生特質明訂教學目標，並研擬課程與教學計畫或個別化教育計畫。		√						√	
	A-1-2 依據教學目標與學生需求，選編適合之教材。	√						√		
	A-2 掌握教材內容，實施教學活動，促進學生學習。									
	A-2-1 有效連結學生的新舊知能或生活經驗，引發與維持學生學習動機。		√		√					
	A-2-2 清晰呈現與講解教材內容，協助學生習得重要概念、原則或技能。		√			√				
	A-2-3 提供適當的練習實作或探究性活動，以理解或熟練學習內容。		√			√				
	A-2-4 完成每個學習活動後，適時歸納或總結學習重點。		√			√				
	A-3 運用適切教學策略與溝通技巧，幫助學生學習。									
	A-3-1 運用適切教學方法，引導學生思考、討論或實作。		√				√			
	A-3-2 教學活動中融入學習策略的指導。		√			√				
	A-3-3 運用口語、非口語、教室走動等溝通技巧，幫助學生學習。		√		√					
	A-4 運用多元評量方式評估學生能力，提供學習回饋並調整教學。									
	A-4-1 運用多元評量方式，評估學生學習成效。		√			√			√	

表6-1　（續）

層面	指標	教師自評			教學觀察			教學檔案		
		推薦	通過	待改進	推薦	通過	待改進	推薦	通過	待改進
B.班級經營與輔導	A-4-2 分析評量結果，適時提供學生適切的學習回饋。		✓			✓		✓		
	A-4-3 根據評量結果調整教學。			✓		✓				✓
	A-4-4 運用評量結果規劃實施充實或補強性課程。（選用）		✓						✓	
	B-1建立課堂規範，並適切回應學生的行為表現。									
	B-1-1 建立有助於學生學習的課堂規範。			✓			✓			✓
	B-1-2 適切引導或回應學生的行為表現。		✓			✓				
	B-2 安排學習情境，促進師生互動。									
	B-2-1 安排適切的教學環境與設施，促進師生互動與學生學習。		✓			✓				
	B-2-2 營造溫暖的學習氣氛，促進師生之間的合作關係。		✓				✓			
	B-3 瞭解學生個別差異，協助學生適性發展。									
	B-3-1 建立並分析學生輔導的相關資料，瞭解學生差異。		✓					✓		
	B-3-2 運用學生輔導的相關資料，有效引導學生適性發展。		✓						✓	
	B-4 促進親師溝通與合作。									
	B-4-1 運用多元溝通方式，向家長說明教學、評量與班級經營理念及作法。		✓					✓		
	B-4-2 通知家長有關學生在校學習、生活及其他表現情形，促進家長共同關心和協助學生學習與發展。		✓						✓	

表6-1　（續）

層面	指標	教師自評			教學觀察			教學檔案		
		推薦	通過	待改進	推薦	通過	待改進	推薦	通過	待改進
C. 專業精進與責任	C-1 參與教育研究、致力專業成長。									
	C-1-1 規劃個人專業成長計畫，並確實執行。		√						√	
	C-1-2 參與教育研習、進修與研究，並將所學融入專業實踐。		√						√	
	C-1-3 分享或發表專業實踐或研究的成果。（選用）		√							√
	C-2 參與學校事務，展現協作與影響力。									
	C-2-1 參與學校相關教學、輔導或行政事務，建立同儕合作關係。		√					√		
	C-2-2 參與教師專業學習社群，持續對話、合作、分享與省思，促進學生學習與學校發展。		√						√	
	C-2-3 發揮教師專業影響力，支持、協助與促進同儕專業表現。		√						√	
	C-2-4 運用或整合社區資源，建立有利於學生學習的夥伴關係。（選用）		√							√

三、總評意見（請說明受評教師整體表現的優劣得失以及具體改善建議，如 果空白不夠填寫，請自行加頁）：

> 一、受評教師的優點（建議至少一項，至多五項為原則）：
> 　（一）A層面課程設計與教學
> 　　　1.教師對文本內容熟悉且能充分掌握教材內容，依循步驟引導學生查字典、讀生詞、寫短文。教師對於焦點學生高度關注且給予個別指導。
> 　　　2.教師運用與學生相同的畫紙，示範農耕圖的畫法與大小比例，要求並鼓勵學生跟著練習，讓學生在積極且安靜的班級學習氣氛中工作。
> 　　　3.在評量方面，教師運用工作本、學習流程照片與工作札記檢視學生學習成效，在學生工作的同時，教師在行間指導學生並回答學生問題。
> 　　　4.在教學後個別協助與指導焦點學生完成工作本，並分析有八成學生達成目標。

表6-1　（續）

（二）B層面班級經營與輔導
　　1.張貼班級值日生輪值表，並條列學生負責工作項目。
　　2.學習有落差學生，提交學年會議研討，並將輔導資訊融入輔導個案的參考。
　　3.運用親師會向家長說明班級經營計畫，並運用家訪、電話、聯絡簿等方式，告知家長學生學習狀況與表現，也會在學校開放日、校外教學等活動邀請家長陪伴與協助。
（三）C層面專業精進與責任
　　1.參與共同備課會議、語文及藝術教材研究。
　　2.與同儕協力建立1～6年級的校本課程綱要、各領域課程序列能力指標與教材資料庫。
二、受評教師待精進的地方是（建議至多五項為原則）：
　（一）學生學習過程，在進行小組討論時，有一半以上的學生未能參與。
　（二）要求學生先舉手後發言，學生有三次以上未舉手即發言，未見教師執行常規。
　（三）經由反思後調整教學的相關文件未在檔案中呈現。
三、建議受評教師進行專業成長的排序是（建議至少一項，至多五項為原則）：
　（一）A-3-1運用適切的教學方法，引導學生思考、討論或實作。
　（二）B-1-1建立有助於學生學習的課堂規範。
　（三）A-4-3根據評量結果，調整教學。
四、具體的成長建議是：
　（一）教師要先釐清學生未參加小組討論的原因，是學生沒有準備好討論資料，不知如何討論？還是組員之間相處不睦？此外，教師要預先讓學生有準備資料的時間；其次是培養學生陳述意見的技巧與專注聆聽的態度；最後是營造班級溫馨、友善與積極學習的氛圍。
　（二）建立發言前要舉手的習慣，一上課即提醒學生發言要舉手，教師也要確實執行，只邀請舉手的學生發表意見，並對該生能遵守課堂規範的表現給予鼓勵，並為所屬的小組加分，以培養學生互相尊重並爭取小組榮譽的態度。
　（三）請教師將評量後，決定調整教學的活動內容、教學策略與評量方式收錄於教學檔案中，並能在調整教學後再次檢視評量的結果，作為省思與修正的參考。

二、綜合報告表的解讀

「專業發展導向教師評鑑」的核心精神在促進教師專業成長，因此在評鑑的歷程中，極為重視評鑑人員與受評教師信任關係的建立和評鑑資料的深度解讀，受評教師與評鑑人員可根據綜合報告表呈現的結果，共同研商成長計畫，積極參與各項專業成長的進修活動，以提升專業知能。以下即以評鑑人員和許老師的評鑑歷程為例進行說明。

　　由於評鑑人員與許老師在同一所學校服務，曾共同參與專業成長工作坊、教學研究會議，經常互動與對話，有較深入的瞭解，彼此建立信任關係後，進行「專業發展導向教師評鑑」便格外順利。許老師自臺灣師範大學教育心理系畢業後，曾赴澳洲修習相關教育學程，今年已是邁入教職的第四年，非常投入目前級任及教學的工作，在評鑑人員多次入班觀察教學的紀錄中，均顯現她備課充分，認真且有創意，不論期初、期中、甚至學期結束前兩天，都熱情的引領學生學習。

　　許老師與學生情感水乳交融，但班上有幾位學生經常在上課的時候隨意發言，有時候手才舉起就大聲表達，干擾教師教學的流暢。經由評鑑的歷程與對談後，她已明確瞭解與覺察自己需成長的方向，例如：教學策略要更細膩鋪陳，學生常規管理也要落實執行。

　　以下是許老師經由「專業發展導向教師評鑑」綜合報告表的敘述。

(一)A層面課程設計與教學

　　1. 教材與教學方面：教師自編教材並擬定學期教學計畫與每月的進度；對文本內容熟悉且能充分掌握教材內容，也依循步驟引導學生查字典、讀生詞、寫短文；鼓勵學生練習，也要求作業的品質，引領學生在積極且安靜的班級學習氣氛下工作。

　　2. 評量方面：教師運用學生的工作本與觀察紀錄，檢視學生學習成效，在學生工作的同時，教師在行間指導學生並回答學生問題，有八成學生完成教師給予的任務，且對於焦點學生給予個別指導及高度關注。

　　3. 需改善的檢核重點是：「A-3-1運用適切的教學方法，引導學生思考、討論或實作」和「A-4-3根據評量結果，調整教學」。因為在觀察學生小組討論的過程時，有一半以上的學生未能參與。此外，進行教學檔案評量時，未見許老師運用評量方式與多元資訊，提供學生學習回饋與調整教學的文件資料。

(二)B層面班級經營與輔導

　　1.在建立學習規範方面：教室內貼有值日生輪值表且安排學生負責之工作項目，黑板上記錄各小組爭取榮譽的得分。

　　2.在協助學生適性發展方面：教師記錄學生基本資料，對於學習有落

差學生提出個案研討，聽取並參考教師團隊的輔導意見，引導學生發揮專長與興趣。

　　3.在親師溝通與合作方面：教師運用家訪、電話、聯絡簿、學生學習報告等，讓家長瞭解學生學習狀況，並能運用學校日、班親會、班遊等活動邀請家長合作，促進學生學習。

　　4.需改善的檢核重點是：「B-1-1建立有助於學生學習的課堂規範」。進行教學觀察時，在培養學生發言前先舉手的習慣，建立學習規範方面仍有進步的空間。

　　(三) C層面專業精進與責任

　　許老師在103學年度擔任教師會主席，除定期召開教師會議、個案研討外，並與夥伴共同備課、進行教學觀察與回饋會談。目前正引領教師團隊進行研究語文及藝術教材教法，建立1～6年級的校本課程綱要、課程序列能力指標與教材資料庫。

　　以上為評鑑人員藉由綜合報告表與受評教師進行會談並提出專業成長方向的例證說明。

貳、評鑑結果的應用

　　經由自評與他評的評鑑結果可以為受評教師明確指出成長的方向。孫志麟（2008a）指出，基於教師改進教學之需要，應將評鑑報告送給受評教師參考，以及根據評鑑結果規劃和辦理教師專業成長活動。陳俊龍（2010）指出，評鑑結果之利用，主要為引進輔導的機制，促進專業成長。綜合上述，「專業發展導向教師評鑑」結果的應用可包括以下數項：

　　一、肯定教師教學表現

　　肯定教師教學的優勢，例如：掌握所授教材的概念、引起並維持學生學習動機、確保學生學習成功等，以增強教師自信並鼓勵持續已達成之優良表現，進而勇於學習更多的教學型態、技巧與付諸行動。

　　二、提供教師省思資訊

　　教師專業成長最重要的是教師自身的覺醒，有意願與決心成為自發性的學習者。是故評鑑結果提供表現事實，以引導教師察覺教學需要精進之

處，鼓勵教師進行省思，進而調整教學。

三、進行專業成長活動

根據評鑑結果，對於教學需要精進或調整的地方，擬定成長計畫，進行專業成長活動。教師若能持續地實踐有效的教學層面、教學指標和檢核重點，則學生的學習成就將可有效提升。

此外，學校亦可根據教師評鑑的整體結果進行評估與安排，提供新手教師、能力待精進、自願成長及有經驗教師的專業發展資源，有效符應不同教師的專業成長需求。

第二節　專業成長的意涵

實施「專業發展導向教師評鑑」，透過自評和他評的結果，可以瞭解教師表現的優劣得失，協助教師確認優先需要成長的內容，並進行教師專業成長計畫。本節先論述專業成長的意義，再說明專業成長的目的與途徑。

壹、專業成長的意義

一位專業的教師，需經由師資的培育過程及在職後不斷的追求精進。饒見維（2003）認為，教師專業成長是指一個人經歷職前師資培育階段，直到離開教職為止，在整個過程中都必須持續學習與研究，不斷發展其專業內涵，逐漸邁向專業圓熟的境界。劉春榮（1998）認為，專業成長是教師在教學工作歷程中，主動的、積極的、持續的參加各種正式與非正式的學習活動，促使專業知識、專業技能與專業態度的提升與增進，以期個人的自我實現，進而促進組織發展。

綜合饒見維、劉春榮等專家學者的看法，可瞭解教師的專業成長係教師在教學歷程中，能主動的、積極的面對社會的變遷及教育的變革，藉由多元且持續的專業成長活動進行精進與研究，不斷提升專業能力與專業態度，並引領學生有效學習，進而促進組織發展與學校教育目標的達成。

貳、專業成長的目的

吳清山（2001a）認為：「在知識社會中，教師是一個專業知識的工

作者，擔任知識的傳遞、創新、發展與學習的不同角色，必須不斷地追求專業成長，才能因應經濟與社會的變遷，勝任其教學工作。」林桂垣（2010）認為，教師在教學生涯中，必須參與學校或教育機關辦理的進修研習活動，而且必須持續學習與研究，方能因應教育改革的步調以及社會對教師專業角色的期待。

綜合吳清山、林桂垣等專家學者的看法，教師專業成長的目的，就教學本質而言，在提升學生學習成效且持續精進教學，同時符應社會對教師專業的期待。另就時代意義而言，教育多項改革工作皆要求教師既是行動者、也是研究者，需要藉由專業成長因應教育的變革。本文作者謹就增進專業能力、因應教育變革與提升學習成效等要點，敘述專業成長的目的。

一、增進專業能力

教師既是教學者、也應是終生學習者，唯有教師不斷進修與研究，體驗持續學習的意義，才足以培養學生面對未來社會的適應力與競爭力。教師自發性的專業成長，無論是個別性、參與專業學習社群或是跨領域的團隊協力合作，均是專業精進與責任的展現。

二、因應教育變革

為因應社會變遷與教育改革，教師當自覺唯有透過專業能力的提升，才能符應社會的期待與自我實現的尊榮。當前教師的教學工作已延伸至課程領導、學校行政事務及學校經營發展，不但擴增了教師專業自主的空間，也加重了教師面對變革的責任，因此，教師進行職能的精進更顯重要。

三、提升學習成效

教師若是一個有效的學習者，瞭解學習的意義與重要性，才能引領學生有效的學習。由於教師的工作非常複雜且具專業性，面對逐年成長及不同程度個別差異化的學生，教師唯有持續成長並增進專業能力，才足以承擔有效教學的責任。

教師自發性的提升專業能力以促進學生有效學習，進而帶動社群協力追求共好，並參與學校經營發展，實踐教育改革，如此不但可促進個人專業成長，提升學生學習效能，更足以帶動學校由下而上的經營領導。

參、專業成長的途徑

關於教師專業成長途徑，學者的分類方式各有不同。Jones在1989年歸納英國教師在職進修活動有三種類型，第一是校外活動：包括會議、短期課程參觀與訪問等；第二是學校本位活動：包括在職進修日、系列會議、校際聯合舉辦的活動、工作報告等；第三是個別教師發展的活動：包括教學觀察和參與、訪問其他學校、把教師當作訓練者等（引自呂錘卿，2000）。饒見維（2003）將教師專業成長分為兩類，第一是被動發展類，教師被視為「被教導的對象」，專家則是「視導者」、「輔導者」的角色，例如：進修研習、實習輔導；第二是省思探索類，教師是專業成長的主導者，亦即「教師為研究者」的精神。

綜上所述，專業成長的途徑有個人專業發展與在職進修計畫；也有與教學夥伴組成教師專業學習社群，著重提升教師教學效能與學生學習成果；再者，學校也可統籌規劃教師發展方案，來做系統性的規劃以促進成長，例如：同儕輔導、同儕評鑑、教學輔導、檔案製作、行動研究等。不同方式交互為用，可有效促進教師持續成長。

有關專業成長的途徑，本文作者謹就教師個人專業成長、社群協同研討及參與學校發展三個途徑，分別佐以實例敘述如後。

一、規劃個人專業成長

每位教師的教學風格各異，也都有其教學的優勢與缺點，評鑑結果能肯定教師教學表現，鼓勵教師在教學實務上持續的省思與探究，建構自己的教學理論。Pollard（2002）指出，省思可以填補理論因為教學情境變化所造成的空缺，讓教師能在極短的反應時間內，做出適合的教學決定。張德銳等（2004）指出，教學省思是教學的延伸，出現在教學的前、中、後，可從教師的教和學生的學蒐集具體的事實，作為檢視的依據。

本文作者在擔任教學輔導教師期間，輔導夥伴是一位甫完成實習的代理教師，因初次擔任五年級的級任，在班級經營和個案輔導方面備感艱辛，於開學一個多月後，學生因互開玩笑過當而受傷，遭受家長及督學的關切長達半年，他因學生受傷而自責，來自長官及家長的壓力更讓他受挫，數度在會談時掩面哭泣。在痛定思痛後，他決定建構班級經營的理

念，設定學生學習目標與策略，並將同理心體驗學習融入校本課程與班級經營中。體驗活動激發許多學生的善良本性，也許下友愛同學的承諾。更難能可貴的是，他持續反思調整並全心投入對個案的輔導，經過整學期的努力，終於讓學生秩序回到常軌。如今，他在新北市某著名私校擔任高年級級任教師和學年主任。

二、教專社群協同研討

教師自發性組成的專業學習社群，也能與「專業發展導向教師評鑑」結果的應用緊密結合。本文作者在擔任教專社群召集人期間，曾因該年度共事的夥伴在教學經驗與專業能力方面差異頗大，決定先凝聚夥伴們的情感，在溫馨和諧的氣氛與協同成長的動力中，擬定社群發展目標，進行專業成長。以下謹以上述實例說明「專業發展導向教師評鑑」融入教師專業學習社群的發展歷程，參見表6-2。

表6-2　「專業發展導向教師評鑑」融入教師專業學習社群的發展歷程表

「專業發展導向教師評鑑」融入教師專業學習社群的發展歷程
一、計畫階段： 1. 營造和諧團隊氣氛：為促進團隊內部和諧與團結，安排各項的活動，例如：羽球運動、慶生會、聚餐等各項聯誼活動，彼此的感情在運動、談心、歡唱中更加凝聚。 2. 參與學校課程架構：訂定縱向課程發展目標，建立有系統的課程架構。 3. 規劃學年課程內容：以班群的模式運作，發展學年團隊橫向課程內容。
二、教學階段： 1. 進行定期專業會談：每週兩次的討論時間，共同擬定教學計畫，設計課程、分享教學心得，解決課程實施的困境，增進教學效能，提升學生學習成效。 2. 導入教學輔導教師：成員參與「專業發展導向教師評鑑」自評與他評，評鑑結果呈現後，教學輔導教師協助初任教師解決教育現場困境，引導初任教師逐步穩健、邁向專業。
三、反思階段： 1. 製作教師教學檔案：透過資料的蒐集與整理，製作教學檔案，讓實務經驗更能傳承、擴充與分享。 2. 參加教師行動研究：團隊期待透過各類行動研究的螺旋式評鑑，檢視教學成效，提升專業能力。
四、應用階段： 經由計畫、教學、觀察、反思的循環，成員相互提供另一雙善意的眼睛，讓彼此的教學經過不斷的反思與修正後，課程設計更周延、教學技巧更純熟，攜手在專業成長之路不斷奮力向前。

　　社群夥伴們經過四年共同致力教學、並透過「專業發展導向教師評鑑」的歷程，彼此提攜共同精進，於2008年獲頒教育部教學卓越團隊金質獎。至今夥伴雖因職涯規劃而在不同學年或行政工作各自發展，但仍緊密聯繫相互關心，期許在教學之路上持續追求精進。

三、參與學校事務

　　根據「專業發展導向教師評鑑」整體結果，學校可進行評估與安排，提供給不同成長需求的教師專業發展的資源，訂定教師專業發展方案。學校若能激發教師彼此交流、團隊協作並共同建構願景，教師將重視團隊工作，互信合作，分享從課程和教學所得的知識，也能協力發展校本課程，形塑正向的學校文化。

　　北臺灣有一所師資優良、特教類別齊全的特殊教育學校，原本校務發展良好，但自2000年起，因為融合教育與回歸主流的特教理念普及，北市各中小學陸續成立資源班、特教班，各校接受輕度和中度障礙學生，造成學校經營上的危機。在校長與全校教師集思廣益後，決定將提升校內教師專業能力列為首要任務，教師們紛紛打破部別藩籬，由資深教師傳承經驗，由教學輔導教師引領各領域教師專業學習社群，以溫馨、友愛、分享為願景，落實同儕輔導，形塑學校為學習型組織，發展出由下而上的教育改革動力，學校也因此獲得更多特殊學生家長的青睞。

肆、專業成長的資源

　　教師個別性的專業成長、社群協同研討及參與學校發展，所需要的資源包括人力、資訊、物力與財力等相當多樣。本文作者曾參與一項偏鄉學校專案輔導，學校成功整合各項資源，不但解決了廢校的危機，也促進教師專業成長。

　　該校因位於偏鄉，且因少子化的影響已面臨廢校的困境，校長邀集行政與全校教師共商解決危機的策略，並攜手進行學校願景的建構和永續經營的行動。校長率先拜訪社區耆老、家長、文化創作者，結合社區資源與教師團隊，一起發展校本特色課程及增設學生課後社團；行政亦著手建置教學專業學習與遠距教學的資源平臺；爭取社區的物力與財力，充實學

習設施；教師自組專業成長社群，共同備課、觀課與議課，以提升教學效能；同時，勤與家長溝通合作，促進學生學習。全校齊心攜手努力的結果，口耳相傳的家長們紛紛以跨區就讀的行動，支持並肯定學校的經營及教師的教學成效。目前學校更因社區資源的挹注及家長會的助力，正持續成長中。

根據上述實例，茲將專業成長所需的各項資源，分別敘述如下：

一、人力資源

校本課程發展需要縱向與橫向的聯繫，各領域、學科、學年教師依據學校的教育目標與學生學習的需求，彼此對話建構而成。專業學習社群的成員藉由共同備課、觀課、議課的過程，彼此提供教學提升的助力；行政人員、家長與社區關心教育人士，更能提供學校各項教學活動之人力或各項設施與設備的助力。

二、資訊資源

目前教師成長型態不再受時空或資源的限制，教師具備自主選擇機制，運用網路蒐集資訊即可解決不同的教學問題。目前專為教師進修成長建置的資訊平臺非常豐富多元，可符應各階段教師需求，例如：教育部教師專業發展整合平臺、全國教師在職進修網、國家教育研究院、各校建置專業學習社群平臺、高中學科中心、教育部職業學校設計群群科中心學校平臺、分組合作學習平臺、精緻教師專業發展評鑑網等。

三、物力與財力資源

學校課程內容若與社區發展的歷史、人文和自然環境緊密連結，在教師進行教學活動時，社區的各項公共資源、歷史古蹟、自然環境都可以是擬定與執行專業成長計畫時的重要物力。學校也可申請各項經費的挹注，統籌規劃教師專業發展方案，以提升教學品質與學生學習成效。

第三節　個人專業成長計畫的擬定、實施與檢核

為改進與提升教學品質，教師完成「專業發展導向教師評鑑」後，專業成長計畫實扮演重要角色。在綜合報告表的總評意見中，評鑑人員除肯定受評教師的教學表現之外，亦可和受評教師共同討論進行專業成長的內

容、排序，並協力完成專業成長計畫。而每一位共同合作者，必須確實協助受評教師執行專業成長計畫中所訂定之各項成長活動，例如：教師讀書會、專業學習社群的研討、教學觀察等進修活動，以支持、協助教師努力自我精進，提升教與學的成效。是故本節先論述專業成長計畫的擬定，再說明專業成長計畫的實施、注意事項與檢核。

壹、個人專業成長計畫的擬定

在「專業發展導向教師評鑑」的過程中，評鑑人員與受評教師協同將自評與他評的評鑑結果轉錄在綜合報告表後，接著依據待精進的指標擬定與執行個人專業成長計畫，並經由再次的自評與他評的歷程來進行教師專業成長的檢核。而評鑑後均達標的教師，亦可精益求精，持續活化或創新自己的教學，擬定個人專業成長計畫，進行專業提升。

一、專業成長活動的發展層次

Harris與Hill主張在擬定成長活動和選擇資源時，教師要考慮成長活動的發展層次，如圖6-1所示，分為「知道、探究、試驗、建立、決定」等五個層次，每個層次進行的活動各不相同（引自張德銳等，2000）。因此，在擬定成長計畫時，必須從教師已能掌握的教學行為著手，再往下一個層次進行。

個人專業成長計畫在設計時，宜思考具體可行的成長活動及活動安排的順序。在設定成長活動的順序時，有以下五個要點必須特別關注：

1. 經由自評與他評的過程，從綜合報告表的結果得知教師的成長需求。

2. 瞭解教師教學的經驗，從教師已經知道的教學行為著手。

3. 尊重教師的教學風格與特質，提供教師有習得新的教學策略、不同的教學型態的機會。

4. 經由充分討論與協商，讓成長活動的內容符應教師的意願。

5. 規劃成長活動時，要衡量在有限的時間內完成，並選擇能達到發展新教學技巧為目標。

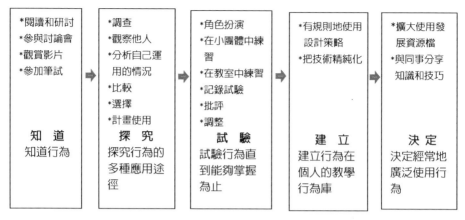

圖6-1 教師教學專業成長活動發展層次

資料來源：張德銳等（2000，頁166）。

二、個人專業成長計畫表的撰寫

在擬定個人專業成長計畫之前，受評教師宜先依據自評與他評的結果進行自我省思；其次，評鑑人員與受評教師要先知悉學校現有的資源和「專業發展導向教師評鑑」相關之成長內容與各項資源，以便規劃受評教師專業成長活動。在評鑑人員與受評教師協力規劃具體可行的專業成長活動內容時，需註明每個活動的預計完成日期，同時安排協助受評教師成長的人力資源。在擬定個人專業成長計畫之後，合作協助人員必須確實協助教師執行成長任務，以支持教師努力自我提升教與學的成效。

著手撰寫個人專業成長計畫表時，首先填妥受評教師的基本資料，再填入我的省思、成長需求與成長概要，接續再依循教師教學專業成長活動發展層次，討論成長資源的來源、類別、成長主題、協助人員與預計完成日期，最後請受評教師與評鑑人員在專業成長計畫表下方簽名，參見表6-3。個人專業成長計畫擬定後，評鑑人員與受評教師將商定後續檢討會議的日期。以下謹依循步驟逐項說明：

(一) 準備表件與資源檔

1. 準備綜合報告表與填妥「一、基本資料」之個人專業成長計畫表。

2. 受評教師宜先參考自評表、觀察後回饋會談紀錄表、教學檔案評量紀錄表與綜合報告表之總評意見填寫「二、我的省思」。

3. 學校現有的資源檔及其他成長資源、相關的成長活動資訊。

(二) 填入成長需求與成長概要

1. 參考綜合報告表總評意見中，依教師改進之優先順序，將需改進之評鑑指標與檢核重點填入「三、我的成長需求」欄位中。

2. 參考綜合報告表中的具體成長建議填入「成長概要」欄位中。

(三) 討論專業成長活動發展層次與活動主題

1. 討論專業成長活動發展層次的內涵與可行性。

2. 參閱與檢核重點相關的成長活動內容。

3. 選擇各種活動內容與教材。

(四) 參閱各項資源的來源與類別

1. 就專業成長活動的發展層次，選擇適合的活動資源。

2. 在資訊、人力、物力資源上提供協助。

3. 依循專業成長活動發展層次，依序填入資源、類別、主題、協助人員與預計完成日期。

(五) 決定檢核會議日期

1. 評鑑人員與受評教師在專業成長計畫表的底部簽名。

2. 評鑑人員與受評教師商定檢討會議的日期，並在表件中註明。

以下是許老師的個人專業成長計畫表。

表6-3　個人專業成長計畫表

一、基本資料

受評教師：許曉欣　　　　　時間：103學年度

任教科目：語文　　　　　　規劃日期：103.03.20

二、我的省思

經過自評、教學觀察與教學檔案評量後，讓我知道自己在課程設計與教學、班級經營與輔導、專業精進與責任三個層面的優勢及需要成長的地方。我決定優先成長A-3運用適切教學策略與溝技通巧，幫助學生學習。尤其是A-3-1運用適切的教學方法，引導學生思考、討論或實作。

三、我的成長需求

3.1指標—檢核重點：

　　A-3運用適切教學策略與溝技通巧，幫助學生學習。

　　A-3-1運用適切的教學方法，引導學生思考、討論或實作。

3.1.1成長概要：

我想透過專書閱讀、向資深教師請益、參與專業學習社群的研討，精進自己選用教學方法的決斷力，再將所學所思轉化運用在教學，並延請評鑑同儕教學觀察後，再調整與修正。我相信經由不斷的練習，可以讓自己的教學行為更純熟，我也願意將精進的過程與結果分享給社群的夥伴。

3.1.2成長資源：

層次	來源	類別	主題	瀏覽（網址）	協助人員	完成日期
知道	整合平臺	圖書	1.閱讀宋慧慈（2014），啓動孩子思考的引擎：活用四層次提問的有效教學。臺北：遠流。 2.觀賞施佩語老師的教學影片，記錄施老師的發問技巧提問及引導小組討論之教學技巧。	https://teacher-net.moe.edu.tw	許曉欣 施佩語	103.04.20

表6-3 （續）

層次	來源	類別	主題	瀏覽（網址）	協助人員	完成日期
探究	校內資源	專家請益社群研討	1.參加「提升閱讀理解」專業學習社群的讀書會。 2.向楊雲芳老師請教發問技巧，並與楊老師共同備課，設計提問。 3.觀察楊老師教學，記錄她上課如何運用發問技巧，啟發學生思考，提供自己反思與修正。		許曉欣楊雲芳社群成員	103.05.10
試驗	自訂資源	教學回饋教學省思	1.錄下自己的教學，並邀請評鑑人員一起看光碟，記錄探究後所得的發問技巧，以瞭解發問技巧之改善情況。 2.教學活動後，請學生寫下與教師的互動心得和回饋，提供建議以改進自己發問情況。		許曉欣康心怡	103.05.30
建立	自訂資源	教學調整教學精進	將試驗結果進行調整後，練習運用新的發問技巧於其他領域的教學活動，讓這項剛形成的「新教學行為」內化成為自己的「教學技巧」。		許曉欣	103.06.16
決定	自訂資源	教學分享	將自己改進的歷程記錄下來，並與「提升閱讀理解」專業學習社群夥伴分享心得。		許曉欣社群成員	103年暑假備課期間

受評教師：許曉欣　　評鑑人員：康心怡　　日期：103.03.20
檢討會議時間：(1)103.05.13放學後；(2)103.08.24備課後

貳、專業成長計畫的實施

　　成長計畫擬定後，由教師、評鑑人員及其他合作之專業人員陪同執行。例如：幸福國小許曉欣老師三年級語文領域的專業成長計畫表，如表6-3，決定優先成長的檢核重點是「A-3-1運用適切的教學方法，引導學生思考、討論或實作」，並邀請其他合作人員一起協助許老師的成長。許老

師實施成長活動的過程敘述如下：

一、個人專業成長

1. 選讀宋慧慈（2014），《啓動孩子思考的引擎：活用四層次提問的有效教學》一書，充實自己提問技巧的知能。

2. 觀賞施佩語老師的教學光碟，記錄分析施老師的發問技巧提問及引導小組討論之教學技巧。

二、社群協同研討

1. 與評鑑人員共同參與社群辦理「提升閱讀理解」專業學習社群的讀書會，瞭解培養閱讀理解能力的提問技巧。

2. 向資深教師楊雲芳老師請益，楊老師並應允與許老師共同備課，研擬提問的題目。同時也進班觀察楊老師的教學，記錄楊老師上課如何運用發問技巧，啓發學生思考，以提供自己反思與修正。

3. 請評鑑人員入班觀察教學，再與評鑑人員一起分析探究提問技巧的運用狀況。同時，蒐集學生的回饋，瞭解學生思考與討論的過程。

4. 經由探究與試驗的歷程，在語文及社會領域反覆練習題目設計與提問技巧，並邀請評鑑人員觀課與會談，教學後修正與省思。經過一段時日，許老師的提問技巧已內化成爲自己的教學新技巧。

5. 將自己的學習心得及成長歷程記錄下來，與評鑑人員、楊老師及社群夥伴們分享。

參、執行專業成長計畫的注意事項

爲讓教師能順利執行成長計畫，評鑑人員需爲教師安排適當的評鑑合作人員，同時要讓每位參與人員確知自己的角色職責。成長活動也要規劃適當的活動期限，評鑑人員可安排數個簡短的檢討會議，檢核執行的狀況。若教師在新學期更換職務，成長計畫可以在職務確定後再行調整。在實施專業成長計畫時，有以下數個注意事項：

一、使每位參與人員確知自己的角色職責

專業成長計畫表雖然可以指引專業成長的方向與行動，但仍有賴教師、評鑑人員及其他合作人員的協力實踐，所以應讓每位合作人員都有一

份專業成長計畫表、並註明工作職責。

二、慎選具體可行的成長活動，訂定適當的完成活動期限

教師與評鑑人員應該要慎選具體可行的成長活動，完成活動的期限可以參照學校行事與教師個人能力訂定，但不宜拖延過長，讓教師失去成長的動力。

三、在成長活動進行時間，安排數個簡短的檢討會議

如果檢討會議在數週或數月之後才舉行，為了有效督導教師進行成長活動，評鑑人員可以在這段期間安排幾個簡短的檢討會議，以瞭解教師進行成長活動的狀況並解決其困境。

四、未獲得改善的教學行為，宜彈性展延或調整成長活動內容

若某些待改進之教學行為未能獲得改善，則教師與評鑑人員可以決定展延原訂成長活動的期程，或再重新擬定一份個人專業成長活動計畫，並支持教師持續進行成長活動。

在專業成長計畫表中，評鑑人員與教師已經共同擬定專業成長活動，在實施成長計畫時即要依照約定的計畫與期程努力執行。

肆、專業成長計畫的檢核

評鑑人員已與教師共同決定所要進行的專業成長活動，就需依照約定的計畫努力實施成長活動，並依照約定的日期召開檢討會議，記錄與鼓勵教師新近完成的成就。教師專業成長計畫是否執行完成，除需要檢核外，另需要蒐集與分析相關的證據和資料，包括：觀察教學表現、評量教學檔案，以及檢視學生作品、學習表現等方式，來客觀評估教師專業成長的成效。以下謹以任教於幸福國小三年級許曉欣老師103年5月13日的個人專業成長計畫檢討會議紀錄為例：

表6-4 專業成長檢討會議紀錄表

專業成長檢討會議紀錄 103.05.13

一、與會人員

許曉欣、康心怡、楊雲芳、「提升閱讀理解」專業學習社群成員。

二、會議流程

(一) 教學者分享：

1. 閱讀專書 / 讀書會心得分享。

2. 觀賞教學影片的收穫：

　　施老師在引導學生討論時，九成的孩子能參與。但是小組討論能否順利進行，取決於教師給予學生的任務是否明確與討論題目是否適當？此次觀課，教師提問清楚，但是期待有創意的討論，對二年級的孩子而言，似乎還需要進一步的引導。此外，在習作練習時，動作快的學生是否能有其他的安排，例如：已完成習作的學生需要找其他同學朗讀自己的造句，是個很有創意的安排，既可讓學生檢視自己的造句是否通順，也可以讓學生練習表達。

3. 與楊老師共同備課的心得與反思：

(1) 在初步引導學生討論時，可讓學生先自己找同學一組，而非教師安排。

(2) 我瞭解討論提問的設計，「直接提取」和「直接推論」兩個直接理解的提問，是答案能從文本中取得；「詮釋整合」和「比較評估」等兩個間接理解歷程，學生必須透過已有的知識或經驗作為理解的基礎，提出合理的答案。

(3) 自己在課前準備時，宜明確預定該節課的教學目標，依據目標去設計教學活動，且活動的步驟安排要考慮學生的能力。

(4) 愈是要放手讓孩子自主學習的活動，愈需要教師事前的準備與思考。

(二) 評鑑人員回饋：

　　從許老師的閱讀心得及參與讀書會的分享，得知許老師已逐步在建構自己的教學理念、形成自己的教學特色。雖然仍需要經過試驗、修正的過程，相信許老師在合作人員的引領陪伴下，教學精進是指日可待的。

(三) 合作人員回饋：

　　許老師願意配合在放學後一起備課，而且非常認真，在專業成長的態度上是值得肯定的。

　　此外，她總是事先閱讀文本，依據學生的能力及閱讀理解的層次，將已設計的提問帶來討論，所以，每次的討論都能很順利的進行，我也因這樣的討論而讓自己的設計提問更精熟，印證教學相長的說法。許老師很有想法，也會為班上學習有落差的學生考慮設計「直接提取」的題目，是個很細膩且愛學生的老師。

(四) 下次會議時間：103.08.24。

　　在檢討會議中，評鑑人員肯定許老師經由閱讀專書與參與讀書會討論的過程，已逐漸建立自己的教學理念與風格。合作人員也肯定許老師的專業精進的態度，並從共同備課的過程中，體會自助助人、教學相長的經

驗，並決定持續進行試驗、建立、決定的成長活動內容，也預告下次開會的日期。

　　實施「專業發展導向教師評鑑」後，評鑑結果能肯定教師的教學表現，也協助教師確認優先需要成長的方向，持續進行教師專業成長。所以，「專業發展導向教師評鑑」是以評鑑結果啟動教師專業成長行動，以評鑑歷程評估專業成長的成效，是以終為始接續循環的歷程。換句話說，本評鑑引領教師確認成長方向，教師若願意主動積極不斷的專業發展，自發性探究教育專業知識，並應用在教師工作上，就能提升教師的專業能力，展現良好的教學效能，也可提升學生的學習成效。

李俊達

第七章

教學行動研究的規劃與推動

　　教師透過自評、教學觀察、教學檔案等方式確認個人專業現況，進而依據實際需要及環境資源，選擇適合的成長方式精進專業知能。1940年代起，行動研究歷經各國學者接續倡導，逐漸成為改進課程教學的重要工具，更是教師專業發展的利器（蔡清田，2000；McTaggart, 1997）。因此，在眾多專業成長方式之中，行動研究實為一項值得考慮、兼具短期解決問題與長期專業積累的選項。

　　本章共分四節，前三節說明教學行動研究的幾個重要面向，包括意涵、規劃與推動、歷程與實作等等，第四節列舉實例，以期讀者對教學行動研究有更具體清晰的認識。

第一節　教學行動研究的意涵

　　本節說明教學行動研究的意義、內涵與特徵、教學行動研究的理論基礎，以及教學行動研究的目標與功能。

壹、教學行動研究的意義與特徵

　　本文綜合學者意見（夏林清譯，2000；陳惠邦，1999；蔡清田，2000；Carr & Kemmis, 1986），為「教學行動研究」提出以下定義：

> 教學行動研究係指教師在教學情境中，透過教學行動研究中，「發現問題」、「診斷問題」、「擬定與實施行動策略」、「選擇方法與分析資料」及「結論與省思」等五個階段的實際操作與循環應用，去瞭解教學實務問題，且針對問題進行探究，進一步研擬相關策略，落實於教學實務中，並透過省思、回饋與修正等方式，達到解決教學問題，增進教師專業及效能，以達到促進學生學習之目的。

　　分析上述定義內涵，可知教學行動研究具備以下特徵：

　　1. 教學改進為核心的研究目的：行動研究之主要目的在於解決教師工作所遇問題，改善實務不完善或不合理的現況，最後得以提升教學品質，促進學生學習。

2. 在地化的研究場域：在地化場域係指教師的工作情境。然而，情境不必限縮在單一班級或學校，而是可以跨越不同領域、學校、層級（例如：中學與小學），彼此互相聯繫合作。

3. 循環的研究歷程：教學行動研究除以「計畫、行動、觀察、省思」作爲基本歷程之外，更強調循環修正與調整，透過研究者不斷反思，使行動更加完善。

4. 質量兼具的研究方法：研究者常會兼探質性與量化方法。不過，由於行動研究的規模較小、對象較少，研究者爲深入瞭解研究對象受影響程度，通常傾向採用質性方法，再輔以量化方法蒐集資料。

5. 實務的研究應用：就如Lewin所說：「瞭解這個世界的最好方式，就是改變它。」而教學行動研究的過程也正是實際應用的過程。

6. 多元的研究參與者：教師是教學行動研究的主要參與者。不過，除了教師，學生、家長等也都有可能成爲研究的合作者、行動接受者、或是資訊的提供者。

貳、教學行動研究的理論基礎

本文參據各家所提行動研究定義與論述重點（蔡清田，2000；Carr & Kemmis, 1986; Elliott, 1991; Lewin, 1946），分別從「行動理論」、「專業實踐理論」、以及「批判理論」說明行動研究的理論基礎。

一、行動理論

行動理論是分析社會現象的一種方法，強調行爲者要對社會現實做出有意義的理解與詮釋（周學謙、周光淦譯，2003，頁6）。根據行動理論，行動者不僅要描述世界，更重要的是改變世界。行動者的首要任務是，創造條件使以下的價值觀得到實現機會：(1)提供有效資訊；(2)自由及清楚告知的抉擇；(3)對於抉擇具有內在承諾。

上述價值觀的意義在於，當行動者能夠獲得清楚的資訊，則各項議題便能被具體而正確的加以討論。當行動者在行動過程中能夠自由抉擇，參與者便能共同分享控制權，並使團體逐漸形成低度防衛的人際關係。最後，當參與者的學習機會增加，則人們的行動也將更加有效，能對其所做

選擇加以承諾，並願付出心力達成目標。

二、專業實踐理論

陳美玉（1996，頁5-6）認為，教師專業實踐理論具有以下特徵：(1)慎思的：教師在教學情境中，能夠透過慎思，做更有效的課程決定；(2)兼顧個人與集體的：專業實踐理論能協助教師辨認組織結構限制所在，形成個人的自主性；(3)草根的：實踐理論協助教師將資料加以「系統化」、「草根化」，挑戰理論神聖不可侵犯的觀念；(4)推理與直覺並重的：由於教學活動具有複雜性與立即性，實踐理論協助教師從事不斷的推理，預測可能的改變，找到達成改變的方法，並驗證各種可能與假設。

教師所面對的教學情境多為獨有，有時甚至是難以言喻的，加以工作內容既多且雜，在處理過程中不免流於一定程度的瑣碎孤立。面對此一困境，專業實踐理論鼓勵教師在「草根」、「個人」、「直覺」等特性之外，還能夠「慎思」、「集體」的透過「推理」探究，將個人的主觀見解及需求，轉化為系統的專業理論。

三、批判理論

批判理論由德國法蘭克福學派所提出，它將知識依據功能屬性區分為「經驗分析型」、「解釋型」、以及「批判型」等三種。「經驗分析」知識以技術工具為主要學習內容，行動者藉由此等實用知識，確認經驗世界的規則律法。「解釋型」知識關注實踐過程的在地脈絡，行動者藉由溝通與角色互換，得以理解彼此並詮釋所處環境。「批判型」知識特別強調思想解放的重要性，主張個人必須自主批判社會中因權力關係而扭曲的溝通，並在負責意志的作用下克服錯誤，做到真實且深刻的自我反省（黃瑞祺，2007）。

批判理論提供行動研究者面對問題時，能夠採取不同層次的思索策略，從經驗分析到批判省思，逐步地追求自我實現，鼓勵研究者不僅從事技術工具的學習，也能對環境的既有桎梏提出反省批判，讓行動成為改進現況的動力，得以擺脫宰制，成為自主個體。

參、教學行動研究目的與功能

教學行動研究核心目的在於解決教學問題，兼及其他功能。本文綜合學者意見與研究發現，推展教學行動研究能夠發揮以下功能（夏林清與中華民國基層教師協會，1997；陳惠邦，1998；張德銳、李俊達，2007；蔡清田，2000；McKay, 1992）：

一、更全面而深入的解決教學問題

教師在教學過程中遭遇各式各樣的問題，由於受到時間、資源、以及各種不同期待的壓力，處理問題時通常會採取最快、最省力、最有效的方式，以便維持教學進度並解除壓力。

教學行動研究鼓勵教師在面對問題時，從更全面且深入的角度理解問題、解決問題。因此，只要能夠持續行動與探究，教師便可在解決問題的過程中，不斷省思與深究而逐漸成為習慣，以不僅治標、更能治本的方式面對各種挑戰。避免因為直覺有誤或因襲陳規，使問題只被遮掩而益形惡化，讓小問題最後變成大問題，以致引發更嚴重的傷害。

二、提升教師專業能力

教學行動研究可以在不同階段，有效提升教師專業能力：第一，在發現與診斷問題階段，教師不斷檢視本身想法與所處環境，是自我覺察、澄清理念的最佳機會。第二，在擬定及實施行動策略階段，教師除能培養專業視野，更可深入專業及專門領域內涵。第三，研究過程需要蒐集各種資料，教師得以增進研究能力。第四，隨著行動研究的循環推展，教師專業能力可以產生立基作用。

教學行動研究的循環特色，能協助教師將單一的良好經驗，透過反覆來回的運用，將原本陌生的課程設計變為日常熟悉的反省檢視，並使困難的教學方法轉化為容易運用的操作技巧。易言之，就是將被迫的、臨時的、短期的實驗內容，藉由學生有效的學習回饋與同儕的支持鼓勵，轉變為自願的、計畫的、長期的習慣與能力。

三、建構扎根的實踐理論

教學行動研究提供機會，讓教室及學校的在地研究，因為時間及空間的擴展，逐漸累積形成實踐理論知識。它能提升教師基礎研究的相關知

識、技能、方法、以及態度，經由橫向與縱貫的聯繫形成網狀影響力，當研究成果與知識累積到一定數量，就有機會建立扎根的實踐理論。

教師透過行動研究，使其從依賴他人的知識消費者，一變而為相當程度自給自足的知識生產者。由於行動研究所產出的知識，更能符合實務工作需求，原有的學術知識在過程中被適度的調整改變，進而產出新觀點與新應用，整個研究過程可說是結合理論與實務的試驗，成為促進教育實務工作與學術研究的溝通平臺。

四、發展學校成為學習型組織

教學行動研究的過程既是教師學習、更是教師專業化的過程。而教師參與行動研究有時就像特定儀式一般，某種程度可被視為教師「學習動機」的表徵，透過行動研究，參與者確認了「學習」對於彼此的重要性及意義。

於是，「志同道合者」遂得以結伴前行，組織中分散的個人因此串連成線，進而組織成面。當學習氣氛建立後，就成為學校眾多自然發展的學習形式之一，教學行動研究自然功成身退了。同樣重要的是，教師由於教學行動研究，不斷地為學生示範終生學習的態度及方法，這是能深度影響學生的重要身教典範，足以協助學生建立其受益終生的內在特質，進而為學習型組織提供了更豐富的內涵。

五、促成教育革新

學校教育活動，可因行動研究而創新；教育改革理念，可藉行動研究來落實；尤其是課程與教學的實施方法，會因各校行動研究成果的交流、分享與應用，促進學校教育專業的進步。在教學行動研究達成上述功能的同時，更多學生學習的成效，也將逐步得到體現與落實。

行動研究能使規模較小的學校，以教學試驗扎根生產的在地知識，藉由時空擴展而向外傳遞，因而有機會形成廣泛的教育變革。例如：近年風起雲湧、由教師自動發起的教學革新運動——翻轉教室，便可視為一種教學革新能量累積的展現。這些在地力量受到如行動研究的專業發展活動所影響，得到許多鼓勵、啟發、整合與實現的機會。

第二節　教學行動研究的規劃與推動

規劃乃事前的準備籌擬,而謀定之後的執行是爲推動,兩者必須密切配合。規劃與推動或有階段時間的差異,但卻交錯影響、互爲表裡,也是彼此參照修正的依據。

壹、教學行動研究的規劃

規劃是大處著眼,包括對環境和組織的認識、對個別成員的瞭解、以及理念與發展方向的確認,這些都是規劃時必須做好的核心工作(李俊達,2011、2015)。

一、分析優劣、設定進程

學校條件的優劣分析是否清楚,是影響教學行動研究推動成效的重要因素。規劃時可採類似SWOTS的分析方式,並針對教學行動研究在學校經營中的角色、學校文化與教學行動研究的互動影響、領導教師對教學行動研究的能力與態度等幾個方面加以確認。

各個學校的發展重點不同,教學行動研究所能扮演的角色、研究方式與內容也會因此而有所差異。準備從頭開始發展國語文爲特色課程的學校,行動研究的重心需先聚焦於學生程度之確認,根據學校條件擬定短中長期發展目標,進而規劃專業成長進程,嘗試透過國語文社群或學群產出作品,並在實施過程中不斷嘗試修正。相對的,對於已經推動國語文校本課程多年的學校,由於經驗較爲豐富,方向也比較明確,則目標可能不再是學校與學生基本情況的摸索確認,而會將重心放在不同學科之間的融入統整,以及其他更加創新的語文方案。可見基於學校特性與學生狀況等差異,兩者的行動研究內容與推動作法自然也就不同。

二、營造環境、善用文化

營造環境要考慮法令規章與時空條件。首先,必須因應學校權力變化,順暢溝通平臺。國民中小學學校權力結構隨著教育法令的改變,而由「行政專權」逐漸轉變爲「多元互動」(陳文彥,2007)。因應學校權力關係的多元化,成員之間必須透過溝通解決彼此歧異,唯有建立良好的溝通,才能建立互信、避免誤會,也才能一起迎向教學行動研究的美好未

來。

其次則是配置良好的時空平臺，時空結構左右行動研究所需之團隊運作，更是形塑學習型組織的關鍵因素。自然而非刻意的互動，是行動研究團隊成功運作的基本要件。時空距離影響教師互動所需成本，距離愈近則效能愈高。良好配置的時空平臺，雖難保結果一定盡如人意，但主事者在過程中所展現出「大家一起做做看」的誠意與努力，或已為教學行動研究奠定了良好基礎。

三、掌握教專、借力使力

教師專業發展評鑑（簡稱教專）最終目的也是為了促進學生學習。因其規模更大、涵蓋的活動較多，透過教專所提供的各項資源，包括專家到校輔導、校際的接觸溝通、網路平臺建置等，學校藉此機會進一步確認目標，運用各種資源的投入與協助，激勵同儕互動成長，解決各種教學問題。

教師專業發展評鑑的其他專業成長方式，也能和教學行動研究互相搭配使用，例如：教專推動初期，形成互動小組的對話討論，便是教學行動研究所需的基礎氛圍，教學觀察可以作為檢核行動研究課程創新的工具，而行動研究過程所產出的書面資料，也自然成為教學檔案的材料。

四、整合方案、匯集資源

整合資源進行整體規劃，也讓執行過程更具彈性並得以長期運作。其次，整合作法能適度舒緩參與者負擔，既可減少對原有工作的干擾，也能增強學校教師的參與意願。更重要的是，教師專業發展與其貪多、不如集中精力，整合各項活動訂定專業成長焦點，才能讓行動研究成果實際應用於教學過程，發揮預期功效。

專業成長活動常會跨越不同學年領域，因此主事者事先宜妥善規劃，並在過程中隨時溝通調整，才有可能整合成功。整合策略可採水平整合或垂直整合。前者為一魚多吃，由於專業活動性質相近，因此只要集中心力做一件事；後者則將各種活動予以排序，確認性質及重要性後再決定參與的先後順序，然後逐漸發展為一套進階的專業成長系統。

貳、教學行動研究的推動

規劃之後必須透過推動加以落實，教學行動研究的成功推動有賴小處著手，主要內容包括「建立論述、形成共識」，「組織團隊、善用社群」，「堅定目標、保持彈性」，以及「分享回饋、形成文化」（李俊達，2011、2015）。

一、建立論述、形成共識

教學行動研究的必要性論述，隨著學校權力關係趨向民主而愈加重要。首先，論述內容必須確認教學行動研究與學生學習的關聯。行動研究的必要性需經成效檢驗，有利學生學習的作為才能獲得教師由衷的認同。

其次，論述對象必須兼及家長，家長對於子女學習成績表現的關注，往往遠勝教師是否參與行動研究，萬一他們認為教師專業發展不利學生學習，行動研究便會遭逢來自家長的阻力。

最後，論述必須確認學校文化與行動研究的關係，包括文化氣氛是否提供行動研究所需基礎？行動研究在學校發展過程中扮演什麼角色？凡此種種，都是教學行動研究必要性論述需處理的重要內涵，也是影響教學行動研究成功的關鍵議題。

二、組織團隊、善用社群

教學行動研究經常透過團隊進行，既可增加互動興味，所獲成果也能得到更廣泛的注意與應用。

行動研究團隊社群有時會因政策需要而倉促成立，這種方式可說有利有弊。一方面，政策多半具有「由上而下」與「伴隨資源」等兩項特色，前者足以提供學校不得不做的理由，後者則可解決學校經費有限的窘境。但其最大缺點在於，行動研究團隊若只因政策要求而成立，成立之後又無有效帶領及推動，則轉眼消逝或徒具形式也是可以預期的。

教學行動研究團隊若能藉由一至兩位有經驗能力又具熱忱的同仁帶領，則不僅可以減少時間資源的浪費，更能有效凝聚團隊成員的向心力，展現研究成效，克服各項挑戰而逐漸成為一個穩定、有效能的團隊。教學輔導教師正是一群具備前述特質的優秀教師，因此，結合教學輔導制度與教學行動研究團隊，是一個值得考慮的可行方式。

三、堅定目標、保持彈性

在教學行動研究的過程中，堅定目標和保持彈性都不是容易做到的事。要有清晰的理念與強大的熱忱，才能遇難解難，堅定目標；要能審度時勢並且設身處事，方可保持彈性。既要堅定目標，又得保持彈性，可說是領導的藝術，而領導者具有清晰明確的理念，則是關鍵因素。有些學校在推動初期，由於多數成員缺乏研究經驗，大家可說是摸著石頭過河，此時如果缺乏理念引導，往往虎頭蛇尾，無疾而終。

行動研究一經推動，則壓力頓生，參與者必須調整作息，甚至犧牲休息時間，才能完成研究。然而，並非所有參與者都具有足夠的能力與時間，團隊合作可能也未必盡如人意。此時，領導者必須瞭解實際狀況，提供所需協助，並且允許某種程度的彈性。唯有如此，教學行動研究才能細水長流，不因人亡而政息。

四、分享回饋、形成文化

基於行動研究螺旋修正特性，研究成果的分享回饋並不限於完成之後。在研究過程中，透過經常性的分享回饋，可以避免因為原訂計畫書的一再調整，而喪失研究整體性以及行動策略無法配合研究目的等問題的產生。

教學行動研究分享回饋的價值，端視參與者如何看待它。當參與者能夠充分感受教學行動研究的正面效益，儘管它會帶來某種程度的壓力，他也會願意費心力經營處理。若能如此，則在行之數年之後，假以時日，教學行動研究的分享與回饋便能形成傳統，逐漸內化至學校的日常運作中，成為組織文化的重要支柱。

肆、教學行動研究的挑戰與因應

行動研究雖有上述功能，但另一方面，國內教育人員在參與行動研究的過程中，也同時面臨了一些問題與挑戰。

本文歸納學者意見（王嘉陵，2004；林佩璇，2003；黃政傑，2001；張德銳、李俊達，2007；蔡清田，2000），將行動研究過程常會出現的挑戰分為兩種主要類型，第一類是「學校組織結構的限制」，主要有「時

間不足」、「教師與研究者的角色矛盾」、「教師間協同合作不易」等限制。第二類為「研究方法論的限制」，「研究效度不足」、「問題界定不清楚」、「資料蒐集有待改進」等等則屬本類。

面對組織結構的限制，儘管有心的學校嘗試簡化校內事務流程並挪動有限的人力、物力，以提供教師更多時間與資源；然而，組織結構有其不易撼動的固著特性，結構的限制讓學校內部的各種努力如同螳螂擋車，收效既慢又難以持久。若欲最大程度的減緩結構限制，除了校長、教師等學校人員之外，教育行政單位、師資培具機構、甚至教育研究單位，也要提供資源及誘因，並降低校務運作的各種干擾，則行動研究或有機會成為教育現場的重要支撐力量。

方法論所造成的限制，則通常與教師對研究社群習用的「語言」不夠熟悉有關。本文作者認為，教師的行動研究仍應以行動為主，研究設計以提升行動改進實務的能量為考慮重點，研究成果的呈現則可多元，不必追求最嚴格的學術格式。但相對的，教師在行動過程中若是完全忽略研究方法，則不僅行動的邏輯性與系統性可能因此出現瑕疵，也會降低研究者之間的對話分享效果。對此，教師除了透過實作以精熟行動研究歷程，亦可透過各種機會參加大學的學分或學位進修、專題探討與相關研習、經過一定審核程序的校外行動研究成果發表、以及專業社群的互動討論等等，藉由理論學習輔以實際行動，必能逐漸精熟研究方法與行動的平衡和整合，提升研究能力與表現。

第三節　教學行動研究的歷程與實作

綜合學者意見（蔡清田，2000；Sagor, 2000），行動研究的基本步驟包括「計畫」、「行動」、「觀察」、「省思」等幾個階段。

張德銳等人（2014）依據Lewin的螺旋式循環模式，進一步將行動研究的過程分為：發現問題、診斷問題、擬定與實施行動策略、選擇方法與分析資料、結論與省思等五個階段（如圖7-1）。

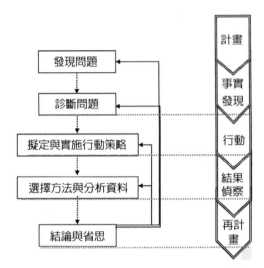

圖7-1　教學行動研究階段與Lewin行動研究模式對照

資料來源：張德銳等（2014，頁6）。

　　各階段均佐以實作表格，以協助教師循序漸進完成行動研究。研究階段及表格名稱對照，如表7-1所示。本文因篇幅限制，每個階段僅能選擇一項重要表格加以說明。讀者若要瞭解所有表格的內容及詳細用法，請參照張德銳等（2014）。

壹、發現問題

　　「發現問題」是教學行動研究的起手式。教師先用「起始想法分析表」進行簡要的規準勾選及文字敘述，開啟行動研究的篇章。接著，再以起始想法為基礎，回答「初步研究問題表」（表7-2）所列的關鍵事項與問題，對內外情境做進一步的整體檢核，確認研究方向並訂定初步研究問題，以便後續的資料蒐集分析、決定研究目的和行動策略規劃。

表7-1　發展性教學行動研究系統階段活動對照表

研究階段	活動表
發現問題	起始想法分析表
	初步研究問題表

表7-1 （續）

研究階段	活動表
診斷問題	診斷問題訪談（問卷）紀錄表
	相關文獻資料表
	研究問題與研究目的表
擬定與實施行動策略	行動計畫規劃表
	行動策略選擇規準表
選擇方法與分析資料	研究方法計畫表
	軼事紀錄表
	研究問卷編製分析表
	訪談大綱編擬分析表
	省思札記紀錄表
	量化資料分析表
	質性資料分析表
結論與省思	研究結論與省思表

　　接著再用「初步研究問題表」（表7-2），從紛雜的教學脈絡中找到方向，著手規劃適合的改進策略，以期達成從行動中改善教學之目的。

表7-2 初步研究問題表

1. 對起始想法做深入的描述，盡可能地將與起始想法有關的人、事、時、地、物等背景因素詳實列出，以發展更全面性的瞭解： (1) 班上仍有許多小朋友在家中幾乎不曾閱讀課外讀物。 (2) 開學初請小朋友從家中帶一本自己最喜歡的書來，卻發現許多小朋友帶來的書早已不適合他們現在的年齡閱讀。 (3) 鼓勵孩子閱讀後，書寫閱讀心得紀錄單，許多小朋友總是隨便抄一段內容，或是三言兩語含混帶過，還有人推說找不到喜歡看的書，所以沒寫。 (4) 推動晨間閱讀時，有些孩子甚至寧願選擇發呆或聊天，就是不願意去看書。 (5) 圖書館距離班上非常遠，下課時間又很短，不太可能讓小朋友想借書時順利借到書。 (6) 雖然如此，但因為學生才剛升上三年級，經過重新編班，同學之間還不熟悉，所以班級文化有很大的雕塑空間。 2. 提出發展遠景，教師提出自己預期的行動結果和想要嘗試的方法，以及瞭解自己所掌握的優勢、面臨的限制與需要的協助。

表7-2　（續）

2-1 我預期的行動結果是什麼？
　　我希望透過一些教學活動的設計及引導，在教室為孩子營造更多與書本互動的機會，
　　激發並提高兒童的閱讀興趣，讓兒童能夠喜愛閱讀，樂在閱讀。
2-2 我打算採取的行動方案是什麼？
　　(1)改變教室環境布置，營造適合閱讀的教室環境。
　　(2)增加班級的藏書量。
　　(3)透過活動設計，讓學生喜歡書，對書有感覺。
　　(4)定期更換班級圖書，提高學生的興趣。
2-3 我掌握的優勢是什麼？
　　(1)利用課堂時間進行，我可以站在主導地位，隨時掌控流程、進度，並做及時調整。
　　(2)將相關活動納入班級經營或榮譽制度中，增加孩子配合的動力。
　　(3)透過對家長的溝通及勸說，邀請家長參與，讓孩子更有動力。
2-4 我面臨的限制會是什麼？
　　(1)我需要花錢添購圖書。
　　(2)我必須先增加與閱讀相關的專業知能。
　　(3)我必須想辦法從既有的課程中挪出時間來進行相關活動。
2-5 我需要的協助是什麼？
　　我需要的協助是家長的認同與鼓勵。

☆ 我初步擬定的研究問題是：
改變教室環境以提高三年級學生的閱讀興趣。

貳、診斷問題

　　研究問題是否適切可行乃影響研究的重要關鍵，本階段設計「診斷問題訪談（問卷）紀錄表」與「相關文獻資料表」，透過文獻蒐集與專家對談不斷聚焦研究問題，逐漸形成一個範圍明確的「有意義問題」。「研究問題與研究目的表」（表7-3）可說是本階段最重要的表格，教師必須再度確認研究問題，然後撰寫研究目的與待答問題，並對重要概念進行操作型界定，以使研究脈絡與想法更加明確清晰，這對後續行動策略的擬定是一重要基礎。

表7-3　研究問題與研究目的表

最後鎖定研究題目	經營班級文化以提升國小三年級兒童閱讀興趣之行動研究
研究動機	1.許多兒童在家中缺乏閱讀習慣與環境，縱使在班上已充實圖書，閱讀興趣也不高。 2.每週為培養兒童閱讀習慣的「閱讀學習單」，小朋友常敷衍了事，缺乏成效。 3.閱讀是一切學習的基礎，兒童卻容易受聲光影像的刺激而忽略閱讀。 4.希望能以兒童每天所處的環境——教室，試著用不同的行動方案來讓兒童的內在閱讀動機和教室情境連結，並藉行動設計增加兒童與書本的社會互動，以激發並提高兒童閱讀興趣。
研究目的	1.營造充滿閱讀氣氛的教室環境——讓兒童產生閱讀動機。 2.增加兒童與書本的社會互動——讓兒童藉由與他人的互動討論，提高閱讀興趣。 3.提升兒童之自由選擇閱讀的能力——讓兒童能廣泛自由的閱讀。
待答問題	1.如何營造充滿閱讀氣氛的教室環境，讓兒童產生閱讀動機？ 2.如何藉由兒童與他人的互動討論，提高閱讀興趣？ 3.怎樣提升兒童之自由選擇閱讀的能力，讓兒童能廣泛自由的閱讀？
界定重要名詞	1.班級文化：指班級整體性的行為表現與價值觀念。本研究指的是行動策略中師生的生活學習模式，包括教室布置等。 2.閱讀興趣：指閱讀者根據自己的認知，對閱讀資訊所表現出的喜好程度及交互作用結果。本研究指依據實際蒐集資料分析，學生對閱讀課外讀物喜好程度的結果。 3.行動研究：基於實際問題解決的需要，將問題發展成研究主題，進行有系統的研究，以有效解決問題的一種研究方法。

參、擬定與實施行動策略

　　在發現問題與診斷問題之後，教師接著要擬定適當的行動策略，並開始付諸行動。「行動計畫規劃表」（表7-4）是協助研究者仔細思考即將行動的詳細內容，包括所需的協助人員、資源、時間、地點、可能遭遇的困難、克服對策和成效檢核的方式。研究者在擬定行動策略的過程中，還要注意評估策略是否具備「價值性」、「可行性」和「省思性」等三項要求，確保行動策略能夠符合研究初衷，達到教育目的。

表7-4 行動計畫規劃表

研究題目：「悅讀越快樂」——經營班級文化以提高兒童閱讀興趣之行動研究			
計畫名稱	行動一：營造閱讀之教室環境		
策略名稱	教室環境布置	豐富班級圖書	製作書籤與書插
需要誰配合哪些事	聯絡有空的家長協助 指導學生數人協助布置	班級導師	指導學生製作，每人製作2-3套書籤與書插
所需要的資源	布告欄圖案設計 動手DIY增置圖書櫃	常置性：固定100本 定期更換：向圖書館借閱20-30本書，每兩星期更新	壁報紙 護貝模 厚紙板
執行時間	9.1-9.30	每兩星期更換一次	9.15-9.30
實施地點或場所	教室	教室	教室
可能遭遇的困難	書櫃因學生使用不慎而破損 公布欄無法定時更新 現有的教室空間不足	書籍可能在借閱過程中損壞或遺失	學生將書籤、書插帶回家後忘記帶回教室
解決困難的方式	定期檢視與維護書櫃 分派小組或指定專人定期更新公布欄內容 儘量布置適合的閱讀空間	利用班費購置新圖書	警告 暫停借書乙次 再重新製作
成效檢核方式	問卷調查、教室觀察、訪談紀錄、省思札記，進行資料蒐集、彙整、歸納分析	問卷調查、教室觀察、訪談紀錄、省思札記，進行資料蒐集、彙整、歸納分析	問卷調查、教室觀察、訪談紀錄、省思札記，進行資料蒐集、彙整、歸納分析

肆、選擇方法與分析資料

　　教師在研究過程中，必須利用各種研究方法與工具蒐集分析客觀且多元的資料。「研究方法選擇表」用於協助研究者依據研究目的，規劃適當的研究方法，確認研究對象、研究工具、步驟時程、以及資料的分析方式等。本階段也設計了「軼事紀錄表」（表7-5）、「省思札記紀錄表」、「研究問卷編製分析表」、「訪談大綱編擬分析表」等工具，以期因應各種不同研究情境之需，不致遺漏重要訊息。

表7-5　軼事紀錄表

時間	活動述評（瞭解學生在情境改變之後的閱讀情形）	描述
上午第二節下課20分鐘：	（建立觀察基礎） 喊完下課口令，大約70%的男生似乎早已分工妥當，拿球的拿球，占場地的占場地，跑到操場開始玩躲避球。大約有七個女生（50%）去跳橡皮筋。 （改變閱讀情境之後第一週） 語哲和其他五、六位同學到操場打躲避球，班上十五位女生有十位留在教室裡。這節下課，班上總共有十七名學生沒有出去。其中有十二位在看書，有的用自己做的書插或書籤。	班上共有二十八名學生，其中男生十三位，女生十五位。 大多數的學生在下課之後會到操場打球或做一些運動。通常男生會打躲避球，女生會跳繩或橡皮筋。 少數留在教室的學生，有的是不能下課，有的則是擔任某項職務必須完成。
上午第二節下課20分鐘	佳文和書同都想借《天空為什麼是藍色的》，起了點爭執，負責書籍借閱的宜宣要他們猜拳，佳文猜贏，書同有點不高興，嘴巴念念有詞，但也只好認了。 （改變閱讀情境之後第三週） 語哲和新陽找人打球，但好像有困難，兩人帶球到操場。	改變教室情境後一週，留班學生明顯增加。改變原因可能有：
上午第二節下課20分鐘	今天留在教室的人數大約有二十人，有十六人在看書，有些是班級的新書，有些是學生自己帶來的，有些則是從圖書館借來的。 佳文、娩雲、萬庭三個人把椅子坐近，一起看同一本書，一邊看還一邊討論，還不時有笑聲。有時候講話或笑得太大聲了，忠義會瞪她們。 馨若平常都出去玩，這次沒有出去，待在教室裡，似乎有點不知道要做什麼，東看看西看看，並沒有特別做什麼事。	1. 學生參與布置，因此有認同感。 2. 老師多次強調閱讀的重要，三年級的學生還算聽話，因此配合老師的意思。

伍、結論與省思

　　教師在結論與省思階段，彙整研究歷程中所得資料，確認各項研究發現，再依研究目的逐一檢核研究結果提出結論。本階段以「研究結論與省思表」（表7-6）為實作核心，其目的在依資料分析結果，對照研究目的條列研究結論，省思研究過程所得，最後提出專業成長經驗與心得。內容主要分為檢核待答問題、省思專業成長、檢視行動策略、省思研究歷程及思考後續探討等五個項目，逐步引導研究者做最後的結論與省思。

表7-6　研究結論與省思表

一、檢核待答問題			
待答問題	佐證資料	研究發現	研究結論
1.如何營造充滿閱讀氣氛的教室環境，讓兒童產生閱讀動機？	1.「教室環境對於提升閱讀興趣調查表」 2.自評表	1.教室環境布置：有96.43%學生會因為教室布置及書的擺設和展示而想去看書。 2.豐富班級圖書：會因班上常有新書，而更想去看書的學生達100%。 3.製作書籤與書插：100%的學生很喜歡自己做的書插與書籤。	1.營造適合閱讀的教室環境，有助於提升兒童的閱讀興趣。
2.如何藉由兒童與書本的社會互動，提高閱讀興趣？	1.「兒童與書本的社會互動調查表」 2.自評表	1.寶貝書海報展：有57.14%的學生會因為海報而很想去看書，39.29%的學生有點想去看。 2.閱讀樂透彩：有89.29%的學生都喜歡這個活動。 3.故事小書：有92.86%的孩子會受到同儕的影響而想去看書。	2.增加兒童與書本的社會互動，會讓兒童更有興趣去主動閱讀。
3.怎樣提升兒童之自由選擇閱讀的能力，讓兒童能廣泛自由的閱讀？	1.「兒童自由選擇閱讀調查表」 2.「悅讀越快樂」實施成果調查表 3.自評表 4.訪談紀錄 5.教師觀察紀錄表	1.超級任務：有53.57%的學生完成十關，有25%的學生通過六至九關，有7.14%的學生通過三至五關，有14.28%的學生完全沒有過關，而有85.71%的學生會因為想完成任務而想去看書。 2.閱讀作品展：有78.57%的學生會因為希望自己的心得被展示出來，而想要去看更多書。 3.閱讀計畫單：有75%的學生會因為想完成「閱讀書單」，而想要去看更多書。有89.29%的學生喜歡列出書單，讓自己知道看了哪些書。	3.提升兒童之自由選擇閱讀的能力，將使兒童的閱讀動機更為提高。

二、省思專業成長

1.在本研究中，我獲得哪些教學實務上與學理上的啟示？

(1) 在教學實務上的啟示：

　①讓兒童處在充滿閱讀氣氛的環境中，能使兒童主動對閱讀產生興趣。

　②讓孩子輕鬆自在的享受閱讀的樂趣，別讓閱讀成為孩子的壓力與負擔。

　③閱讀的成果不是立即可見的，需要一點一滴的累積。

(2) 在學理上的啟示：

　吳宜貞《影響閱讀動機的因素：看教室環境與文化》是本研究的重要文獻，研究者陸續自編各項教學活動，實施之後發現各項教學活動更能貼近教學現場。深刻感受到有理論基礎的引導，讓整個研究更為扎實。

表7-6　（續）

---

2. 在本研究中，對於我的教學信念有哪些改變？

　　透過不同的教學活動，讓孩子去建構自己的思考與想法，學習批判與思考，自行將書本中的知識轉化為自己的能力！

3. 我的研究對於促進自己的專業成長有何幫助？

　(1) 本研究是自己教學理想實踐的起步，然而這篇行動研究報告的完成，並不代表著行動結束，反而是另一個階段的開始。

　(2) 看到孩子早上一進入教室，放下書包，交完功課，馬上拿起書插去找書，然後沉浸在書中世界的專注神情，我想這趟路走來是有收穫的！

4. 我會如何將研究結果運用在教學上？

　　我會隨時在教室營造適合閱讀的環境與氣氛，讓兒童在潛移默化之中，自然而然地培養出閱讀的興趣。

三、檢視行動策略

1. 本研究的行動策略實施狀況如何？有無缺失的地方？

　　無。

2. 在實施的過程中，是否還有其他方式可以提高施行成效，以供後續之參考與改進？

　　無。

四、省思研究歷程

在整個研究歷程中，我曾遇到哪些困難呢？有哪些地方需要再加以改善的呢？

1. 老師花了很多的時間構思行動策略及設計教學活動，這些都不是上班時間可以完成的。

2. 教師教學繁重、班務瑣碎，因此減少了與學生在書本上的互動，較少直接參與書本內容討論。

五、思考後續探討

我會針對本研究計畫進行哪些修正，以便再進行另一次研究？

下次再做研究時，我會增加「家長及社會資源運用」的部分。

第四節　教學行動研究實例

　　本節呈現教學行動研究實例，內容包括「行動研究論文」、「教育專業經驗分享」、「創新教學活動設計」、「教材教具實物展示」等四類。所有作品皆取自「臺北市中小學及幼稚園教育專業創新與行動研究」競賽網站（網址：http://163.21.34.143）。

　　本文篩選上述四類比賽得獎作品各一篇，提供讀者參考。論文類「悅讀越快樂：經營班級文化以提升兒童閱讀興趣之行動研究」，作者為臺北市內湖國小楊靜芳老師，研究主旨在於透過閱讀環境的改變，營造有利閱

讀的班級文化。經驗分享類則選「How to Say No！～～『拒絕策略』情境教學之經驗分享」，作者爲臺北市士林高商林妙眞等四位老師，內容與人際互動技巧有關，研究者以戲劇表演爲主要策略，協助學生確認自我需求，勇於說不！

教學創新類是「犀利思考、怦然過招──由『數學參訪』談生活連結寫作」，作者爲臺北市明湖國中楊期甬與南門國中曾明德兩位老師，他們將學生經驗與數學內容連結，啓發學生數學思考。最後是教材教具類的「吉金華章的數位敍事藝術──以故宮赫赫宗周特展爲例」，作者爲臺北市中山女高的黃月銀與徐倩如兩位老師，她們整合學校教材、故宮數位資源與古物特展，和學生一起編擬完成寓教於樂的歷史科教材。

壹、論文類

悦讀越快樂：經營班級文化以提升兒童閱讀興趣之行動研究

臺北市立內湖國小　楊靜芳

【摘　要】

本研究是以研究者任教之小學三年級學生爲對象，透過一學期的行動研究，採取觀察法、問卷調查、訪談法與省思札記，探究如何營造適合兒童閱讀的教室環境，並設計多樣的活動來增進兒童與書本的社會互動，尊重兒童自由選擇閱讀的材料，以提升兒童的閱讀興趣。本研究結果發現：

一、強化教室閱讀情境的布置，能有效提高兒童主動閱讀的興趣。

二、舉辦多元的閱讀活動，有助於提高兒童的閱讀興趣。

三、尊重兒童自由選擇閱讀書籍的權力，將使兒童的閱讀動機更爲提高。

【評　述】

　　整體而言，本研究文章結構清晰、行文平順流暢，在許多方面足以提供後續教學研究參考。楊老師在面對教學困境時，既能深入探究問題成因，又能別出心裁，將教學與研究加以結合，讓教學研究增添更多興味，同時不失研究的意旨與功能。

　　比較可惜的是，本研究以班級文化為核心，但是結論與省思的討論過於側重檢核行動策略的個別效果，缺乏整體班級文化的討論與分析，往後或可略作加強。

貳、經驗分享類

How to Say No！～～「拒絕策略」情境教學之經驗分享

臺北市立士林高商　林妙眞、陳桂芳、何思慧、周小平

【摘　要】

　　「健康與護理」這門課重視的是生活上的運用，所以希望透過課程的薰陶，讓學生能在往後面對人生的課題或抉擇時，有正確的態度和方法，也就是讓學生培養出一種帶得走的能力。但此種能力需要從做中學、必須親自執行過才會形成記憶，以後學生遇到類似狀況，才能加以運用。筆者認為運用「情境的模擬演練」可應用於學生對於「拒絕策略」之學習，藉此情境教學增進學生「勇於說不」的勇氣，這種方法不論是運用在約會邀約、情人分手、性要求，甚至是拒絕毒品、拒菸、拒檳榔等議題皆可行。透過「戲劇表演」的方式進行，由同學模擬各種情境，學習人與人相處與互動的技巧，豐富他們面對未來人生各種狀況的經驗值。近年來，由於智慧型手機的普及化，學生對於影音資訊的運用更是得心應手，因此筆者嘗試讓學生以「影片拍攝」的方式模擬各種拒絕策略，透過此種方式，不僅改善現場演出的不足之處，並能藉此把學生的設計與演出成果保存下來。

【評 述】

本研究要求學生模擬各種情境，利用手機製作影片，可說是一舉數得的教學策略。首先，教師使用最容易取得、學生也非常習慣的手機，作爲主要教學資源配備，既方便又有效；再則，利用影片呈現情境，更勝現場學生演出，學生爲了拍好影片，必然反覆模擬直到純熟，有助加深學生情境印象，甚至成爲長期記憶；最後，教學成果也得以完整保存，同學之間彼此分享也同樣方便，又再一次增加觀摩學習的機會。

但在教學過程中，由於影音資訊容易吸引學生注意，稍不留意便會將重點放在「拍攝」，課程實質內容相對地遭到忽略，這點可從教師教學省思中看到一些徵象，這是後續教學研究可以略加修正之處。

參、教學創新類

犀利思考、怦然過招——由「數學參訪」談生活連結寫作

臺北市立明湖國中　楊期甯　臺北市立南門國中　曾明德

【摘 要】

本研究目的在於將寫作策略用於課程、主動思考、評量效益、補救教學等國中教學面向，經由生活中的參訪，作爲發展國中生增進數學思考的有利補充教材。

面臨12年國教，臺北市推動「標準參照」、「補救教學」，教師「活化教學」能力就更形重要。學生藉由選取問題，帶來對日後生活問題的解決影響，而課堂所教數學知識也提供學生探索什麼是連結性。當學生在思考的歷程中，一定會感同「數」受，也會面臨用哪一個方式去解的兩難衝突，這些促使學生去思考什麼是「最佳解的取捨歷程」，會促使學生有分析、批判的能力，歸納「面對、跨越、解決、反思」的內涵，也能間接加強「數與量」、「代數」、「幾何」、「機統」的連結與實踐。

　　運用「數學參訪」讓學生從親身參與中帶出過去的記憶，體認到問題所要傳達的數學概念，學習到數學的論述及連結性，這也大大增加挑戰103年起「特色高中考試」時，數學非選擇題的讀題解題功力。

....

【評　述】

　　藉由動態的技能操作，而能達到認知與情意學習，是許多教學者努力的目標，也是本研究的最大亮點。在本研究中，教師發揮創意，採用生活化的教學設計，讓學生不僅理解數學概念，更知道如何應用這些概念，進而提升學習動機、喜歡數學。此外，兩位研究者跨校合作，提供不同研究者組合的具體示範，除了擴展行動研究的應用範圍，也增添研究過程的各種可能。

　　稍有不足者在於「數學參訪」名詞概念的說明與介紹不夠清楚。讀者可能來自不同的專長領域，在缺乏清晰概念的情況下將導致閱讀吸收的困難。本研究若能在一開始便清楚說明「數學參訪」的意涵，應能幫助一般讀者理解內容。

肆、教材教具類

吉金華章的數位敘事藝術──以故宮赫赫宗周特展為例

臺北市立中山女高　黃月銀　徐倩如

【摘　要】

　　日、陸客來臺必指名造訪的故宮博物院，據調查，任教班級竟尚有學生未嘗親臨，殊覺可惜，特運用本校自編教材《中華文物之美》之「商周青銅」單元為底本，配合故宮2012年10月8日至2013年1月7日「赫赫宗周──西周文化特展」延伸設計教學活動。除運用故宮原已彙整院藏商周銅器相關之數位典藏學習資源，包含：故宮典藏精選、

常設展覽網站、主題網站、故宮學習資源，並在依據學生程度與興趣的差異化教學實施歷程中，教師施以有效教學策略，將數位敘事概念導入故宮數位典藏資源的豐富探索，由師生共同完成參展前準備。在正館展廳參觀活動中，瞭解青銅器銘文內容與文化意涵。返回課堂，以從古典到現代的小說導讀深化參展青銅器物內涵，創作極短篇小說，畫下商周銅器文物學習多元評量的有力句點。總括本教材教具符合以下三項特色：一、教師有效教學，學生自主學習；二、教師差異教學，學生合作學習；三、教師適性輔導，學生多元評量。

....

【評　述】

在教學過程中，教師自許為「敘事建築師」，負責建構課程的結構藍圖，引導學生共同創作故事，實為翻轉教學的具體展現。本研究以學校既有教材為基底，配合故宮博物院的實物展出，應用網路數位典藏資源，由師生共同編擬教材進行教學，不僅協助學生結合新舊經驗，深化學習效果，也讓學生走出教室，延伸學習觸角，讓知識不再只是印刷的文字，而是生活的體驗。

省思內容偏向博物館的學習經驗，這固然是本次課程重點，但有關學生在整個過程中的規劃表現，則幾乎沒有提及，這讓學生角色還是偏向純粹的學習者，是比較可惜的地方。

胡慧宜

第八章

教師專業學習社群的
規劃與推動

教師素質與專業程度，是學校教育成功與否的重要關鍵（Grider, 2008），而教師專業學習社群則是提升教師專業與素質的重要方法之一。Willson指出，「有目的且合作式的努力」是促進教師專業發展的重要關鍵，相對於教師專業孤立，團隊合作的教師專業發展方式，乃是促進學校改善的重要因素（Willson, 2006）。國內近年來所推展的教師專業發展與學習活動，從同儕輔導的倡議，到教學輔導教師制度、教師專業發展評鑑，都著眼於教師透過合作的過程，相互對話、共同分享與學習，此意涵恰與「教師專業學習社群」所倡導的理念不謀而合。

因此，本文闡述「教師專業學習社群」的相關理念，包括意義與特徵、理論基礎、實施原則與效益，接著逐步聚焦學校如何推動教師專業學習社群，教師專業學習社群如何組織運作，並列舉若干不同之教師專業學習社群真實案例，與有志者分享，作為將來教師專業發展與學習活動之參考。

第一節　教師專業學習社群的意涵

本節主要說明教師專業學習社群的意義與特徵，並闡述其理論基礎，以及推動教師專業學習社群的目標與功能，逐一分段說明如下。

壹、教師專業學習社群的意義與特徵

有關教師專業學習社群，國內外都累積了相當多的研究，各學者對教師專業學習社群之定義，因著重面向略有不同而稍有差異。如DuFour與Eaker（1998）認為，教師專業學習社群成員有共同目標、任務與願景，透過群體探索與合作學習，實踐前述之目標、任務與願景，成員於社群中需要不斷地學習與成長。DuFour（2004）進一步指出，專業學習社群由學校教師組成，著重於學習層面，以合作學習、協作精進為主，並對結果負責。Hord（2004）則在既有共同的願景、目標與合作學習的概念之上，提出成員間需要持續進行專業對話與分享實務經驗，並將習得之專業知能運用於實際教學中，在專業考量的同時，也必須兼顧學生之狀況與需求。Servage（2008）則認為，教師專業學習社群是一群教師依專長、興趣或

個人需求，透過合作學習的模式，定期聚會，並針對教學現場面臨問題及教學品質等相關議題，進行持續對話、分享與討論，社群中不但關注學生學習成效的提升，也重視個人與團體的專業成長。

國內也有不少學者對教師專業學習社群的意義提出見解。張新仁（2009）認為，教師專業學習社群是由一群志同道合的教育工作者所組成，持有共同的信念、願景或目標，為致力於促進學生獲得更佳的學習成效，努力不懈的以合作方式，共同進行探究與問題解決。張德銳、王淑珍（2010）指出，專業學習社群強調「合作、分享與支持」的概念，成員之間對專業有共同的信念、願景或目標，透過成員之間省思對話、探索學習、協同合作及分享討論等方式，來促進學習成效的提升，並精進自身的專業素養。丁一顧（2011a）則認為，教師專業學習社群是一群具有共同願景或目標的老師，在一起進行對話、分享、合作、探究、學習，以解決教學問題或創新教學，進而提升學生學習及教師教學。

綜上所述，本文作者認為教師專業學習社群的意義是：一群具有共同願景和目標的教師，持續且固定時間在一起進行對話，分享想法，合作探究，彼此互相學習，解決教學問題，或嘗試創新教學，以提升教師教學效能，進一步增進學生學習成果。

至於教師專業學習社群的特徵，根據Kruse、Louis與Bryk（1995）的研究，歸納教師專業學習社群具有反省的對話，專注於學生學習，教師同仁的互動、合作，以及共享的價值與標準等特徵。本文作者將此觀點，與上述的意義相呼應，彙整出以下五項特徵，分別是「共享的願景和目標」、「穩定永續」、「合作分享」、「省思對話」、以及「關注學習」，茲分述如下：

1. 共享的願景和目標：教師專業學習社群強調共同的願景與目標，進一步形塑成為核心價值，藉此，社群教師清楚瞭解社群發展方向，發展出共同遵守的行為規範，進而凝聚社群的向心力，以維持社群的穩定運作。

2. 穩定與永續：欲其穩健發展願景，逐步達成目標，方便社群成員進行分享與對話，多數社群會訂有固定的聚會時間，成員組成趨於穩定，

便於事先規劃與安排時間，養成積極參與的習慣。同時長期運作，成員發展出一定的默契與互信機制，更願意敞開心扉，共同對話。

3. 合作分享：在社群中，成員對話聚焦於教師之教與學生之學，既可合作規劃課程和發展教案，又可分享、創新教學與深化經驗。同儕遭遇困難的時候，其他成員一方面分享經驗與共用資源，另一方面協同合作、互相支持。

4. 省思對話：社群內的教師在彼此互動過程中，對於工作中遭遇之困難或疑惑之所在，會提出來一起討論，透過意見的提供與交換，進行反省或批判性思考，以獲得解決的方法，藉此專業的對話使教師不斷修正觀點與作法，提升專業。

5. 關注學習：教師專業學習社群的直接目的雖在發展教師專業，但最終目的則是爲了學生的成長與發展，關注學生的學習成效，係教師專業學習社群的最關鍵特徵。教師群體的活動如未能聚焦於教師的教以及學生的學，則很難稱得上係專業的社群活動。

以上五個特徵，彼此密切關聯、環環相扣，可作爲評估一個組織是否順利發展成爲專業學習社群的指標。

貳、教師專業學習社群的理論基礎

教師專業學習社群有蘊含之深義，亦有其立論之基礎，社群運作時若能掌握其理論基礎，當更能彰顯其意義。故本文作者嘗試融合組織學習、合作學習和社會建構之理論基礎（引自吳俊憲，2010；吳芳容，2011），建立教師專業學習社群之理論架構。

一、組織學習

組織學習的實徵研究，自1990年代後期開始大量出現，主要是去探究一個組織如何學習。彼得・聖吉在1990年代所提出的《第五項修練》，可以說是組織學習的典型範例（吳俊憲，2014）。組織學習的層次有三，可區分爲：個人、團隊與組織層次的學習。個人層次學習：主要在於組織成員在認知、情意、行爲方面的改變；團隊層次學習：主要在於團隊成員對話型態的改變；組織層次的學習：包括組織在制度上的改變。專業學習社

群與組織學習兩者間具有密切關聯性，都是將個人學習置於組織的脈絡與情境中，做反思和探究式的實踐，一方面促進個人經驗之不斷更新，另一個層次則有助於組織整體持續學習發展的機制。

組織學習與專業學習社群兩者概念類似，且密不可分，兩者皆強調建立共同願景的重要性，也都重視以團隊合作的方式，解決現場問題，並尋求專業的提升。若一個學校具有穩固的組織學習之基礎，則專業學習社群中的各項活動，便可持續且活絡的進行，兩者關係可謂是相輔相成的。

二、合作學習

合作學習是指學習者與他人共同合作以努力達成群體目標，學習者彼此協助，分享觀念、經驗及知識，並共同解決問題，以達成目標（丁琴芳，2008）。合作學習主張學習者經由社會協商的過程獲得多元觀點，以促進個人的成長和發展。Johnson、Johnson與Holubec（1994）提出合作學習的五大基本要素，強調成員間積極互賴的關係、正向面對面的互動、小組每個人對團體有義務與責任、善用人際及小組合作技巧與團體歷程。

至於合作學習與專業學習社群兩者間的關係，張淑珠（2008）分析，強調知識是經過社群中的成員互相切磋、討論、辯證的合作學習過程，集合社群成員不同的能力而獲得個人的知識建構，所以，教師專業社群之學習，是藉由合作式的團體互動來促進成員專業發展。合作學習強調「積極互賴」與「社會互動」，同時也肯定「目標導向」、「個人責任」、「團體歷程」等特質的重要性，正與教師專業學習社群內涵相契合，社群有共同的學習目標，透過合作學習來加強社群教師間的互動與互賴，彼此溝通、分享「教」與「學」的歷程和經驗，共同解決問題並發展教師的專業能力，進而提升教師專業學習社群本身的整體發展。

三、社會建構

林劭仁（2006）認為，專業學習社群的理論基礎之一來自社會建構理論，其中又與鷹架學習論與情境學習論的理念最為相近。專業學習社群與鷹架學習都強調學習是個人與群體協商和互動的結果，學習者可以在社群內與他人相互支援，透過知識及訊息的交流與分享，獲得知識，並進一步跳躍至較高認知層次的歷程。情境學習則主張學習必須在社會情境中才得

以發展，透過實際情境進行學習，才能獲得實用的知識。建構主義者主張知識的獲得，非由單向傳輸所能成，而是學習者自己在認知過程中建構而得。知識的增長是建立在學習者本身的先備知識上，然後與學習情境互動所產生的結果。因此，學校必須營造一個有利於學習者建構知識的情境，並適度地引導專業社群的自我學習與成長。

以社會建構理論來看教師專業學習社群，教師必須經由親自參與社群的運作，在社群中靠自身不斷的學習，進一步建構出新的專業知能，透過社群中經驗傳承、合作討論與共同協作等方式，豐富並補足原本欠缺的專業知能，並且以本身擁有的知識與技能為基礎，幫助其他教師也能建構更完整與精密的知識，達到成己成人的境界（吳俊憲，2010）。

綜上所述，組織學習、合作學習和社會建構為專業學習社群的理論基礎，藉由教師同儕所組成之教師團體或專業社群，就教學改進與學習成效等相關議題進行對話和討論，藉由彼此合作互動的歷程，進行理念分享、創新教學、研發教材、交換心得及共同學習以促進專業發展。

參、推動教師專業學習社群的目的與功能

孫志麟（2008b）認為可以從教師專業發展、學生學習和學校文化等方面，說明發展「教師專業學習社群」的價值。以下則嘗試將之轉化成學校推動教師專業學習社群之本質目的，並加強說明推動教師專業學習社群之後，我們期待其發揮之功能。

一、目的

本書所述之所有以促進教師專業發展為核心的推動重點，其間有其因果關聯之脈絡。教師專業發展評鑑之結果，期待能引導出促進教師增能的專業成長活動，聚焦在改善教師的教學專業能力，有效提升學生學習表現和學習成效。而推動以學校為本位、由志同道合的教師自發性組成「專業學習社群」，進行長期持續性的專業學習與成長，是有效的成長方式（賴協志，2014）。其主要目的如下：

(一) 減少教師孤立感

教學工作充滿變化與挑戰，每位教師難免會遇到困難與障礙，透過

專業學習社群的成立，教師互相支援和打氣，增進彼此情誼，形成集體智慧，減少教師間的孤立與隔閡。

(二) 激發教師自我反思

突破傳統學校科層體制，改變氣氛不佳的關係。教師專業學習社群透過分享領導權，讓教師擁有較大的專業自主性，不只是聽令行事，更能討論反省與批判思考，激發教師更多元的思維與寬廣的視野，以符應多元社會的不同需求。

(三) 促進知識分享與創新

在專業學習社群中，教師的學習圍繞在教學的實務問題。教師在合作發展課程、共同設計教材、討論教學問題的過程中，分享成功與失敗經驗，進而更新對教學的認識與理解，促發創新多元的教學方法。

二、功能

教師專業學習社群之推動，不僅可以提供教師交流個人的教學經驗，分享教學專業知識的機會，更能解決教學實務問題，擴增教學視野與研發創新教材教法。對學校亦有以下的功能：

(一) 提供教師情感支持

在社群運作中，教師不再是孤軍奮戰，彼此之間不僅會討論與工作有關的專業知能，更會互相關懷鼓勵，彼此提供支援與資源。教師在社群中獲得情感需求的滿足，降低鬆散連結組織氛圍下的孤立感。

(二) 增進成員團隊合作

專業學習社群內的教師一起規劃社群活動內容，相互討論共同有興趣的教學問題，齊心處理共同關心的困難情境，或者致力教學方法創新，為共同目標而努力。教師成為社群團隊中的一分子，藉由社群運作，使學校內教師更加團結合作。

(三) 實踐教師教學領導

教學領導將不僅限於校長及教務主任，而是由老師領導老師，老師陪伴老師，「增權賦能」的理想在此被實踐，雁群理論的假設在此被驗證。學校課程與教學的決策參與者增多，思考角度更廣且更多元，可促成最佳決策，決策的執行情況也會因為參與者即決策者而獲得更多的認同與承

諾，產生更好的成效。

(四) 拉高學生學習成效

經由專業學習社群，可以優化教師教學素質，而其最終目的乃在提升學生學習成效，肯定學校辦學績效，進一步肯定教師的投入與付出，教師在其中獲得成就感，就更願意奉獻學校與教育，啓動良善循環，進一步達成學校存在的核心目的。

(五) 形塑優質學校文化

經由合作，打破孤立的教師文化；經由彼此提供鼓勵和精神支持，使教師不畏於分享、嘗試與對話，改變保守封閉的教師文化；藉由聚焦班級與教學，校內教師可致力改進與創新，引進多元的教學派典與適性的評量，形塑優質學校文化。

三、教師專業學習社群的限制

積極推動教師專業學習社群，有引導教師專業發展之目的，也希望能藉此啓動教師合作創新之可能。惟因其運作之特性，在學校教育現場實施亦有其限制，在下文中將一一闡述。在教師專業學習社群的實踐過程中，如果遭遇瓶頸，能借助行政主管或同儕之力，借力使力，有所突破，當然是值得歡欣；但若實在很難改變，也可以自我寬慰一番，非努力不夠，實在是限制頗多。不要採用太過強勢的作為，破壞同儕間的信任，傷害同仁間的情感，反而會斬斷教師專業學習社群永續發展的生機。

(一) 社群共同時間難覓

因教師專業學習社群成員可能來自學校中不同年級、不同領域或不同工作性質；學校排課，要考量科任教師、科任教室、教具使用等因素，想要安排同社群教師共同沒有課務的時間，有一點難度；小學部分，雖有週三教師進修，又必須因應相關法令的規定，安排許多法定的研習，如：特教、環教、輔導、防災、急救等。國高中部分，沒有所謂的週三教師進修時間，更需要極盡巧思，排除各種困難，才能找到大家共同的時間。所以，很多社群互動的時間會安排在下班或假日的時間，難免影響家庭生活。

(二) 教師文化氛圍特質

Hargreaves（1992）指出，教師文化中具有兩種氛圍，即相互隔離的「個人主義文化」（individualistic culture），以及為爭取權力與資源而相互競爭的「巴爾幹文化」（balkanized culture），皆不利於教師專業學習社群的營造。歐用生（1996）進一步指出，目前我國中小學教師文化仍屬孤立，並不利於教師專業學習社群的運作。張德銳、王淑珍（2010）則點出臺灣在教師專業養成上的不足：我國中小學教師甚少接受與同儕互動合作、省思對話的專業訓練。由於中小學教師缺少教師領導、教學輔導、人際關係與溝通方面的訓練，往往難以熟練的人際溝通和教師領導技巧，來和教師同儕們有效地進行專業學習社群工作。

(三) 學校組織結構特性

我國中小學學校組織結構比較偏向科層體制運作型態，層層節制，分層負責，而教育主管機關亦常採用命令方式與學校互動，頗有幾分機械式的反應型態，學校自主空間非常有限。專業學習社群強調同儕互動，比較適合的組織結構是一種「有機式」（organic）的結構，而不是一種「機械式」（mechanic）的結構（張德銳，2001）。再加上校長及行政人員若採行權威式領導，則教師專業學習社群的營造更屬不易。

(四) 教學典範選擇之歧異

教學到底是一種技藝或是一種藝術？如果是技藝，可能會強調技巧之高超、過程之嚴謹、成果之精緻，以團隊合作的方式討論、互動，無疑是有效的方法。但如果有人認為教學是一種藝術呢？強調方法創新、過程可能要視現場狀況即興調整、作品強調獨一無二之獨特性，那參加社群會不會是一種認同類化、消磨獨特思維的歷程？當然，不太會有教師選擇單一的教學思維，大多數的教師也會有智慧在兩者之間擇優汰劣，保持平衡。但是若能理解兩者間存在的歧異，當有助教師隨時省思敏覺與調整。

從學校組織結構的特性、到教師文化氛圍之特質、再到實質面時間的安排困難，可能會限制著教師專業學習社群之發展。惟合作創新、分享對話，儼然已經成為教師專業發展的核心要件。學校應該如何推動教師專業學習社群，而有志組織專業學習社群的熱血教師，又該如何著手進行呢？

將在以下章節分別說明。

第二節　學校社群的實踐模式

　　教師專業學習社群有其深厚理論基礎，也有明確的目的與功能，想要突破其限制，充分發揮其功能，達到其目的，則有賴妥善的規劃與落實的推動。本節主要是從學校領導與教育行政工作者的角度，陳述學校在規劃時需注意的要點與推動之策略，並列舉評估成效的多元面向。

壹、學校教師專業學習社群的規劃

　　作為關心教師專業學習社群發展的學校教育工作者，要審慎思考：「教師專業學習社群」成功的關鍵因素為何？學校應提供哪些資源來協助「教師專業學習社群」？在前期規劃教師專業學習社群時，需要掌握及考慮幾個層面，以確保後續之推動步調能穩健進行。

一、連結教師專業發展評鑑

　　首先，要先彙整教師專業發展上的需求。如果是辦理教師專業發展評鑑的學校，可以將教師專業成長需求分析統整歸類，找出具有共同成長需求的人與類別，可以是某領域上的（如：語文領域）、某個教學需求的（如：發問技巧）、或是某個特定知識或技能（如：發展學校本位的游泳課程）等（吳俊憲，2014）。目前精緻教師專業發展評鑑網（https://atepd.moe.gov.tw/）已可由系統歸納出全校教師需成長的方向，非常方便快速。如果學校沒有參與辦理教師專業發展評鑑，則可透過問卷，歸納整理後，找出教師專業成長需求的大致取向，以作為規劃專業學習社群的參考方向。

二、結合志同道合者

　　接著，學校相關處室可以營造機會，找個時間和空間，把這些有共同成長需求的人集合起來對話和討論，嘗試讓這些教師組合成一個可能發展為教師專業學習社群的組織。儘量使其成功，但要尊重教師的意願。也可以安排數次，藉此機會訂定主題與目標，推舉領頭羊，訂定公約，規劃期程與預估效益。

三、提供社群運作所需資源

若能組合成功，學校要為社群規劃定期討論的時間。時間的安排，不要增加社群參與者太多加班的需求，盡可能安排共同沒課的時段或是各領域備課時間，並安排對話、討論、閱讀、實作的空間。建構學校的知識分享平臺，讓社群儲存研發實作的資料。如果需要找外面的專家學者或是資深現場工作者來帶領社群，也需要一點經費的奧援。

四、人員培訓與研習

運作社群成功與否的關鍵點繫於找到合適的社群召集人，並能發揮角色、承擔任務。選擇社群召集人所考量的條件，必須重視人格特質，一定要具有學習熱忱、肯負責任、以身作則、任勞任怨（賴協志，2014）。其次，由專業者擔綱，再安排參與主管機關的領頭羊（社群召集人）培訓，更可提升其教師領導的能量。

在社群開始運作之前，可在暑期備課時間安排教師專業社群相關的研習，讓所有的教師對教師專業學習社群之意義、內涵與實施目的有所瞭解與認識，並對教師專業學習社群之運作建立一定程度的共識。講師之遴聘或主題之訂定，可由參與教師共同編選（潘慧玲、高嘉卿，2012），以增加參與感。

剛開始推動，社群成員人數不求多，但求志同道合，彼此認同理念與目的。最重要的是，彼此高度信任（是指專業上的信任，而非私人關係的信任），願意坦誠溝通，尊重不同意見，並願意參與，以「同儕間的專業合作與無私的分享」為大家共同遵守的規範，如此才能營造出專業分享不藏私、相互支持與打氣的氛圍。

五、長期支持營造舞臺

社群領頭羊要領導同儕，較擁有行政管理權的校長、主任相對艱難，需要校長、主任不時關懷，提供必要支援並給予支持，在心理上也需要積極傾聽、接納與同理，表達隨時與之同在的態度。若能安排各社群領頭羊聚會時間，分享心得經驗，舉出困難，一起商量對策，無異是另一個層次的教師專業學習社群。配合教師專業學習社群的發展期程，若有超過一年以上的規劃，學校也可考慮申請多年期的教師專業發展評鑑與之配合，如

此較能協助社群長期穩定發展。

安排一個成果發表的機會，讓社群與社群之間可以互相切磋琢磨。若社群主題牽涉到學年之間的縱向連結或領域的協同合作，更能藉此機會廣招同志，在未來一起努力，真正凝聚成為學校共同的願景與價值，進而鼓勵教師撰寫成果文案彙集成冊，出版專輯，記錄努力點滴，是彌足珍貴的教師共同資產。

貳、學校教師專業學習社群的推動策略

承上所述，學校在規劃教師專業學習社群之時，最好能與教師專業發展評鑑相結合，考慮到人、事、時、地、物的整體搭配，萬事起頭難，總是要開始之後，逐步讓教師感受到教師專業學習社群同僚互動的美妙之處，再求穩健推動永續發展。本文作者歸納周啓葶（2006）提出的建議，提出以下策略，以利教師專業學習社群的發展。

一、以教師為主體，鼓勵教師自主規劃

專業學習社群教師的組成是多元的，不同的工作角色、族群、性別、學年、領域、經驗等存在差異，需要彰顯教師專業發展的主體即為教師，以聚焦在教師的教與學生的學。

鼓勵教師自願參與社群，訂立共同學習目標與方式，如此可增進教師對社群的認同感，包含分享觀點、責任及經驗，也有助於產生向心力，願為社群發展而努力。

教育部（2008）希望教師專業學習社群是由志同道合並具共同願景的教師自主規劃，以合作方式進行探究或問題解決。學校可鼓勵教師邀請校內同領域、跨領域教師或校外夥伴學校教師，成立教師專業學習社群，促進專業成長。也可以由學校學習領域小組組成，進行主題式專業成長議題的探討。

二、結合課程與教學，反省思考與專業對話

社群所提供的專業成長途徑是民主的，有時教師間有認知差異或衝突，在所難免，教師要基於平等與尊重的原則，採取反省思考與專業對話的態度，才能增進教師專業成長與永續發展。

　　張新仁、馮莉雅、潘道仁與王瓊珠（2011）認為，專業學習社群應以增進教師的課程發展、教學計畫、教學策略、班級經營、學習評量等教學實務為核心。誠然，學校教育的主軸在課程，而課程的精緻程度則取決於教師的專業。因此，學校可透過行政引導教學，發揮教學領導的功能，引領學校各處室行政的力量，帶動教學現場的熱情，以正向言行鼓勵教師跳脫阻礙成長的桎梏，引導領域課程小組會議進行專業對話，或是規劃跨領域的主題研修社群。

三、因應挑戰，訂定具體可行的願景與目標

　　張德銳、王淑珍（2010）指出，共同的願景與價值可讓社群內的教師瞭解社群發展方向，並據此發展與規劃學習目標，是對學習社群任務的理解與認同。而建立願景與目標，是教師專業學習社群成功的主要關鍵。願景與目標的規劃，則需教師社群成員們長期、多次共同反省、對話與修正，才得以發展。

　　對於學校課程領導者而言，「積極因應學校課程發展所面對的挑戰」，可能是念茲在茲的中心思維，例如：「如何落實生活教育？」「如何建構差異化教學模式？」以及「如何推動補救教學？」等，皆有待教師運用社群的研討來尋求共識。學校可以適時拋出這些議題，結合慎選之社群召集人，依面臨的待解決問題，擬定社群願景計畫，並明確成員組織分工，以確保社群的永續經營。

四、分析現況需求，提供必要的資源與支持

　　教師專業學習社群若要維持良好運作，需要靠內部與外部等地「人力資源」的支持與投入（林劭仁，2006）。因此，學校校長與行政人員應建立支持與信任的氛圍，鼓勵教師從事教學研究與實驗，並提供參與社群教師必要的誘因與獎勵，精神與物質方面都要兼顧。另外也要積極回應與關注社群需求，在課程時數、經費、資源及設備上提供支援，安排社群教師有固定的時間和場所進行討論研究。

　　在時間安排上，學校可配合教師專業對話的需求，安排同領域教師共同不排課的時段，或於週三研習時段（國小）安排社群研修，鼓勵教師進行專業對話。讓教師專業發展評鑑的步調和社群運作的期程相結合，例

如：入班觀課評鑑，就可以和社群教案研發實作的時間相配合，以收一魚兩吃、事半功倍之效。

在設備提供上，設置電腦、單槍投影機、數位播放設備、提供手提電腦、錄音、錄影設備等。亦可協助建置社群之分享網頁，以便辦理學習社群成果發表會。

在行政運作上，可協助推選出召集人，聘請專家協助，協助運用有系統的方法運作，例如：提供典範案例作為參考，或分享前期累積之經驗等。

在社群成員招募上，可考慮適當分配各領域人數，亦可鼓勵新進、初次擔任該領域（科目）教學教師參加；有意願參與者，可安排擔任相同的課務，或協助安排共同時間，鼓勵參與社群。

五、評估成效，回饋教學

當社群完成每一階段的任務後，應有適當的評鑑與回饋工作，針對原先設定達成的目標進行檢討，瞭解運作上是否有哪些問題，並改進缺失的部分，以促使專業學習社群的持續運作更為完善。

可結合行動研究的精神，將教育現況的問題帶進社群中研討，同時也將專業研修的結果回饋到教學的場域中，因此，「回饋教學現場的內涵」將是評估社群運作成效的重要指標之一。這種內涵是由團隊夥伴激發出來的，可以因應不同的時空背景而調整，因此能「因材施教」，達到有效教學以及提升學習品質的目標。

其實，教師專業學習社群的運作，就是教師領導的一種具體實踐。林思伶、蔡進雄（2005）指出，校長及行政人員宜減少使用權威控制的領導方式，學校校長若能調整領導型態，不再執著於將權力集於一身的傳統型態，而是下放權力，邀請有才華、有能力的教師一同參與學校決策，並提供相關的訊息與訓練，讓教師有做「好決定」的能力，當更能彰顯「賦權增能」之真義。透過分享領導權，讓教師擁有較大的專業自主性，發展教師領導能力，能參與或影響學校的決策，並承擔做決定的責任。這種領導並非是指擔任正式領導職位，而是指其所發揮的功能與影響。

第三節　教師專業學習社群運作歷程

　　依據上節所述，教師專業學習社群的主體應為學校教師。從實務運作的角度來看，當學校的文化氛圍醞釀到教師能以追求教師專業成長為職志、行政人員能以支持教師專業成長為其使命，儲備足夠的教師領導者人才，也建構了團隊間信賴的互動模式，教師就會產生自組專業學習社群之意願與動機（丁一顧，2013b）。在校內可按照自己學校規模，約集四到六人，組成一個社群。推舉一位教師擔任召集人，向學校提出「教師專業學習社群」申請。以下內容，旨在敘述教師籌組教師專業學習社群可能面對的發展歷程與運作模式，幫助有志在校內籌組教師專業學習社群的教師，做好心理建設，體驗社群隨時間發展而日漸成熟穩定的美好歷程，掌握多種不同的運作模式，靈活調度選擇，並提醒成效評估需注意的事項。

壹、掌握教師專業學習社群的發展歷程

　　運作成功的教師專業學習社群並非一蹴可幾，從一開始的生澀陌生，到相濡以沫、融洽互動，往往需歷經數年的醞釀、磨合、反思、修正後，其運作才能穩定成熟。Huffman和Hipp（2003）曾提出教師專業學習社群動態發展三階段觀點，即：啟始階段、運作階段、制度化階段。不同階段各有不同的重點與特色，說明如下。

　　一、啟始階段：評估現況、釐清需求、組成社群

　　萬事起頭難。教師以自己的教學或專業發展需求，組成專業學習社群，是跨出教師專業學習社群的第一步。如何組成分眾式的團體，則因學校學習型組織文化成熟度而有所不同。

　　如果學校尚未有社群組織，或是學科或領域教學研究會運作尚未成熟，則可透過尋求行政協助，進行引導。教師可配合學校的以下步驟，找到與自己有共同目標和需求的人：(1)調查參與意願；(2)統計調查結果；(3)決定與公布計畫成立的社群數目和類型；(4)確認教師最後參與社群的意願；(5)確認社群成員名單；(6)推舉社群召集人；(7)參與學校召開的召集人會議；(8)參與召集人培訓活動；(9)爭取相關經費挹注；(10)建構與整合支持系統。

起步維艱。社群形成的過程，要充分理解教師的需求，激勵參與意願，強化召集人知能，以及整合學校提供的支持系統，包括安排社群時間、提供設備和其他資源等重要因素。

如果學校已有社群組織的雛形，或是運作的經驗，亦或學科或領域教學研究會運作有成效，即可思考將自己參與過、具有社群雛形的教師團體轉型為專業學習社群，順勢號召理念相同或目標一致的教師繼續以社群的型態努力。如果自己已經是學校的資深教師，則可尋找和自己一樣具有指標性或影響力的楷模典範教師，並徵求其他教師共同加入計畫的撰寫與成效的評估。

守成不易。過程中順勢而為，不必急於一步到位，要求所有人都跟你同心同德；要向上管理、橫向領導，醞釀分散式領導的氛圍；尋求主管的支持，排除運作上的困難，並與其他校內社群召集人分享，強化自己身為社群召集人（領頭羊）的領導能力。

啟始階段，重視建立社群成員間信任關係、發覺實務問題、建立權力共享的體認、開啟專業對話、回應成員需求等。在這個階段要逐步建立價值觀和規範，練習專業對話與分享資訊的實作；透過同儕觀課，一起檢視彼此所依恃之專業知識與技能，並互相鼓掌大聲加油打氣。遇到困難時，關懷彼此，從班級教學生活點滴中建立互信互賴的關係。如果是社群領頭羊，則可逐步砥礪鍛鍊自己的教師領導力。

二、運作階段：設定主題、落實運作、成效評估

運作社群相當重視選擇適合的主題，社群主題最好由教師「由下而上」經過討論、建立共識之後再提出。設定社群主題及運作程序，首先要以評估學生學習需求作為出發點，然後根據學習需求來診斷教師教學不足之處，並發覺教學問題，之後便可依此擬定社群主題、內容和運作方式的計畫。

社群計畫的擬定，要以社群願景和永續發展為思考基礎，可結合社群中多數教師專業發展評鑑的結果，配合學校需求或特色，加上述主題轉化成年度目標；接著要帶領團隊成員共同設定達成目標之檢核方式，包括質性資料與量化數據的分析等；最後，則依據社群的願景、年度目標及檢核

方式，規劃合適的活動，包括實施內容、實施方式等。

　　社群落實一段時間之後，則需依照規劃之期程，蒐集客觀證據，進行成效評估，可從社群重要關係人，如：學生、教師、社群、學校等層面檢視成效。可採形成性的評估方式，隨時檢視社群運作狀況，掌握學生學習態度的轉變情形；亦可運用總結性的概念，瞭解參與教師的滿意狀況，或學生期中、期末評量的表現。

　　運作階段，社群成員會逐漸展現對實踐共同願景的高度期望，願意分享領導權力，也能承擔責任。能聽取同儕的回饋意見，也能從同儕的接納與反應中，獲得鼓勵與支持。在聚焦課程與教學的主題引領下，會展現出對教學效能與學生成就的高度關心和期待，也逐步累積了協同合作解決問題的正向經驗，並創發出新的實務成果。因為成功經驗的累積，社群同儕更能信賴與尊重彼此的專業，更願熱情地提供回饋與分享。這時候，可以安排一個小小的慶祝和表揚活動來獎勵自己。

　　三、制度化階段：永續經營、樂在其中、求新求變

　　將專業學習活動融入教學日常生活中，將教師專業學習社群與學校組織運作融成一個持續性和全面性的系統，專業學習社群正式成形並有效運作，學校則蛻變成學習型組織。社群的成員基於承諾和責任，廣泛地參與學校決策，將學校共同的願景引導進入教學，並將專業成長活動所學應用在教學實務，客觀的分析學生學習成果，提供給同儕教師或教學輔導教師，共同進行新一輪的嘗試，一起努力促成進步與改變。

　　教師專業學習社群的運作是一段漫長的路程，每個階段都會遭遇到不同的困難與問題（賴貞琪，2014）。因此，運作成功的「教師專業學習社群」並非一蹴可幾，從成立伊始，往往需要歷經數年的醞釀、磨合、修正，其運作才能成熟穩定。而此三個階段之發展與逐步蛻變，也不是必然發生之歷程，尚需學校領導者適當地引領，提供足夠的資源，社群領導人能無私地分享和支持性的領導，經常公開熱情的宣示，並與同儕共同擁抱價值和願景，建置知識分享的機制，集體學習和應用知識，讓分享個人教學實務成為習慣，才能有體會播種、萌芽、成長、茁壯，到歡喜收割之喜悅。

貳、嫻熟教師專業學習社群的組成與運作模式

建立了教師專業學習社群之後，想要讓社群穩健發展、永續運作，尙需綜觀各種不同組成型態及嫻熟以下運作模式，配合學校行事與各項教育活動的推展，以收事半功倍之效。

一、組成型態

DuFour（2003）認爲，教師專業學習社群的成員結構可由各校自訂，因此，教師專業社群的組成可以是多元的。以下列舉各種組成的型態：

(一) 年級形式組成

各年級教師教學成長社群，可以年級教學議題、教學策略、班級經營、解決教學問題等作爲專業成長內涵。教師的個別或團體創意，透過社群的力量，傳達到同一學年的班級學生，讓全學年的學生共享多元而完整的教學內涵。個別的教學困境也可以透過集體的智慧，尋求全學年更全面性的解決方案。

(二) 學科（群科）或學習領域形式組成

如組織社會領域、自然領域等專業學習社群等，以共同備課方式，精進教學內涵、改進命題方式、辦理領域統整之活動。亦可以配合學校特色，發展縱向的學校本位特色課程，以彌補教科書素材之不足。

(三) 配合學校任務組成

以整體學校發展計畫，配合學校發展或專案經費補助計畫所實施的專業學習社群。學校任務型的社群，多由一群行政處室主管拋出構想，帶領教師開發課程，日後陸續以學生社團、營隊、融入校本課程等方式進行課程實驗。任務型的社群在推廣研究時，必定要思考全年級或全校實施的需求差異，需要與學校課程發展委員會相互配合，以利完成任務。

(四) 專業發展主題形式組成

打破年級、科別，教師依共同關注的議題，組成不同主題的專業學習社群。例如：國際文化課程學習社群，透過跨科教師的交流及合作，激盪出不同的火花，結合英語、地理、公民、歷史各科教師多次討論，發展課程計畫細節，整合外部資源，改進問題後再成長。

二、運作模式

教師專業社群的運作也可以配合學校的特色與成員的專長和興趣，呈現多樣的面貌（賴協志，2014）。以下列舉幾種運作的模式：

(一)協同備課

同領域教師可以共同分析上課教材內容，一起討論各單元上課的流程以及引領討論的方法，也可以共同命題，或發展出一套評量學生作品的規準，或是一起分析學生學習評量的成果。

(二) 教學觀察與回饋

教學觀察的目的，是想瞭解教師的教學實作表現或師生互動情形，一方面可作爲分享個人的教學實務，另方面也可經由觀察者回饋的優點與待改進項目，作爲省思與改進教學之用。觀察方式包括：發展適用的教學觀察規準與工具，選取觀察的重點，進班觀課或是錄影教學，再進行事後回饋。搭配同儕省思對話，即共同選擇一個焦點進行專業對話，例如：學生作品實例、試卷答題結果分析、一堂課的教學錄影帶或同儕觀課等，以幫助教師教學或學生學習做省思與改進。

(三) 建立教學檔案

教師專業發展檔案是展現教師教學理念與教學實踐成果的一種方式。透過教學檔案的建立，教師可以系統地蒐集並整理教學實務，從學生的學習成果，反省其教學的有效性，進而修正無效的策略，提升學生的學習成效。

(四) 案例分析

教師可研讀他人已完成的成功或失敗的典型案例，來尋求啓發；或是參與他人正在進行中的案例研討與分析，與他人切磋琢磨；也可撰寫自己的案例，自行省思或邀請他人一同集思廣益，以解決問題。

(五) 主題經驗分享

共同擬定探討的主題，如：班級經營、品德教育、作文教學、自然科探究教學等主題，邀請校內外優秀教師、中央或地方教學輔導團成員做經驗分享與交流，並一起進行探討。類似的運作方式可採主題探討（含專書、影帶）：共同閱讀專業相關書籍或觀看專業相關錄影帶，進行專題討

論，以促進專業成長。

(六) 新課程發展

共同發展和試驗新課程，並做討論與修正。例如：目前行政院國家科學委員會科學教育處推動以高中職爲主體的課程實驗「高瞻計畫」，鼓勵高中職在大學教授專家指導下，研發創新可行的科學與科技課程，以厚植高中職學生的新興科學與科技素養。

(七) 教學方法創新與媒材研發

共同研發和試驗富有創意的教學方法，並做討論與修正。也可以因應學生個別差異的增大以及課程鬆綁的趨勢，研發特定領域的教材或教學媒體，以符應不同程度的學生，或發展因地制宜的教材或教學媒體給學校學生使用。

(八) 行動研究

行動研究是由第一線的教師們擔任研究者，企圖改善既有的教學實務，以協助學生有效學習。因此，教師先有系統地蒐集教學現況資料，然後構想主題與選擇適當的介入方案，接著執行所選方案，最後評估執行方案後的成效。若成效不理想，則再進一步修正，不斷改進。

(九) 標竿楷模學習

透過參訪辦學績效優良學校或他校同領域的專業學習社群，達到見賢思齊的效果。另外，教師也可以資深優良教師爲楷模學習對象，透過觀摩其現場教學或教學錄影帶，比較自己和專家教學的異同，反思並精進自己的課堂教學能力。

(十) 新進教師輔導

建立校內新手教師輔導機制，以校內教學輔導教師或資深優良教師爲楷模典範，引導新手教師認識學校環境，學習有效的教學與班級經營策略，以達到教育傳承的效果。

以上十種運作方式，可視需要，參酌的加入專題講座，邀請專家或資深實務工作者到校指導，以因應不斷變革的各學科或領域課程，並針對一般或學科教學方法的日新月異，以及教師專業發展評鑑方式的多元化趨勢，共同研商有效的教學策略，以提升學生的學習成效。

參、善用教師專業學習社群的成效評估

教學與班級經營工作本身已經非常忙碌繁瑣，因此期待社群成員在百忙之中仍能持續參與教師專業學習社群，讓成員感受到參與社群是有效能、有意義的，就非常重要。而定期評估社群成效，則可符應此需求。

專業學習社群的運作成效，可蒐集客觀證據，逐項檢視。從三方面進行評估：首先是專業學習社群本身的運作情形；第二是社群成員將社群所學應用於改善教學實務的情形；最後是專業學習社群對於學生學習成效的影響。國內張新仁等人（2011）提出可分別就社群重要關係人，如：學生、教師、社群、學校等四個層面，採用評量表、檢核表、訪談焦點團體等多元的方式檢視成效，分析學生學習成果、觀察教學表現或評量教學檔案等。茲說明如下：

一、學生層面

客觀地蒐集和分析學生各方面的學習表現是否進步，包括學生的課堂習作、回家作業、平時小考、學校段考、高中基測、大學學測成績、學生出席紀錄、獎懲紀錄、德育表現、學習態度等，或是學生的人際互動能力、科學探究能力、創造力、領導力、以及校外競賽表現等，皆可作為檢視學生層面受益的客觀指標。

二、教師層面

經由試題分析，洞察學生易混淆的概念，提出有效的教學策略；利用教學觀察，修正自己教學的盲點；將社群所學運用於教學實務，解決問題，提升效能；研發新課程或教學媒材；參加教學創新、教學卓越或行動研究等評比獲獎，均可作為檢視教師層面受益的客觀證據。

三、社群層面

平時可針對歷次社群活動安排，使用回饋表調查滿意度。期末召開總結性活動，並輔以社群運作檢核表（可參閱教育部社群運作檢核表），以瞭解社群的組織運作特色。此外，亦可個別訪談社群成員的獲益與建議。

四、學校層面

社群的運作是否改變學校文化，例如：高頻率的專業對話氛圍在各個教師專業學習社群之間產生漣漪效益，或是影響其他教師起而效法組織專

業學習社群，或是行政與教學更加相輔相成，或是親師溝通與合作更加密切等，皆可作爲學校層面的評估指標。

　　教育部中小學教師專業發展整合平臺（網址：http://teachernet.moe.edu.tw/BLOG/Article/ArticleDetail.aspx?proid=5&aid=80）網站中，依據專業學習社群評估指標，發展出一份專業學習社群評估指標及自評工具，讀者可適當運用，從不同面向，自我檢視社群運作成效。評估項目係彙整本文上述之特徵與推動執行之重點與指標，讀者可從「已成常態」、「已經發展」或「尙在萌芽」三個選項來做勾選，表述對自己社群成效評估的結果。

第四節　教師專業學習社群的範例舉隅

　　教師專業學習社群以各校不同背景爲基礎，從特殊之需求出發，會發展出各具特色的願景與目標，有著多元豐富的行政支持方式，最終也會在教師專業發展與學生學習上結出豐碩的果實。有志組成教師專業社群的熱情工作者，可參考「教育部中小學專業發展整合平臺」網站上的社群案例分享（網址：http://teachernet.moe.edu.tw/BLOG/Article/article.aspx?proid=26）。這個平臺，除了整合許多教師專業學習社群案例之外，另提供影音瀏覽單元，可以透過觀看影像，更進一步瞭解這些案例實際運作狀況，身歷其境地瞭解其脈絡，並感受其氛圍。另建置有「社群家族」功能可供申請，社群的推動者或是領域召集人，可在此記錄社群運作的點滴，也可發展社群成員線上對話討論的空間，是非常好的網路資源，值得善加利用。

　　以下謹參考上述網站，列舉領域組成、學年組成、主題組成與學校整體需求等四種實例，分別簡述其組成型態、社群願景與目標、行政支持與成效評估等四個面向。當然，隨著資訊科技、互動網路、行動載具之蓬勃發展，創新教學理念之不斷出現，社群的樣態亦隨之多姿多采，如：線上社群、跨校社群等型態也是百花盛開，但因其共同願景與目標之建構，所適用之場域，以及關注的焦點——學生學習所聚焦的對象，尙有再深入探

究的空間，故本文並未列舉。

壹、領域組成實例

以高雄市明○國中社會領域專業社群一社計師工作坊為例。

一、組成型態

各年級社會領域（歷史、地理、公民）教師。

二、社群願景與目標

「在乎學生學習成效，促進師生共同成長」，是社群成員共同的願景。將願景轉化成社群的活動內容，主要是針對課程設計、提升學生學習成效及教師專業成長等三部分。在課程設計上，領域主題週活動（法律週、星光閃耀、往日情懷、瘋臺灣玩世界）是明○國中的一大特色，主要展現學生將社會學習領域知識應用於生活上的能力。在提升學生學習成效上，透過段考試題分析，瞭解教師命題良窳，以作為命題改進依據，並從試題難易度及鑑別度瞭解學生易出錯之迷思概念，作為補救教學及下學年教學的參考依據。在教師專業成長部分，透過討論、分享、專題演講、戶外考察等，持續增進教師專業知能。

因此，以下四大目標是明○國中社會領域社群運作的核心：

1. 進行社會學習領域的試題研討與分析，提升教師命題能力並掌握學習目標。

2. 針對核心概念進行「活化教學」分享，充實教學內容，學生學習成效更佳。

3. 規劃主題週，從報告或地圖繪製等活動，增加社會領域與生活經驗之連結。

4. 充實社會學習領域教師專業知能，讓教師藉由社群運作不斷進行專業成長。

三、行政支持

(一) 儘早規劃

學校行政單位非常重視教師專業相關之成長計畫，並提供相關支援，例如：教務處配合教育部精進教學申請辦法，鼓勵各領域教師提出精進計

畫。因此在每學年開始前，各領域就已規劃完成精進教學計畫。另外，教務處亦鼓勵教師們申請教師專業發展評鑑社群運作經費，只要三人以上提出申請，擬定好教師成長與卓越計畫，包含讀書會、教學輔導專業成長、研習課程、網路社群等，學校協助申請此補助款相關經費和材料費，提供社群運作。爰此，各學習領域社群運作各有不同的風格。

(二) 瞭解教師需求

不同領域、不同學科性質、學校風氣、成員個性差異等，都會影響專業學習社群的運作方式，而行政主管給予社群充分的支持系統與配套，會先站在教師的立場上思考參與的理由，藉由瞭解教師的需求來規劃推動的方案。唯有教師心甘情願地參與，才能落實發展教師專業學習社群，提升教師專業能力，進而給予學生最好的學習環境。

(三) 舒適的社群討論空間

在創校之初，校舍的興建就不同於其他學校。除了教室區樓中樓的設計，讓空間感覺寬敞之外，每道走廊的寬度就是一間教室的寬度。在開闊的空間中，學校在每一班群教室外擺設了木桌椅供學生下課時研討，在教師辦公室外亦設置休憩空間，提供教師休憩與友善討論空間。

四、成效評估

(一) 教師專業成長之實際效益

1. 學科相關議題的研討：跳脫分科教學的框架，在編寫學期課程計畫時，針對相關議題的教材內容進行討論，並根據教材內容做適當的整合。

2. 教學經驗的分享：善用每位教師的專長，增進教師專業成長。例如：擅長測驗的夥伴分享有關測驗相關知識，使團隊教師在試題分析過程中能有較充分的背景知識。

3. 整合題型的命題：命題時，針對段考範圍討論是否有適當的整合試題。

(二) 學生學習上的實際效益

1. 透過「試題分析」，瞭解學生學習的盲點。

2. 針對迷思概念設計有效教學策略，提升學生學習成效。

3. 厚植學生學習帶著走的能力。

貳、學年組成實例

以新北市鷺○國民小學教師專業社群一、二年級生活課程教材研發為例。

一、組成型態

一、二年級生活課程教學團隊。

二、社群願景與目標

利用社區中的人、事、物當作教材，將生活的知識教授給學生，進而培養對社區的情感，激發改善社區的意願，是社群教師共同的願景。將願景轉化成社群運作內容，主要分成兩個部分：發展具有學校本位特色之生活課程與取材社區影像製作生活課程影片，以彌補學生生活經驗之不足，並藉由影音媒體的製作吸引小朋友的目光，引起小朋友學習的動機。

其社群目標有三：

1. 發展符合社區學生需求之學校本位特色生活課程。

2. 完成生活課程試編實驗教材課本、習作。

3. 課程在實施教學後的檢討、修訂與分享。

三、行政支持

(一) 校長的課程領導，促進教師團隊專業的養成

校長相信教師有足夠的潛能和專業能力，可以做課程統整及學校本位課程之自編教材。激勵教師熱情倍增，邊學邊做，愈做愈快樂。

(二) 社區及專家資源之引進

社群教師因專業能力的不足，做起來有些吃力，學校協助邀請專家學者與現場資深實務工作者到校指導。

(三) 共同對話時間的安排

協助安排社群每週一與每週四下午為固定對話時間，方便成員討論規劃設計與實作。

四、成效評估

(一) 教師專業成長之實際效益

1. 帶給教師教學生涯中的另一份成就感，得到另一種生活高峰經驗。

2. 社群提升教師課程設計的專業能力，透過相互激盪，正向能量的感染，不斷自我激勵，成為他人學習的典範。

3. 有效提升教師資訊運用的能力，養成廣泛使用資訊媒體的習慣。

4. 由於是教師自己研發的課程，所以教師在教學過程中更能掌握課程精神，也更注意到學生學習的反應，勤做教學筆記以作為修訂的依據。

5. 生活課程的完成，使教師對自己的課程教案編寫能力更具信心。因此，緊接而來的「社區有教室」、「學校本位課程」研發，教師加入研究的態度與成員都有明顯的進步，也朝向低、中、高年級課程縱向連結的發展。教師深入研究教材的興趣，研發課程的潛能都得到了正向的激發。

(二) 學生學習之實際效益

1. 擁有一本以自己照片、生活社區為背景的生活課程課本，除了具有親切感外，更讓學生體會到「學習即生活」的意義。

2. 以自己熟悉的社區為課程內容，學生們更容易將習得的知識、技能運用在生活中，達到愛家愛鄉的情意教學效果。

參、主題組成實例

以新竹縣員○國中國際教育工作坊為例。

一、組成型態

跨領域教師，其中包含學校教務處同仁、英語、數學、家政、自然與生活科技教師。

二、社群願景與目標

為偏鄉學校的學生打開一扇看見世界的窗，引導學生學習尊重多元文化，是社群教師的共同願景。社群教師運用早上自習的時間共同備課，一起討論創新教學設計，並在各自擔任的領域上課時間進行公開授課與共同觀課，之後進行公開議課，討論實作成效與後續改進策略。

其具體目標如下：

1. 培養學生基本的英語溝通能力，能運用於實際情境中。

2. 增進學生對本國與外國文化習俗的認識，也能加以比較，並尊重文化差異。

3. 培養愛護環境、珍惜資源、尊重生命的知能與態度，以及熱愛本土生態環境與科技的情操。

4. 利用遊戲，配合正負數加減法及數線的概念，讓學生既可學到臺灣文化，又可認識他國的位置與文化。

三、行政支持

(一) 空間建置

1. 學校自現有學習空間中規劃成立英語學習角落，並利用空餘教室、圖書館、校園中庭等空間，規劃一個方便學生能就近現場接觸完全英語（No Chinese）或雙語化之學習環境，善用閒置空間布置各種合乎學生學習情境及生活經驗的學習角。

2. 透過三間「英語情境教室」之建置，有劇場、美食中心、交通中心等營造全英語環境，學生能置身全英語環境中，並與外籍英語師資互動學習。

(二) 人力挹注

1. 與鄰近大專院校或社區志工合作，擔任駐校的英語對談與指導的協助者，結合英語情境教室，可進行師生、學生同儕間的英語對話，以提升學生學習動機。

2. 師資：除本校師資外，另聘請外師協助課程規劃與到校進行教學活動。

3. 志工：邀請交大和清大的交換學生、國際志工、有長年定居歐美之志工媽媽協助教學。

4. 國教輔導團員：定期協助課程研發及指導教學訪視。

(三) 時間調整

學校為社群夥伴安排「共同的研討時段」，因為英語領域教師較多，所以以英語領域不排課時間為主，搭配早自習時段、共同空堂等，給予成

員適切的研討機會，並明確地列入學校行事曆中。

(四) 適時打氣

行政貼心的注意到教師面對繁重的教學工作與密集的會議時，需適時給予打氣。如果老師們想到校外開社群會議，喝個飲料，也會全力支援，經費不允許的，校長或主任就自掏腰包請老師。教師信任行政，配合度自然高，學校工作氣氛融洽，效率自然提升；教師樂在教學，學生學習成效自然顯著。

四、成效評估

(一) 教師專業成長實際效益

1. 能幫助社群內的教師相互分享與合作，增進教學知能，產出創新的教學計畫，在從無到有的過程以及學生的學習裡，強化教師們教學上的成就感。

2. 校內教師合力建置英語網站，成為縣內少數幾所有英文網站的學校，落實學校國際化。

3. 與鄰近四校合作申請國際教育──教師專業成長計畫，增進國際教育專業知能。

4. 社群成員進行同儕入班觀課或回饋，並共同檢視教學檔案。

5. 教師參加國際教育初階研習，多位教師均有初階證書。

(二) 學生學習實際效益

1. 學生從各領域課程設計融入國際教育中，教師注入新的教學方式與課程變化，讓學生的學習更具多元性，並增加學習之興趣。

2. 交大AIESEC提供國際志工到校協助教學活動，同學學習多元異國文化，瞭解世界上各民族及各國的地理和歷史，進而尊重與包容各族群的差異。

3. 情境教室的設計讓學生將實體的情境設計與活潑的學習環境，融入學生日常生活作息中，讓學生學習英文不再有恐懼感。

4. 外師及中師的協同教學，讓學生聽、說外語的能力能大幅進步，落實教學生活化。

5. 開設英語會話社團及冬夏令營，讓學生選擇多元化。在正課之外

的時間，更能適性發展，開闊學生的國際觀。

肆、學校整體需求實例

以臺北市劍○國小——教專加持，「亮點」有成，「數學教學亮點基地計畫」為例。

一、組成型態

以學校參加教師專業發展評鑑的所有教師組成的團隊。

二、社群願景與目標

「期待透過教師專業發展評鑑，提供教師深度對談的機會，發掘教學問題，並提出解決方案」，是社群教師共同的願景。將願景轉化成運作方式，藉由學校引進「亮點計畫」的機會，邀請教授蒞校深度指導，再結合教師專業發展評鑑的實施歷程，透過社群共同備課、設計教學活動、教學觀察及教學後省思與回饋等活動，來精進教師的教學知能。

其具體目標如下：

1. 教師共同討論教學的困難點，借鏡他校經驗以及學理架構，作為討論的鷹架。

2. 運用社群活動進行專業討論，增進教師的教學技巧並應用於教學上。

3. 發展教具與數學遊戲，帶領小朋友領略學習數學的趣味。

三、行政支持

(一) 結合志工力量

社群教師舉辦「數學主題書展」活動，學校協助整合志工團的力量，設計數學遊戲，共同合作經驗，讓教師與志工團建立深刻的互信基礎，也讓教師群、學者與學校行政建立互信合作的默契。

(二) 整合相關專案

「亮點計畫」結合教師專業發展評鑑之教學觀察三部曲，聚焦於學生學習的差異化。

(三) 經費支援不虞匱乏

來自於教育部、局核撥給社群的經費，加上其他相關經費之奧援，足敷辦理專業成長之用。

四、成效評估

(一) 教師專業成長實際效益

1. 建立教師生涯發展新取向：學校歷年來都是全員參加教專評鑑，很多教師都已具備進階評鑑人員以上的資格。

2. 嫻熟觀課程序與討論技巧：教師長期共同討論教案，進行教學實驗，其他夥伴則認真觀課、討論，在觀察前會談中，聚焦於教材難易度與教學步驟的檢視；觀察後回饋會談，則聚焦於學生學習反應的檢討與省思。

3. 建立差異化教學的共同語言：經過一次又一次的觀課、討論、修正，教師們對於差異化的看法不斷改變。一開始，教師們看見學生功課差，認為是學生外顯行為造成，而一味約束學生，卻適得其反。到後來，逐步瞭解到，學生外顯行為怪異背後所隱藏的內隱心理要素，認清了來自族群、智力、認知風格、學習風格所造成的差異原因，教師願意努力設計符合學生學習差異的教學內容，希望能夠彌平學生之間的程度差異。

(二) 學生學習實際效益

1. 落實適性學習：透過社群共同備課、設計教學活動、實際教學觀察及教學後省思與回饋，社群教師們有意識地運用客觀而專業的步驟，來檢視教材是否符合學生的學習需求。首先，檢核差異化教學的目標；接著，分析學生所需的數學能力；第三，發展由淺到深層次佈題；最後，呈現學生多元解題歷程。依此四步驟來檢視學習材料，幫助學生適性學習。

2. 體會學習樂趣：透過社群運作，教師解決了教學的困惑，把學習數學的樂趣帶給學生；運用教學觀察三部曲，教師們不間斷地討論、精進，實踐了差異化教學的理念，進而提升了學生的學習信心與成效。透過教專評鑑，使得「亮點計畫」更加璀璨光亮。

近幾年，教師專業學習社群在教學現場之所以蓬勃發展，肇因於深厚之理念基礎，更有來自於國際趨勢之推波助瀾、國內教育政策推動者的重視、以及基層教育工作者的積極參與，累積下來的龐大動能，儼然蔚為教師專業發展之活頭源水，期盼有志者一起努力，共同營造雲影天光，成就教師專業成長之無限美好風光。

楊玲珠　張德銳

第九章

教學輔導教師的
規劃與推動

　　世界先進國家為提升國家競爭力，無不重視教師專業的永續發展。而教學輔導教師制度的產生，即為了促進教師專業發展，提升教師專業自主的訴求，目標在於藉由同儕間的互相學習，協助夥伴教師發展教學專業知能與素養，提升教學效能（丁一顧、張德銳，2010）。在教師專業發展的過程中，不論教學年資多長，皆需同儕的鼓勵、支持與協助，而教學輔導教師在此扮演了舉足輕重的角色，不僅僅是評鑑者，亦是教師專業發展的領航者或是成長計畫的協同者。

第一節　教學輔導教師的基本概念

　　教學輔導教師（mentor teacher，簡稱教學導師）為歐美先進國家普遍推動的教育實務，我國則起步較晚。臺北市自1999年起以「教師支持、協助、輔導同儕」的理念，推行教學輔導教師制度，為國內教師專業發展開啟新頁。隨後教育部在2006年的教師專業發展評鑑計畫中同步推動教學輔導教師制度。本節先說明教學輔導教師的意義、目的、特徵、遴選、培訓認證、聘任與配對，其次探討教學輔導教師的理論基礎，以彰顯教學輔導教師在教師專業發展上的意義和價值。

壹、教學輔導教師的意涵

一、教學輔導教師的意義與目的

　　教學輔導教師係指能提供教師在教學上有系統、有計畫的協助、支持、輔導之教師。受支持、協助的教師可以是學校初任教師、新進教師、自願成長的教師或教學有困難的教師。這些教師往往被稱為「被照顧教師」（proteges）或「夥伴教師」，教學輔導教師可以在教師自評、教學觀察與回饋、教學檔案的製作與評量、擬定成長計畫時，支持並協助他們，或與他們共同備課與協同教學，建立攜手共同成長的夥伴關係（張德銳，2016）。

　　李秀蘭（2012）歸納國內學者對我國設置教學輔導教師制度的看法，其主要目的有五：(1)提供夥伴教師協助與支持：協助解決其教學問題，促進其專業發展；(2)提供資深優良教師專業成長與自我肯定的機會：公

開表揚肯定資深教師的專業成就，除激勵其進一步成長外，亦提供其服務他人的平臺；(3)傳承教師間的寶貴教學經驗：薪火相傳，使教師珍貴的教學實務智慧得以傳承；(4)形塑合作精進的學校文化：協助學校從孤立封閉的文化，走向同儕合作、攜手精進的文化；(5)提升學生的學習品質：教學輔導教師以積極正向的方式影響自己及同儕的教學行為，進而提升學生的學習成就與品質。

二、教學輔導教師的特徵

教學輔導教師具有豐富的教學經驗與有效的教學效能，樂於分享、熱心助人、願意耐心傾聽與足夠的包容力，可藉由相濡以沫的良性互動，協助夥伴教師在教學基礎上，逐漸發展最能達成教學成效的教學風格。

Kilcher（1991）認為，最有效能的教學輔導教師就是在良好的教學基礎上，願意持續提供支持和引導的教師。Cole、Squire和Cathers（1995）、Kilcher（1991）認為，教學導師必須有能力與他人溝通，不帶價值判斷與強迫他人做改變。O'Dell則認為，良好的教學導師必須：(1)教學卓越；(2)與成人合作良好；(3)對於他人觀點的敏覺；(4)願意主動和開放心胸學習；(5)具有在社交和公關上的技巧能力（引自張德銳等人，2004）。

由此可知，教學輔導教師具有服務熱忱、願意奉獻、耐心與包容力的人格特質；教學表現優異，擅長與成人工作，敏於察覺他人的觀點，並願意成為主動開放的學習者；且具備良好人際關係的能力，展現專業、自信、樂觀、溫暖、關懷的態度，來達成教學輔導的任務（張德銳，2003；Wagner & Ownby, 1995）。

三、教學輔導教師的遴選

擁有良好教學技巧的教師，不一定能成為優秀的教學輔導教師，因為他們可能缺乏營造氣氛與溝通技巧，或未必願意將實務的知識傳遞給初任教師（Brock & Grady, 1998; Robbins, 1999）。受到少子化的衝擊，教學輔導教師除了協助初任教師外，亦擔任教師專業學習社群之領頭羊或偕同同儕教師進行行動研究。所以，學校需要建立教學輔導教師的遴選標準，以審慎的態度遴選教學輔導教師的培訓人選，才能邁向教學輔導教師制度成

功的第一步。

　　遴選教學輔導教師不僅是為學校舉才，也是培植教師團隊領頭羊的一種方式。學校在遴選教學輔導教師時，除了考慮教學輔導教師的能力與人格特質之外，也需從學校整體發展及夥伴教師的需求端考慮推薦參加遴選的人員。不論是教育部或臺北市政府教育局，對於教學輔導教師的遴選皆有一定的程序，需經推薦、審議的歷程，在資格限制上也訂有參考標準，例如：足夠的教學年資（五年以上的教學經驗）、豐富的任教學科專門知識、良好的課程設計能力、良好的教學能力、經常且願意做教學示範、人際溝通的技巧、開放包容的心胸與人格特質等，不外乎希望藉此讓具有教學輔導教師特質且教學表現優秀的教師，有服務他人與獲得肯定的機會（教育部，2011）。

四、教學輔導教師的培訓認證

　　教學輔導教師培訓的目的，是形塑有效能的教學輔導教師。培訓的課程透過成人學習理論、教學輔導理論與實務、教學視導、同儕教練、有效教學、溝通技術等面向，讓教學輔導教師瞭解服務對象的學習傾向，培養課程與教學創新的知能和行動研究的能力、教學觀察的技術與人際溝通的技巧，進而具備教學輔導的知識與能力。在培訓期間特別強調「成就別人就是成就自己」的助人專業理念，以及作為教學輔導的實踐者必須善盡「薪火相傳」、「繼往開來」的使命。

　　國內各中小學經核定設置教學輔導教師之學校，其教學輔導教師之培選人選最少要有五年以上的教學年資，臺北市的教學輔導教師培訓時程為兩週（教育部所規定的培訓課程原亦為兩週共十天，後改為三天進階研習、五至七天教學輔導教師研習），並經實作認證合格後，由各縣市政府教育局頒予教學輔導教師證書，再由學校依規定聘兼之（教育部，2011）。

　　認證後，教學輔導教師的主要職責為：(1)協助服務對象瞭解與適應班級（群）、學校、社區及教職之環境；(2)觀察服務對象之教學，提供回饋與建議；(3)與服務對象共同反省教學，協助服務對象建立教學檔案；(4)在其他教學性之事務上提供建議與協助，例如：分享教學資源與

材料、協助設計課程、示範教學、協助改善班級經營與親師溝通、協助進行學習評量等（丁一顧、張德銳，2009b）。當然，為協助教學輔導教師有時間及餘力完成教學輔導的職責，無論是教育部或臺北市政府教育局皆設有輔導一位夥伴教師減授一至兩個教學鐘點的配套措施。

五、教學輔導教師的聘任與配對

教學輔導教師與夥伴教師的配對方式，會影響彼此互動與輔導成效。教學輔導教師的配對，應考慮教學工作相似、教學理念相似、允許雙方有互動的時間、物理空間相鄰近等配對原則（Ganser, 1995）；以及考量雙方的性別、年齡、個人特質、興趣等之適配度（Brock & Grady, 1998）。

張德銳等人（2004）歸納文獻，也發現以下的配對原則：(1)按任教年級和教授的學科範圍派任；(2)按就近原則派任，輔導者與被輔導者工作地點相近；(3)按相同教學理念與人格特質派任；(4)以輔導小組的方式進行，由多個教學輔導教師輔導多位夥伴教師，營造團體互動的氛圍。

歸納上述，教學輔導教師的聘任應考慮與夥伴教師有更多相符的特點，例如：同學科、同年級、個性相近、教學理念相符等，以利雙方有更多相同的對話經驗，製造更多互動機會。在配對的原則方面，應考慮雙方的年齡、服務年資、任教年級、任教科目及辦公室地理位置等，以雙方能夠便利對話為優先考量。在人數上，不一定要侷限於一對一，亦可採一對多、多對一或多對多等方式。

貳、教學輔導教師的理論基礎

「Mentor」最早源自希臘羅馬文化史詩《奧德賽》（*The Odyssey*）中，國王Odysseus在赴特洛伊戰爭前，將愛子Telemachus與產業託付給名叫Mentor的忠實朋友，希望他能教育並輔佐兒子繼承其產業。Mentor不負所託完成任務，從此，「Mentor」成為有經驗且值得信賴的顧問、諮商者的代名詞。教學輔導教師不僅僅只是師徒經驗的複製，在過程中有更多的省思與對話，最終能成就夥伴教師建立教學風格並成為良師典範。因此，教學輔導教師理論基礎源於鷹架理論與成人發展理論。

一、鷹架理論

蘇俄心理學家Vygotsky認為，人類在社會互動過程中，是透過社會協商、行動遷移或漸漸內化為自我調整，轉變成個人內在意義的過程，這是「鷹架」（scaffolding）學習理論的基本概念。Vygotsky將認知的發展分成個體能夠獨立解決問題的層次，即實際的發展層次（real level of development）；以及需要他人引導或合作下才能解決問題的層次，即潛在的發展層次（potential level of development）。在這兩個層次間的差距，稱之為「近側發展區」（zone of proximal development，簡稱ZPD）（Vygotsky, 1978）。Wood、Bruner和Ross（1976）則提出學習者內在心理能力的成長，有賴教學者或能力較強的同儕給予學習者在當時的認知組織特質上的協助，這就是所謂的「鷹架」。

教學輔導歷程中的鷹架是教學輔導教師所創造出來的，用以維持、鼓勵夥伴教師持續努力的支持架構。教學輔導教師所提供支持性的學習鷹架，應著重互惠式的對話溝通，當夥伴教師面臨新的挑戰或困難時，可能需要教學輔導教師更多的幫助；協助夥伴教師運用本身的學習能力，透過教學觀察與諮商輔導的技術，引發教學熱忱與反思能力，奠定有效教學的基礎。若夥伴教師顯示出掌控與熟練班級和教學事務時，表現遠超出設定的期望，此即達到近側發展區的最高限制，教學輔導教師的支持就要慢慢地淡出，將學習責任轉移給夥伴教師，達到自我導向學習的目標。惟夥伴教師能完全控制、接管本身的教學任務時，教學輔導教師的鷹架支持才會完全撤離。

二、成人發展理論

成人進入職場後，因所面臨的挑戰或需求而引發學習的動機。Knoweles（1980）提出，成人的學習具有自我導向的心理需求、學習經驗可應用於其他情境、學習準備度會受其解決生活問題的需求所影響、學習宜強調知識的立即應用性、學習動機是內發的等基本假設。成人在學習新事物上也具有自願參與、尊重個人自我價值、合作性、實踐性、批判反思、自我指導與增權賦能的原則（Brookfield, 1986）。

但由於成人已有一定的年歲與經驗，在學習的相關條件和特質上與未

成年的學生有許多不同。在心理特性上，成人的自尊心較強，學習信心較弱，喜歡以發表經驗來展現自己的能力。受時間與外在因素所影響，成人學習的特性是插曲式，而非連續性的；成人也喜歡以解決問題爲中心的學習，講求能立即應用於工作或生活上，而有明確的答案與結果。

　　教學輔導教師應瞭解成人發展理論，並將之應用在教學輔導歷程中，以達到較好的輔導成效。例如：積極營造學習情境與鼓勵夥伴教師進行反思；幫助夥伴教師創造新的經驗；提供充分的人力與物力資源，協助夥伴教師規劃「互動、走動、行動」的學習活動，讓夥伴教師在行動實踐中，解決問題與獲得專業成長，並進一步激發夥伴教師持續自我導向的學習。

第二節　教學輔導教師制度的規劃與推動

　　在談完教學輔導教師的基本概念後，本節將從學校行政人員的角度探討如何有效的規劃與推動教學輔導教師制度，並探討教學輔導教師成效、限制與影響因素等，作爲有心推動教學輔導教師制度的行政人員參考。

壹、教學輔導教師制度的推動模式

　　丁一顧、張德銳（2009b）經長期推動與研究的經驗，曾提出一個「校本教學輔導教師運作模式」（school-based mentor teacher model），如圖9-1所示。

一、宣導溝通階段：評估需求，凝聚共識

　　教學現場的教師常會問：「爲什麼要這樣做？未來和現狀的差異在哪裡？怎麼做？」學校初辦教學輔導教師方案時，行政人員宜先對推動教學輔導制度服務對象的人數、教師專業學習社群、教學輔導教師方案的預期成效、需求、以及各項資源等先進行評估，然後運用各種管道與機會說明教學輔導教師方案想要達成的理想及目標，以便能和教師、家長等利害相關人，凝聚實施教學輔導教師制度的共識（丁一顧，2011b；張素偵、張德銳，2010）。

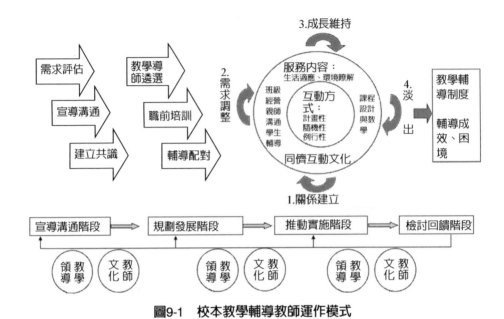

圖9-1 校本教學輔導教師運作模式

資料來源：張德銳（2016，頁12）。

二、規劃發展階段：人才培育，合適配對

　　慎選教學輔導教師的培訓人選，是教學輔導教師制度能否成功的關鍵。張德銳等人（2001）指出，教學輔導教師需有豐富的學科知識、課程規劃能力、良好的教學能力（含班級經營）、以及有效的教學示範技巧；特別是必須有協助教師同儕的人格特質與意願，如此才能勝任助人專業的角色任務。教學輔導教師的培訓係為學校培育骨幹教師，擔任教學輔導教師是榮譽，也有相對的責任。學校應慎選合適的人參與儲訓，為學校培育人才。

　　誠如張德銳等人（2004）的研究發現，教學輔導教師與夥伴教師的配對可考慮下列原則：(1)按任教年級和教授的學科領域派任；(2)按就近原則派任，輔導者與被輔導者上課或辦公地點相近；(3)按相同教學理念與人格特質派任。配對形式亦可以隨著輔導的需求而相當多樣化，除一對一或一對二的個別配對外，亦可以同儕輔導或專業學習社群的方式，由一至兩個教學輔導教師帶領一個同儕成長團體或專業學習社群，實施一對多的

配對。對於教學有困難教師的輔導，則建議可採多人輔導一位教學困難教師的配對方式來進行相關活動。

三、推動實施階段：建立關係，穩定淡出

在推動實施階段，學校行政人員要能安排足夠的時間、空間和資源，讓教學輔導教師與夥伴教師能有效的進行互動。依張德銳和簡賢昌（2009）的研究，其互動內容除生活適應、環境適應外，主要在班級經營與親師溝通、課程設計與教學和學生輔導等方面。如有必要，當然亦可實施研究發展與進修、敬業精神與態度方面的輔導。互動方式至少有正式與非正式的，型態可分成：計畫性（事先計畫好、安排好活動）、隨機性（夥伴教師隨時隨地向教學輔導教師請益）、例行性互動（每月或每週例行的見面或討論），其對夥伴教師在專業上與個人助益上則會有所不同。另外，從互動歷程的階段性來分，教學輔導教師與夥伴教師的互動約略可分成四個階段：

1. 關係建立期：為協助教學輔導教師與夥伴教師雙方建立關係，學校有必要為雙方辦理相見歡活動，而開學前的備課日是很好的時機點。可以藉由輕鬆的互動，為雙方搭起友誼的橋梁。

2. 需求與回饋期：教學輔導教師應依夥伴教師在課程教學、班級經營、人際溝通等方面的需求與接納程度，不斷調整輔導與支援的內容、方式和頻率。為了降低夥伴教師心中的疑慮，教學輔導教師會引導夥伴教師先入班觀察教學輔導教師的教學，待夥伴教師準備好，再由教學輔導教師入班觀察教學，教學輔導教師與夥伴教師的權力關係是平等的，這便是孫前校長瑞鉑認為新竹教育大學附設實驗小學能成功推動教師專業發展評鑑，並實施教學輔導教師制度的關鍵（康心怡，2016）。

3. 成長維持期：在夥伴教師於教學上、班級經營各方面都漸入佳境後，隨機性互動減少；互動型態通常會由迫切教學疑難問題的解決，轉型到建立個人穩定的教學風格、學生輔導和專業成長上。在此一階段，教學輔導教師除提供專業成長的資源、資訊與管道之外，也會與夥伴教師共同參與讀書會或工作坊等專業成長活動。

4. 淡出期：由於夥伴教師教學風格及行事已漸趨獨立穩定，教學輔

導教師隨階段性任務的達成，應慢慢淡出輔導的角色，並延續彼此友好情誼，日後仍能維持良師益友的夥伴關係。例如：花蓮海星高中許文瑜老師在鄒靜芬老師的教學、班級經營各方面都漸入佳境後，鼓勵靜芬老師轉型到建立個人教學風格、輔導學生和專業成長上，之後與她的互動便隨機減少，逐步淡出（高紅瑛，2016）。

四、檢討回饋階段：客觀評估，以終為始

學校宜定期與不定期地進行教學輔導教師制度的檢討與回饋，以便及時發現與處理問題。此外，爲利於知識與經驗的傳播，學校和教學輔導教師皆應有義務對校內外人士進行成果發表與分享（丁一顧，2011b；張素偵、張德銳，2010）。

行政人員與教學輔導教師應客觀分析質性與量化資料，以評估輔導成效，並依據評估的結果，訂定下一學年的計畫。教學輔導教師可從協助夥伴教師的過程中，瞭解夥伴教師參與歷程的心得，評估夥伴教師的成長。學校行政則可從參與者的意見回饋中，瞭解參與教師的實質感受，或透過非正式會談瞭解教師參與的心得，也可透過外部的訪視輔導建議等客觀資料，進行分析與省思，作爲新年度計畫的訂定或調整的依據。

貳、教學輔導教師制度成效、限制與影響因素

教學輔導教師的成功，即在於提升教師素質、精緻教學品質、協助教師成功、成就每一個孩子。以下就實務面的觀察，探討教學輔導教師成效、限制與影響因素。

一、教學輔導教師制度的成效

丁一顧、張德銳（2009b）的研究指出，臺北市教學輔導教師與夥伴教師在雙方的「互動品質」、「互動方式」、「互動頻率」和「學校對教學輔導教師制度的實施成效」較滿意，而「協助教師解決教學問題」、「協助教師進行班級經營」、「協助建立同儕互動文化」是教學輔導教師制度所發揮的功能。此外，陳永岑（2011）研究高雄市的教學輔導教師制度成效，發現參與者對「班級經營」方面最高的功能爲「更能夠維持良好的教室秩序常規」；「親師溝通」方面最明顯的功能爲「更能夠清楚的表

達自己的想法與家長溝通」；「教學成長」方面較顯著的功能為「更能夠瞭解自己的教學優缺點」。洪靖雯（2012）的研究亦發現，臺中市多數受訪者肯定教學輔導教師制度之實施，有助於精進教學與教師專業發展。教學輔導教師和夥伴教師互動方式多元，互動內容以適應環境、班級經營、精進教學、親師溝通為主。李秀蘭（2012）以宜花東為研究對象，發現教學輔導教師對夥伴教師在課程教學、專業陪伴、教學觀察與回饋上有實質幫助，且資深教師改變了退休心意。

綜觀國內的研究及本文作者在教學輔導教師制度的長期參與經驗，得以瞭解不同學校的運作及發展狀況，可知教學輔導教師制度至少具有下列的成效：

(一) 改善教師孤立的文化，有益於教學成長與改進

教學輔導教師不論是輔導夥伴教師或擔任教師團隊領頭羊的工作，這種參與式的對話，改善了教師孤軍奮鬥的窘境。尤其是以教學現場的客觀資料以及學生參與和作品的回饋，除了顯著的提升夥伴教師的教學效能外，教學輔導教師也能學習夥伴教師的創意，突破習以為常的教學模式，形成一加一大於二的狀況。例如：臺北市文昌國小教學輔導教師與夥伴教師所組成的香蕉俱樂部，也曾經將彼此互動歷程寫成「夥伴教師的成長」，參與臺北市行動研究作品徵選，榮獲特優的肯定（高紅瑛，2011）。

(二) 成功經驗與人際互動，激勵教師專業發展精進

教學輔導教師與夥伴教師之間所形塑的互動文化，建立在良好的互動關係上，在真誠與信任的對話基礎上，共同規劃教學活動、教學觀察與回饋、省思教學與學生學習表現的良性循環，讓夥伴教師在每一次的互動歷程中，累積成功的經驗，是激勵教師專業發展精進的動力。例如：臺北市國語實小吳莉娟老師除了與夥伴教師相互成長之外，並擴展成功經驗，帶領領域教師團隊共同研討社會科的教學，成為臺灣第一位學習共同體的公開教學者，更擔任領域召集人，和領域教師建構領域特色課程，連續三年團隊專業發展的成果，獲得臺北市行動研究優等以上的佳績（簡賢昌，2016）。

(三) 點燃與延續教師熱情，薪傳教育愛

教學輔導的歷程讓許多教師延續教學熱情，絕大多數的夥伴教師因為教學輔導教師的協助而找到教學的樂趣，成為孩子生命中的貴人。許多往日的夥伴教師以教學輔導教師為楷模，努力精進，教學表現獲得肯定，進而成為教學輔導教師的明日之星。例如：臺北市新湖國小成立大小鈕扣俱樂部，大鈕扣傳承經驗給小鈕扣，小鈕扣再傳承給小小鈕扣，持續前輩的熱情與照拂，接棒傳承教育之愛（蔡富美，2015）。

二、教學輔導教師制度的限制

教學輔導教師固然有其成效，但亦有其實施上的困境。丁一顧、張德銳（2009b）的研究發現，教學輔導教師實施的困難為：教學輔導教師與夥伴教師任教科目未能配合；教學輔導教師與夥伴教師任教年級未能配合；夥伴教師教學或行政工作負擔沉重；雙方缺乏共同互動討論的時間等。

陳永岑（2011）發現，推動教學輔導教師制度的困難為：夥伴教師一開始的參與意願不高；教學輔導教師與夥伴教師的時間難以配合，其中「缺乏共同討論的時間」是最受教學輔導教師與夥伴教師重視的問題；以及學校行政無法提供足夠的支持及協助。

由上述研究發現，教學輔導教師制度實施的主要困難在於：(1)教學導師與夥伴教師在任教科目或任教年級方面未能配合；(2)雙方缺乏共同互動討論的時間；(3)限於人力與物力，校方無法對教學導師及夥伴教師提供足夠的行政支持與協助；(4)夥伴教師接受輔導的意願不高，特別是教學困難教師或不適任教師。

三、教學輔導教師制度成效的影響因素

誠如丁一顧、張德銳（2009b）所言，學校於規劃與運作教學輔導教師活動的整個過程，都會受到學校教學領導以及教師文化的影響。在教學領導方面，教學領導可以由校長直接主導，亦可透過影響、參與、示範或授權他人，從事與學校教學相關之各項改進措施，其主要工作內涵包括以下四項（李安明，1999；吳清山，2001b；Wildy & Dimmock, 1993）：(1)傳達學校任務與目標，發展教職員之合作與凝聚力；(2)管理教學計畫，

確保校外資源支持；(3)營造積極學習氣氛，督促學生進步；(4)發展支持的工作環境，促進教師專業成長。由此可見，學校行政（主要包含校長、承辦主任與組長）有組織、有系統的計畫與推動教學輔導教師制度，以及給予教學輔導教師充分的支持，確是教學輔導教師制度成功的關鍵因素之一（鄭可偉、鄭玉卿、張德銳，2008）。

　　在教師文化方面，Hargreaves（1994）指出，教師文化可以提供教師專業發展過程中的參考脈絡，因為教師專業發展活動的實質成效，有賴教師社群之間的合作與分享，而個人主義、孤立主義的文化會導致教師心理支持不足，阻礙教師專業經驗的分享與對話（周淑卿，1999；陳奕安，2002）。由此可見，對話、分享、合作、精進的教師文化，亦為教學輔導教師制度成功的另一關鍵因素。

第三節　教學輔導教師的運作與實務

　　至於有志從事教學輔導工作的教學輔導教師，該如何啟動以順利和夥伴教師攜手邁向專業呢？本章節就教學輔導教師的實務經驗分享，特別是本文第一作者所曾服務的臺北市國語實小以及其他各校的案例，分別加以探討教學輔導教師個別和團隊的運作實務。

壹、教學輔導教師的個別運作實務

　　在個別運作實務上，宜先從建立信任關係開始，再依據夥伴教師的需求，量身訂做專業成長活動，並多給夥伴教師肯定、支持與回饋。例如：臺北市國語實小許淑貞老師是高年級級任的佼佼者，由於高年級級任老師多是年輕或剛進入教職的老師，十分需要教學輔導教師的引導。暑假相見歡之後，許老師會延續相見歡的對話，介紹夥伴教師給學年老師認識，並用聊天的方式輕鬆帶領夥伴教師認識學校開學後的行事，並邀其一起準備。開學後，利用空堂課或下班的時間，一起改作業或分享夥伴教師聊到的學生輔導或教學問題；學期中，以共同備課、相互研討的方式，先邀夥伴教師到教室觀課，慢慢建立對話模式，再受邀進入夥伴教師的教室進行觀課與議課。由於許老師將每位夥伴視同自己的兄弟姊妹，關心其生活起

居，激勵努力目標，肯定對方的努力，多數的夥伴都能在輔導關係結束後，還維持良好的亦師亦友關係，習慣定時找許老師聊生活、談教學。

一、信任關係的建立

信任關係是教學輔導成功的關鍵，一位良好的輔導教師應具有自我肯定、自我接納、表裡一致、敏銳的觀察力、關懷他人的熱忱、不斷的進步成長等特質，才能與夥伴教師建立雙方的互信關係（黃香玲，1997）。

教學輔導教師最優先的工作是與夥伴教師建立互信基礎，透過平常噓寒問暖的關心，輕鬆的聊生活事項，瞭解對方的背景、個性特質、強弱勢，才能用對方法，讓對方願意打開心門。建立互信基礎最忌諱的就是強迫別人接受建議，或自以為幽默地開對方的玩笑，或在同事面前說對方的是非。建立互信基礎需要長時間經營，教學輔導教師可從邀請夥伴一起批改作業或共同備課開始，先從對方關心的有趣話題切入，如夥伴教師願意分享問題，則先扮演傾聽的角色，真誠接納對方的想法，能站在對方的立場思考，給予對方支持和回饋，漸漸地建立互動模式與互信基礎。

曾任夥伴教師的臺北市國語實小溫志敏老師認為，夥伴的感覺很重要，與教學輔導教師的關係不是上對下，而是「我們是一起的」，除了讓夥伴教師有學習成長的機會外，也營造平等的夥伴關係，有了坦誠和信任這層關係，才能互利往來。至於擔任與夥伴教學年資相差不多的教學導師，會不會有壓力呢？臺北市富安國小的洪美景老師分享與夥伴教師的互動歷程時曾說，調整自己的心態，不以領導者自居，不管是領導社群或輔導夥伴教師，都以朋友方式對待，幫助朋友怎麼會有壓力呢？「友善、熱情、不給人壓力」是王志華老師眼中的美景老師，就是這分親和，讓社群成員及夥伴教師願意傾吐困難，向她尋求協助（王佳蕙，2016）。

二、互動式的成長計畫

互信基礎建立的時間長短，因人而異，然教學輔導教師工作不能僅停留於此，教學輔導教師心裡需要有教學輔導進程。成功的教學輔導，不是讓夥伴教師模仿或複製教學輔導教師的想法，而是協助夥伴教師認識自己，找到自己教學的專長強項，複製此成功經驗，延續教學熱忱與成長動力。在互動進入一定的模式之後，教學輔導教師可以非正式會談的方式，

瞭解夥伴教師對於教學及專業成長的想法，協助夥伴教師訂定努力的目標，引導日後的互動歷程漸漸朝向教學觀察與回饋。互動成長的範疇可包含研習規劃、教學觀察、社群參與、學位精進等面向，互動成員除了教學輔導教師及夥伴教師外，也可以納進同年級或同領域的其他教師。

「改變，來自於同理與真誠關懷」，初到東華大學附小任教的謝世婷老師，個性較為拘謹，自我要求很高，在社群中很少發言。由於游可如老師和多位教學導師的真誠關懷，讓她找到支持的力量，得到教學上的協助和指點，與社群團隊的互動裡，也更加富有彈性、開放。期末社群發表，世婷老師熱心參與，擔任主持人時，活潑、幽默，讓眾人讚賞（高敏麗，2016）。

三、量身訂做的輔導歷程

對於互動成長計畫已有雛形之後，教學輔導教師應從協助夥伴教師達成教學目標的方向著手。由於不同類型的夥伴教師需求不同，即使同一類型的夥伴教師，也可能因為個人的人格特質而需要選擇不同的輔導或互動方式。計畫是參考的依循，但不是一成不變的，需視夥伴教師的實際需求或面臨的狀況而定。例如：夥伴教師對於個案學生感到棘手，則對話的焦點應鎖定在如何協助他解決個案學生的問題；夥伴教師的班級經營若有自己的一套，但無法精準掌握教學目標，則要從與之討論教學目標和活動之間的連結開始；若原訂班級經營的建立安排了一個月，但夥伴教師在時間範圍內有了不如預期成效的結果，則應協助其彈性調整班級經營計畫。總之，在教學輔導過程中，應有一定的彈性空間，以夥伴教師為核心，讓夥伴教師從過程中真正的獲益，願意持續與教學輔導教師在教學上保持互動和精進，這才是上策。

例如：在國立新竹教育大學附屬小學，備課、觀課已蔚為風氣，又有教授陪伴成長，在如此優質的環境中任教，教師精進的動力與壓力皆較一般公立小學為大。吳元芬老師協助首次擔任高年級導師，既是同學年也是同社群的姚又瑄老師，一起整編語文教材、規劃教學活動，也共同面對班級經營與親師溝通的困境，相互鼓勵與提攜，成為竹教大附小雙贏的專業發展典範（康心怡，2016）。

四、肯定、支持與回饋的行動

適度解放壓力，有助於個人與團體再出發。教學輔導教師除了關照夥伴教師處理教學相關事務與能力的提升外，更應適時關心夥伴教師的心理。心靈舒壓活動有助提升團隊的溫度，對於教學輔導教師與夥伴教師的互動、對於學校的認同與支持，皆有正向的幫助。

人多喜歡被讚美，在讚美聲中獲得支持、獲得成就、獲得肯定。夥伴教師初至陌生的環境，在心態上想要獲得團隊的認同與肯定，教學輔導教師在此扮演了穿針引線的工作，在「相信可以做得愈來愈好」的激勵之下，夥伴教師的表現會愈來愈佳。給予夥伴教師的肯定必須具體，例如：由學生的什麼表現，看出夥伴教師在此部分的教學引導十分成功。給予夥伴教師的支持必須合理，例如：支持夥伴教師公平爭取校際交流的機會。最後給予夥伴教師的回饋必須即時，例如：觀課後七十二小時內引導夥伴進行教學省思，才能在彼此都很忙碌的教學工作中，珍惜互動的機會，關係更長久。

新進花蓮縣海星高中的鄒靜芬老師覺得：「『導師專業學習社群』對新進教師有極大幫助，除了能滿足新進教師的需求，有時也讓新進教師上臺分享自己的專長，教學輔導教師在歷程中的支持與肯定，讓每位新進教師覺得既有收穫又很有成就感。」（高紅瑛，2016）

貳、教學輔導教師團隊的運作實務

教學輔導教師團隊的運作是確保教學輔導教師、夥伴教師及同儕教師在交互作用下，對於精緻教學品質與專業發展永續上，有更多正向的力量。

一、教學輔導教師團隊的運作原則

教學輔導教師團隊的運作需把握「簡單、明確、可行、精實」的原則，亦即學校成立教學輔導教師團隊的原因及運作模式要簡單易懂，教學輔導教師團隊的年度目標要明確，符應目標的活動或策略要具體可行，研習與成長求精求落實而不在求多，但皆需回歸課程實踐。如此除了教學輔導教師與夥伴教師受益之外，將更能如同「雁行團隊」吸引更多教師同

儕，樂意參與教學輔導的工作。

　　另外，教學輔導教師擔任教學輔導或團隊領頭羊時，應建立輪休或退場機制，讓團隊永保持續精進的動力。臺北市國語實小吳莉娟老師分享教學輔導教師團隊的經驗，有些教學輔導教師可能是身體狀況、工作條件或家庭因素等，覺得力有未逮，若有退場或輪流休息的機制，除了可以讓教學輔導教師藉此沉澱思考、冷靜體察、整理自我並補充能量，或許還能讓制度活化，並引入教學輔導新血輪（簡賢昌，2016）。

二、教學輔導教師團隊的運作

　　夥伴教師初入學校任教，對學校及社區環境十分陌生，教學輔導教師對其而言，既期待又怕受傷害。相見歡是促進陌生的同事在最短的時間內相互認識，甚至進一步願意攜手爲實踐教育理念而努力的絕佳媒介。相見歡的場地，宜以溫馨、和諧的氣氛爲佳，流程與內容可視參與的人數來調整，餐會、登山、非正式會議、團體動力活動皆可，避免以制式化的會議或階級區隔的活動形式，以免失去制度的用意。相見歡的活動宜在開學前辦理，若能早於開學前的備課活動更佳，因爲教學輔導教師可以延續相見歡活動的引入，帶領夥伴教師一起完成開學前的準備工作。

　　學校在推動教學輔導教師方案之初，開始教學觀察的互動之前，可先從「破冰、覺察、溝通、合作信任、問題解決」的團體動力活動開始，帶動團隊的合作與凝聚力，有效且快速的增進彼此的瞭解，以及對教學輔導教師團隊的認同，在信任的基礎上開啓「貴人啓導」之工作。

　　例如：臺北市國語實小的相見歡活動，多以第一天教師備課日的前四十分鐘辦理，內容以「遊戲」爲主軸，完成「認識你眞好」的配對目標。所有的成員進入會場後，先領取小資料袋（內裝配對的拼圖）與祝福卡，就定位後，先在祝福卡上寫下對於夥伴教師（或教學輔導教師）的祝福；接著進行一至兩個團體動力活動（一個活絡團隊氣氛、一個認識團隊夥伴），因遊戲打破剛入會場的尷尬，歡樂聲一片。從配對拼圖活動中尋覓自己的教學輔導教師或夥伴教師，並將祝福卡片送給對方。臺北市民生國小也曾經由教學輔導教師主辦包水餃的相見歡活動，讓教學輔導教師與夥伴教師在合作的過程中，熟悉彼此。臺北市文化國小因地利關係，也曾

經以攀越高峰，結合爬陽明山的有意義活動，讓夥伴教師與教學輔導教師在山上不期而遇，這些都是既有趣又有特色的相見歡活動。

至於教學輔導教師團隊運作的型態，可區分爲下列三種：

(一) 行政擔任領頭羊的團隊運作

多數學校的資深優良教師長期在教學領域奉獻，對於行政業務與處理較爲陌生，對於學校行政規劃活動的能力有所依賴，亦信任學校行政的規劃能力。教學輔導教師團隊的領頭羊則由承辦處室主任擔任，舉凡教學輔導教師制度的宣導、教學輔導教師實際運作的行政工作安排、教學輔導教師的專業成長、夥伴教師的專業成長，以及訪視與推廣，皆由行政同仁安排，減少溝通與行政往返的時間，實際推動與專業成長皆能兼顧，更容易納入學校行事，制度的發展較穩定，且推動期程較有節奏與層次。

例如：臺北市富安國小行政的貼心服務，係教學輔導教師制度推動順利的小祕訣。蔡富美主任總會事先把需要的表格設計好，讓教師不需浪費時間在表格製作等雜務上；針對課務的安排，也會全力支援排代，不讓教師覺得有太多額外的負擔。教師們感受到主任的貼心與熱情，配合度自然就會提高（王佳蕙，2016）。

(二) 教學輔導教師擔任領頭羊的團隊運作

教學輔導教師實是教學輔導團隊領頭羊的首選，因爲教學輔導教師實際參與其中，更清楚團隊成員的需求，研習內容較能符合教學輔導教師或夥伴教師的需求，透過嚴謹的組織建構與分工，精緻化每個面向的工作，有更多的夥伴可參與其中，團隊認同感更佳。

例如：臺北市文昌國小的教學輔導團隊取名爲「香蕉俱樂部」，香蕉除了是紀念在陽明山教師研習中心儲訓時，每日午餐吃香蕉所象徵的革命情感之外，亦取其「相交」諧音，亦即團隊成員之間因爲相知相交，在教學之路上相互陪伴，追求卓越，由代代相傳的大香蕉（教學輔導教師）定期規劃教學輔導系列活動，帶領小香蕉（夥伴教師）成爲優秀的文昌人，頗值得學習（高紅瑛，2011）。花蓮海星高中許文瑜老師在剛完成教學導師培訓後，受邀成爲「導師專業成長社群」的帶領者，藉著社群成員的討論，分享彼此的想法，資深教師帶領新進教師築夢踏實，發現社群的力量

既巨大且奇妙（高紅瑛，2016）。

(三) 折衷式的團隊運作

有些學校在運作教學輔導團隊上，選擇上述兩種模式的折衷版，教學輔導教師團隊的領頭羊既要負責推動教學輔導教師活動且本身亦是教學輔導教師。行政業務則由行政端規劃，溝通與統籌皆由行政承辦人處理，教學輔導教師負責教學輔導團隊之實質運作與專業成長，一來減少業務承辦人與教學輔導教師之壓力，又能兼顧實質輔導與專業發展並進之需求。

例如：臺北市弘道國中的教學輔導行政事務由教務主任和教學組長做統籌規劃，實際的教學輔導以及專業成長事宜則交由教學輔導教師召集人全權負責（胡慧宜，2012）。臺北市新湖國小辦理教學輔導教師制度即由承辦組長統籌規劃相關行政事務，並成立「鈕扣俱樂部」，由擔任教學輔導教師的大鈕扣與扮演夥伴教師的小鈕扣，共同規劃鈕扣俱樂部的專業成長，不但建構了學校教師專業發展的基石，也傳遞了以愛傳愛的愛的循環（蔡富美，2015）。

參、教學輔導教師的專業成長

「學然後知不足，教然後知困」，是多數教學輔導教師在實際協助夥伴教師後的感受。教學輔導教師的專業成長除了應在學科教學面上精進之外，在創新教學、行動研究、輔導技術上也都有成長的必要。

一、個人精進

閱讀是最快速有效的增能方式，教學輔導教師可閱讀與教師專業工作有關的書籍、期刊論文、教育新知或網路資源，再將閱讀習得之經驗在課堂上實施，並於課後進行教學省思，精緻化記錄自我教學行為、教育信念或班級活動。教學輔導教師本身應具有行動研究的能力，可將課堂實作或試驗的教學活動資料彙整成行動研究，藉以更精進教學，或將參加專題演講、資訊媒體應用與實作、專題研討會等所學在課堂中實踐，並將心得參與學術研究發表，提升專業知能與建立教師形象。

榮獲臺北市2013年特殊優良教師及教育部師鐸獎殊榮的臺北市國語實小郭正賢老師，其專長領域在於視覺藝術，他認為視覺藝術應結合學生的

生活經驗，將快速演變的資訊素養帶入學生的學習，教育孩子正確的網路資訊，並與領域教師搭檔，透過長期的專業對話、教學觀察，評估學習的成效，修正教學，不僅引發學生學習興趣與提高學習成就之外，更獲得2009年教育部資訊團隊典範團隊的肯定。郭老師並不以此為滿足，年年在教學上有不同的創新作為，除了實現自己設定的教學目標外，亦獲得臺北市教學創新與行動研究成果發表的佳作至特優的肯定。

二、團體成長

教學輔導教師應是同儕合作的實踐者，透過同儕互助的模式，能讓自己與夥伴成為學習專家，進而在同儕互動的過程中，開拓更豐富的專業發展視野。教學輔導教師與夥伴教師或其他同仁可形成小組，透過共同閱讀專業書籍或定期討論專業議題，彼此對話討論，深化教學經驗。教學輔導教師也可以與夥伴教師或同儕組織教師專業學習社群，建立協同研究的合作關係，互相支持與協助，達成社群的願景目標。

觀摩、對話與體驗，是在最短時間內能有效學習的方式。選擇再精進的仿效對象，透過外埠參訪與標竿學習，實際觀摩、對話與討論，學習他人之優點，轉化成實際行動力。外埠參訪與標竿學習的對象，不限於推動教學輔導教師有成的學校，舉凡與教學、教師專業、校園營造、資訊科技融入或其他有助於學生學習成就提升的教師團體、文教單位或學校都可列入。

例如：臺北市中崙高中在2007年學校通過申請辦理教學導師制度，隨即推薦兩位教師（蕭文俊老師、關虹毅老師）上陽明山接受教學導師培訓，下山之後，和早已取得教學導師資格的學務處主任（樓毓佩主任），三人協力之下，營造了一個既溫馨又精進的教師專業成長團隊。起初只以數學科教師為主，三位教學導師、三位夥伴教師加上兩位實習教師，這個八人小組取名為「崙師成長營」。由於崙師成長營的學習氣氛精進又溫馨，又吸引了一些也想專業成長而自動加入的教師，漸漸增加為十四人的團隊。第一學期團隊成員透過自發性的專業對話與省思，每位教師逐一建立了個人「教學專業檔案」，並於期末與全校同儕分享成果。由於成果發表會場面歡樂、熱烈，於是又吸引了更多教師加入，到了第二學期人數激

增為五十人。所有參與的教師均以經驗分享和撰寫行動研究為目的，於是「銅師成長營」改名為「銅師行動營」，以「支持、分享、同成長」作為團隊活動的宗旨（張德銳、王淑珍，2010）。

「成就別人的同時，就在成就自己」，教學輔導可說是一種助人與渡人的專業工作。身為教學輔導教師，除了有效完成教學輔導教師的工作與職責外，多能做好教學傳承，在以愛為名的接力賽中，棒棒傳承愛的正向力量。教學輔導教師制度也引入「彰權益能」（teacher empowerment）的概念，讓教學輔導教師團隊的運作能有更多自主決定的權利與相對責任，並在教學精進與專業發展上充分發揮，讓自己與夥伴教師將教師增能後的智慧落實於課堂教學實踐之中，進而營造一個「我好，你好，大家好」的學校教育社群與生活，以落實十二年國教綱要中「自發、互動、共好」的核心理念，更是教學輔導教師與夥伴教師共同追求的專業發展目標。

參考文獻

一、中文部分

丁一顧（2011a）。教師專業學習社群與教師集體效能感關係模式驗證之研究。**屏東教育大學學報，37**，1-26。

丁一顧（2011b）。臺北市校本教學輔導教師制度運作模式建構之初探。**臺北市立教育大學學報，1**(42)，1-20。

丁一顧（2013a）。教師專業發展評鑑相關實徵研究之回顧與展望。**教育資料與研究，108**，31-56。

丁一顧（2013b）。校長轉型領導與教師專業學習社群關係之研究。**屏東教育大學學報，41**，71-100。

丁一顧、張德銳（2004）。臨床視導對新進教師教學效能影響之研究。**臺北市立師範學院初等教育學刊，17**，27-56。

丁一顧、張德銳（2006）。認知教練相關概念、研究及啓示。**教育行政與評鑑學刊，1**，23-50。

丁一顧、張德銳（2009a）。**認知教練理論與實務**。臺北：五南。

丁一顧、張德銳（2009b）。校本教學輔導制度推動模式之建構研究：以臺北市教學輔導教師制度爲例。載於李子建、張善培主編，**優化課堂教學：教師發展、夥伴協作與專業學習共同體**（頁302-340）。北京：人民教育出版社。

丁一顧、張德銳（2010）。臺北市教學導師教師領導與專業學習社群關係之研究。**教育行政與評鑑學刊，10**，55-84。

丁琴芳（2008）。**國民小學教師專業學習社群發展之研究**（未出版之碩士論文）。國立臺北教育大學教育政策與管理研究所校務經營碩士學位在職進修專班，臺北。

王佳蕙（2016）。共築富安夢，牽手創奇蹟。載於張德銳、丁一顧主編，**攜**

手走向專業：教學輔導教師的故事（頁25-40）。臺北：教育部。

王嘉陵（2004）。行動研究：課程改革的「解藥」或「安慰劑」？**課程與教學季刊，7**(1)，139-152。

中華民國師範教育學會（2006）。**各師資類科教師專業標準之研究**（教育部委託專案研究報告）。臺北：作者。

李安明（1999）。「為教學而行政」的校長教學領導：理論與實務。**教育政策論壇，2**(2)，158-203。

李秀蘭（2012）。**已認證之教學輔導教師輔導成效之探討：以宜花東為例**（未出版之碩士論文）。國立東華大學學校行政碩士學位學程，花蓮。

李坤調（2007）。**國民小學教務主任推動教師專業發展評鑑之個案研究：以臺北縣試辦學校為例**（未出版之碩士論文）。國立臺北教育大學課程領導與管理在職進修碩士專班，臺北。

李珀（2014）。**教師專業發展：策略與行動方案**。臺北：高等教育文化事業有限公司。

李俊達（2011）。**教學協助系統應用於教學輔導團隊之個案研究**（未出版之博士論文）。臺北市立大學教育研究所，臺北。

李俊達（2015）。**臺灣教育評論月刊，4**(4)，105-108。

呂木琳、張德銳（譯）（1992）。**教師發展評鑑系統**。（B. M. Harris & J. Hill原著，1982年出版）。新竹：國立新竹師範學院。

呂鍾卿（2000）。**國民小學教師專業成長的指標及其規劃模式之研究**（未出版之博士論文）。國立高雄師範大學教育學系，高雄。

呂鍾卿（2016）。**教育部教師專業發展評鑑行政人員培訓課程講義：教師專業發展評鑑的內涵與實施**。臺北：教育部。

吳芳容（2011）。**國小教師專業學習社群與教師集體效能感關係之研究**（未出版之碩士論文）。國立雲林科技大學技術及職業教育研究所，雲林。

吳俊憲（2008）。**教師專業發展評鑑之教學觀察系統**。臺中縣國教輔導團專業成長研習手冊。臺中：臺中縣教育局。

吳俊憲（2010）。**教師專業發展評鑑：三化取向理念與實務**。臺北：五南。

吳俊憲（2014）。**教師專業發展：評鑑、社群與議題**（初版二刷）。臺北：

五南。

吳清山（2001a）。**教育發展研究**。臺北：元照。

吳清山（2001b）。教育名詞：教學領導。**教育資料與研究**，**43**，121。

周啓葶（2006）。以「學習社群」促進教師專業發展之分析。**中等教育**，**57**(5)，94-113。

周淑卿（1999）。**國小教師次級文化對初任教師專業理論實踐的影響**。行政院國科會專題研究（報告編號：NSC88-2413-H-134-008）。臺北：中華民國行政院國家科學委員會。

周學謙、周光淦（譯）（2003）。**社會學辭典**。（D. Jary和F. Jary原著，1998年出版）。臺北：貓頭鷹。

林劭仁（2006）。專業學習社群運用於師資培育自我評鑑之探究。**中正教育研究**，**5**(2)，79-111。

林佩璇（2003）。空言無物、行之無悟？課程行動研究中的實踐反省。**教育研究集刊**，**49**(3)，195-219。

林思伶、蔡進雄（2005）。論凝聚教師學習社群的有效途徑。**教育研究**，**132**，99-109。

林春雄、陳雅莉、王新華、胡俊豪、詹婷姬、胡允麗（譯）（2007）。**教師臨床試導的技巧：職前教師及在職教育適用**。（K. A. Acheson & M. D. Gall原著，2003年出版）。臺北：五南。

林桂垣（2010）。**臺北市國民小學教師專業成長內涵與需求之研究**（未出版之碩士論文）。國立臺北教育大學教育政策與管理研究所，臺北。

柯汝穎、張德銳（2007）。國小教師自我評鑑歷程及其對教學省思影響之質性研究。載於中華民國師範教育學會主編，**教師評鑑與專業成長**（頁128-158）。臺北：心理。

洪靖雯（2012）。**臺中市國民小學教學輔導教師制度實施現況與實施困難之研究：以三所個案學校為例**（未出版之碩士論文）。國立臺中教育大學教育研究所，臺中。

胡慧宜（2012）。在生命轉彎處遇見愛。載於張德銳、高敏麗主編，**喚醒沉睡的巨人：教師領導故事集**（頁95-112）。臺北：五南。

洪福財（2004）。**陳鶴琴的活教育思想：兼論其幼教啟示**。新北市：群英。

高紅瑛（2011）。平凡人相聚合作，攜手成就不平凡。載於張德銳、高紅瑛主編，攜手同心：**教學專業學習社群故事集**（頁83-102）。臺北：五南。

高紅瑛（2016）。海上一盞明燈，點亮了孩子的心。載於張德銳、丁一顧主編，攜手走向專業：**教學輔導教師的故事**（頁205-220）。臺北：教育部。

高敏麗（2016）。攜手編結專業網，薪火相傳教育心。載於張德銳、丁一顧主編，攜手走向專業：**教學輔導教師的故事**（頁103-120）。臺北：教育部。

高曉婷（2003）。**我國國民小學教師自我評鑑效能感之研究：以桃園縣國民小學為例**（未出版之碩士論文）。私立中原大學教育研究所，桃園。

郝永崴（譯）（2014）。**有效教學面面觀**。（G. D. Borich原著，2011年出版）。臺北：學富。

夏林清（譯）（2000）。**行動科學**。（C. Agyris、R. Putanam和D. M. Smith原著，1985年出版）。臺北：遠流。

夏林清、中華民國基層教師協會（譯）（1997）。**行動研究方法導論：教師動手做研究**。（H. Altrichter、P. Posch和B. Somekh原著，1993年出版）。臺北：遠流。

孫志麟（2008a）。學校本位教師評鑑的實踐與反思。**教育實踐與研究，21**(2)，63-94。

孫志麟（2008b）。專業學習社群：促進教師專業發展的平臺。載於國立中興大學師資培育中心暨教師專業發展研究所刊印，「**97學年度教師專業發展學術研討會**」會議手冊（頁16-29）。臺中：國立中興大學。

秦夢群、陳清溪、吳政達、郭昭佑（2013）。教師專業發展評鑑實施成效之調查研究。**教育資料與研究，108**，57-84。

教育部（2008）。**教師專業發展評鑑工作參考手冊**。臺北：作者。

教育部（2011）。**中小學教師專業發展評鑑人員初階研習、進階研習、教學輔導教師研習與認證作業規定**。臺北：作者。

教育部（2012）。中華民國師資培育白皮書：發揚師道、百年樹人。臺北：
作者。

康心怡（2016）。肩負實驗研究，傳承教學專業。載於張德銳、丁一顧主
編，攜手走向專業：教學輔導教師的故事（頁59-74）。臺北：教育部。

陳文彥（2007）。學校權力結構之研究：新制度論的觀點（未出版之博士論
文）。國立臺灣師範大學教育研究所，臺北。

陳永岑（2011）。高雄市國民小學教學輔導教師制度實施成效與實施困難之
研究（未出版之碩士論文）。國立屏東教育大學教育研究所，屏東。

陳俊龍（2010）。教師專業發展評鑑下的教師專業成長之研究。學校行政雙
月刊，66，188-207。

陳美玉（1996）。教師專業實踐理論與應用。臺北：師大書苑。

陳惠邦（1998）。教育行動研究。臺北：師大書苑。

陳惠萍（1999）。教學檔案在教師專業發展上之應用。載於中華民國師範教
育學會（主編），師資培育與教學科技（頁183-212）。臺北：臺灣書
店。

黃宗顯（2004）。應用教師自我評鑑促進教師專業發展。教育研究，127，
45-54。

黃政傑（2001）：課程行動研究的問題與展望。輯於中華民國課程與教學學
會主編，行動研究與課程教學革新（頁223-239）。臺北：揚智。

黃香玲（1997）。中等學校實習指導小組指導功能與指導內容實施成效之評
估（未出版之碩士論文）。國立高雄師範大學教育研究所，高雄。

黃瑞祺（2007）。批判社會學（修訂三版）。臺北：三民。

許健將（2004）。批判省思能力的培養：教師專業發展的重要課題。教育科
學期刊，4(2)，1-18。

曾憲政、張新仁、張德銳、許玉齡（2007）。高級中等以下學校教師專業發
展評鑑規準（教育部委託專案研究報告）。新竹：國立新竹教育大學。

張素貞、李俊湖（2014）。教師專業發展評鑑方案成效評估之研究。教育資
料與研究，114，95-124。

張素偵、張德銳（2010）。校本教學輔導教師方案評鑑規準之研究。市北教

育學刊，**37**，19-65。

張淑珠（2008）。**輔導員學習社群專業發展之研究：以彰化縣九年一貫課程與教學輔導團為例**（未出版之碩士論文）。私立東海大學教育研究所，臺中。

張新仁主編（2009）。**中小學教師專業學習社群手冊**。取自：http://140.126.30.96/upfiles/fileupload/44/downf01251257142.pdf

張新仁、邱上真、王瓊珠（2008）。中小學教師評鑑標準之理論與研究基礎。載於潘慧玲主編，**教師評鑑理論與實務**（頁20-50）。臺北：國立臺灣師範大學教育評鑑與發展研究中心。

張新仁、馮莉雅、潘道仁、王瓊珠（2011）。臺灣教師專業學習社群的啟動。**教育研究**，**201**，5-27。

張德銳（1997）。教學評鑑。載於黃政傑（主編），**教學原理**（頁303-340）。臺北：師大書苑。

張德銳（2001）。共譜教師專業成長的新樂章：談同儕教練。中等教育，**52(2)**，134-143。

張德銳（2002）。以教學檔案提升教師教學效能。**教育研究月刊**，**104**，25-31。

張德銳（2003）。中小學初任教師的教學困境與專業發展策略。**教育資料集刊**，**28**，129-144。

張德銳（2006）。教師自我評鑑與專業成長計畫。中等教育，**57(5)**，20-35。

張德銳（2007）。教學專業標準與教學評鑑。教師天地，**151**，4-10。

張德銳（2008）。**「教師專業發展評鑑」教學影片：教學觀察與回饋－總論篇**。取自：http://teachernet.moe.edu.tw/Tape/TapeInfo.aspx?tapeid=674

張德銳（2015）。**教專進階研習講義**。臺北：教育部。

張德銳（2016）。攜手向專業走：教學輔導教師制度的緣起、發展與運作。載於張德銳、丁一顧主編，**攜手走向專業：教學輔導教師的故事**（頁3-24）。臺北：教育部。

張德銳、李俊達（譯）（2002）。**另一雙眼睛：教室觀察與會談技巧**。（K.

A. Acheson原著，1987年出版）。臺北：國立教育資料館。

張德銳、李俊達（2007）。教學行動研究及其對國小教師教學省思影響之研究。**臺北市立教育大學學報（教育類）**，**38**(1)，33-66。

張德銳、丁一顧、朱逸華、李俊達、黃春木（2011）。**另一雙善意的眼睛**。新北市：國家教育研究院。

張德銳、丁一顧、劉榮嫦、高紅瑛、康心怡（2014）。**教師專業發展檔案：實務與研究**（再版）。臺北：高等教育。

張德銳、丁一顧、簡賢昌、高紅瑛、李建民、李俊達、林芳如、高敏麗、張淑娟、鄒小蘭、蔡美錦（2014）。**教學行動研究：實務手冊與理論介紹**（再版）。臺北：高等教育。

張德銳、王淑珍（2010）。教師專業學習社群在教學輔導教師制度中的發展與實踐。**臺北市立教育大學學報**，**41**(1)，61-90。

張德銳、李俊達、王淑珍（2014）。認知教練對中小學教師教學省思及教學效能影響之研究：以參與教師專業發展評鑑方案之教師爲例。**臺北市立大學學報**，**45**(1)，61-80。

張德銳、李俊達、高紅瑛、卓美月、康心怡、黃柏翔、黃旭鈞、邱馨儀、蔡美錦、楊士賢、江啓昱、陳輝誠、林秀娟、管淑華、鄧玉芬、高婉妃、張淑娟（2014）。**教學檔案：促進教師專業發展**。臺北：高等教育。

張德銳、吳武雄、許籐繼、李俊達、洪寶蓮、王美霞、陳偉泓、曾美蕙、常月如、曾政清、黃春木、白師舜、曾燦金（2004）。**中學教師教學專業發展系統**。臺北：五南。

張德銳、周麗華、李俊達（2009）。國小形成性教師評鑑實施歷程與成效之個案研究。**課程與教學季刊**，**12**(3)，265-290。

張德銳、高紅瑛、康心怡（2010）。**教學專業發展評鑑系統：實務手冊與研究**。臺北：五南。

張德銳、高紅瑛、丁一顧、李俊達、簡賢昌、張純、魏韶勤、吳紹歆、蔡雅玲、曾莉雯（2004）。**臺北市教學輔導教師制度九十二學年度實施成效評鑑報告**。臺北市政府教育局專題研究成果報告，未出版。

張德銳、張芬芬、鄭玉卿、萬家春、賴佳敏、楊益風、張清楚、高永遠、彭

天建（2001）。臺北市中小學教學導師制度規劃研究。**初等教育學刊，9**，23-54。

張德銳、蔡秀媛、許藤繼、江啓昱、李俊達、蔡美錦、李柏佳、陳順和、馮清皇、賴志鋒（2000）。**發展性教學輔導系統：理論與實務**。臺北：五南。

張德銳、簡紅珠、裘友善、高淑芳、張美玉、成虹飛（1996）。**發展性教師評鑑系統**。臺北：五南。

張德銳、簡賢昌（2009）。教學輔導教師與夥伴教師互動歷程與專業發展之研究。**臺北市立教育大學學報，40(1)**，1-34。

馮莉雅（2001）。**國中教師教學效能評鑑之研究**（未出版之博士論文）。國立高雄師範大學教育學系，高雄。

甄曉蘭、陳佩英、胡茹萍、楊世瑞、陳清誥（2014）。**103年度中等學校教師類組（含特殊教育類組）專業標準及專業表現指標相關內涵暨配套措施計畫**。（教育部委託專案研究報告）。臺北：國立臺灣師範大學教育學系。

楊思偉（2014）。**高級中等以下學校教師標準手冊**。臺中：國立臺中教育大學教師教育研究中心。

葉玉珠（2002）。高層次思考教學設計的要素分析。**國立中山大學通識教育學報，創刊號**，78。

葉興華（2015）。**教育部中小學教師專業發展評鑑103學年度優良教學檔案成果專冊**。臺北：教育部。

蔡啓達（2008）。第二章教學評鑑的基本概念。載於林進材（主編），**教學評鑑理論與實施**（頁35-74）。臺北：五南。

蔡清田（2000）。**教育行動研究**。臺北：五南。

蔡富美（2015）。站在向陽處，攜手成長路：新湖國小翁姿婷。載於張德銳、高敏麗主編，**愛與奉獻：服務領導故事集**（頁47-64）。臺北：五南。

劉祐彰（2008）。國民中小學實施試辦教師專業發展評鑑計畫可能面臨的困境與可行途徑。**教育學術彙刊，2(1)**，81-103。

劉春榮（1998）。教師組織與教師專業成長。**教師天地，94**，4-11。

鄭可偉、鄭玉卿、張德銳（2008）。教學輔導教師制度試辦學校推動歷程之研究。**初等教育學刊，29**，85-111。

鄭景芸（2011）。菜鳥出頭天：邁向教師專業成長之路。**師友月刊，3**，85-89。

歐用生（1996）。**教師專業成長**。臺北：師大書苑。

潘慧玲（2006）。彰權益能評鑑之探析。**當代教育研究，14**(1)，1-23。

潘慧玲（2014）。探思教師專業標準之發展與運用。**教育研究月刊**，243，5-19。

潘慧玲、王麗雲、張素貞、吳俊憲、鄭淑惠（2010）。**試辦中小學教師專業發展評鑑之方案評鑑（II）**。教育部委託之專案研究成果報告，未出版。

潘慧玲、高嘉卿（2012）。臺北市國民小學試辦教師專業發展評鑑之成效分析：理論導向評鑑取徑之應用。**教育政策論壇，15**(3)，133-166。

潘慧玲、張新仁、張德銳（2008）。臺灣中小學教師評鑑／專業標準之建構：成果篇。載於潘慧玲（主編），**教師評鑑理論與實務**（頁281-298）。臺北：國立臺灣師範大學教育評鑑與發展研究中心。

賴協志（2014）。活化教學的動能-教師專業學習社群。**教育人力專業發展，31**(3)，83-88。

賴貞琪（2014）。**臺灣南部地區國民中學教師專業學習社群之研究**（未出版之碩士論文）。國立臺中教育大學課程與教學研究所，臺中。

謝文全（2012）。**教育行政學**。臺北：高等教育。

簡紅珠（1997）。專業導向的教師評鑑。**北縣教育，16**，19-22。

簡賢昌（2016）。如沐春風學習樂，專業成長永相隨。載於張德銳、丁一顧主編，**攜手走向專業：教學輔導教師的故事**（頁41-58）。臺北：教育部。

饒見維（2003）。**教師專業發展：理論與實務**。臺北：五南。

二、英文部分

Airasian, B. & Gullickson, A. R. (1995). *Teacher self-evaluation tool kit.* Kalama-zoo, MI: Western Michigan University.

Bailey, G. D. (1981). *Teacher self-assessment: A means for improving classroom instruction.* Washington, DC: National Education Association.

Barber, L. W. (1990). Self-assessment. In J. Millman & L. Darling-Hammond (Eds.), *The new handbook of teacher evaluation: Assessing elementary and secondary school teachers* (pp. 216-228). Newbury Park, CA: Corwin.

Brock, B. & Grady, M. (1998). Beginning teacher induction programs: The role of the principal. *The Clearing House, 71*(3), 179-183.

Brookfield, S. D. (1986). *Understanding and facilitating adult learning.* San Francisco, CA: Jossey-Bass.

Campbell, D. M., Cignetti, P. B., Melenyzer, B. J., Nettles, D. H., & Wyman, R. M. (1997). *How to develop a professional portfolio: A manual for teachers.* Boston: Allyn and Bacon.

Carr, W. & Kemmis, S. (1986). *Becoming critical: Education, knowledge and action research.* London: Falmer Press.

Cole, A. L., Squire, F. A., & Cathers, E. P. (1995). *Supporting beginning teachers: A handbook for school administrators.* Toronto, ON: OISE Press.

DuFour, R. (2003). Building a professional learning community. *The school administrator, 60*(5), 13-18.

DuFour, R. (2004, May). What is a "professional learning community"? *Educational Leadership, 61*(8), 6-11.

DuFour, R. & Eaker, R. (1998). *Professional learning communities at work: Best practices for enhancing student achievement.* Bloomington, IN: Solution Tree.

Elliot, J. (1991). *Action research for education change.* Philadelphia: Open University Press.

Ganser, T. (1995). Principles for mentor selection. *Clearing House, 68*(5), 307-309.

Grider, A. (2008). *Elementary, middle, and highschool teachers' perceptions of professional learning community and sense of efficacy.* Unpublished doctoral dissertation, University of Wisconsin, Wisconsin.

Hargreaves, A. (1992). Culture of teaching: A focus for change. In A. Hargreaves & M. Fullan (Eds.), *Understanding teacher development* (pp. 216-240). NY: Teachers College Press.

Hargreaves, A. (1994). *Changing teachers , changing times: Teachers' work and culture in the postmodern age.* New York, NY: Columbia University Teachers College Press.

Huffman, J. B. & Hipp, K. K. (2003). *Reculturing schools as professional learning communities.* Oxford: Scarecrow Education.

Johnson, D. W., Johnson, R. T., & Holubec, E. J. (1994). *Cooperative learning in the classroom.* Association for Supervision and Curriculum Development.

Kilcher, A. (1991). Mentoring beginning teachers. *ORBIT, 22*(1), 19.

Knoweles, M. S. (1980). *The modern practice of adult education: From pedagogy to andragogy.* Chicago, IL: Follett Publishing Co.

Kruse, S. D., Louis, K. S., & Bryk, A. (1995). An emerging framework for analyzing school-based profession community. In K. S. Louis & S. D. Kruse (Eds.), *Professionalism and community: Perspective on reforming urban schools* (pp.23-44). Thousand Oaks, CA: Corwin.

Lewin, K. (1946). Action research and minority problems. *Journal of Social Issues, 2*, 34-46.

McKay, J. A. (1992). Professional development through action research. *Journal of Staff Development, 13*(1), 18-21.

McTaggart, R. (1997). *Participatory action research.* Albany: State University of New York Press.

Morrison, G. S. (1997). *Teaching in America.* Boston: Allyn and Bacon.

National Board for Professional Teaching Standards (NBPTS). (1989). *Toward high and rigorous standards for the teaching profession.* Detroit, MI: Author.

Pollard, A. (2002). Readings for Reflective Teaching Paperback–Schon, D. (1987). *Educating the reflective practitioner.* San Francisco: Jossey-Bass.

Robbins, P. (1999). Mentoring. *Journal of Staff Development, 20*(3), 40-42.

Sagor, R. (2000). *Guiding school improvement with action research.* Alexandria, VA: Association for Supervision and Curriculum Development.

Sergiovanni, T. J. & Starratt, R. J. (1983). *Supervision: Human perspectives.* (3rd ed.). New York: McGraw-Hill.

Sergiovanni, T. J. & Starratt, R. J. (1998). *Supervision: A redefinition.* (6th ed.). New York: McGraw-Hill.

Stronge, J. H. & Tucker, P. D. (2003). *Handbook on teacher evaluation: Assessing and improving performance.* Larchmont, NY: Eye on Education.

Stufflebeam, D. L., Foley, W. J., Gephart, W. J., Guba, E. G., Hammond, R., Merriman, H. O. et al. (1971). *Educational evaluation and decision making.* Itasca, IL: Peacock.

Tenbrink, T. D. (1974). *Evaluation: A practical guide for teachers.* New York: McGraw-Hill.

Vygotsky, L. S. (1978). *Mind in society: The development of higher mental processes,* eds. & trans. M. Cole, V. John-Steiner, S. Scribner, & E. Souberman. cambridge, MA: Harvard University Press.

Wagner, L. A. & Ownby, L. (1995). The California mentor teacher program in 1980s and 1990s. *Education & Urban Society, 28,* 1.

Wildy, H. & Dimmock, C. (1993). Instructional leadership in primary and secondary schools in Western Australia. *Journal of Educational Administration, 31*(2), 43-62.

Willson, M. S. (2006). *Examining professional learning community factors related to educators receptivity to professional development .* Unpublished doctoral dissertation, University of Wisconsin, Wisconsin.

Wood, P., Bruner, J., & Ross, G. (1976). The role of tutoring in problem solving. *Journal of child psychology and psychiatry, 17,* 89-100.

國家圖書館出版品預行編目資料

專業發展導向教師評鑑：理論與實務／張德銳
等著；黃政傑，張德銳，李俊達主編. ——
初版.——臺北市：五南圖書出版股份有限
公司，2017.04
　面；　　公分
ISBN 978-957-11-9107-2（平裝）

1.教師評鑑

522.29　　　　　　　　　　106003620

1IZW

專業發展導向教師評鑑
理論與實務

叢書主編 ─ 黃政傑

本書主編 ─ 張德銳（220）、李俊達

作　　者 ─ 張德銳、蔡惠青、鄧美珠、劉榮嫦、康心怡
　　　　　　李俊達、胡慧宜、楊玲珠

企劃主編 ─ 黃文瓊

責任編輯 ─ 劉芸蓁、李敏華

封面設計 ─ 陳翰陞

出 版 者 ─ 五南圖書出版股份有限公司

發 行 人 ─ 楊榮川

總 經 理 ─ 楊士清

總 編 輯 ─ 楊秀麗

地　　址：106臺北市大安區和平東路二段339號4樓

電　　話：(02)2705-5066　　傳　真：(02)2706-6100

網　　址：https://www.wunan.com.tw

電子郵件：wunan@wunan.com.tw

劃撥帳號：01068953

戶　　名：五南圖書出版股份有限公司

法律顧問　林勝安律師

出版日期　2017年4月初版一刷
　　　　　2024年9月初版二刷

定　　價　新臺幣350元